近代ロシア社会史研究

「科学と文化」の時代における労働者

Takada Kazuo

高田和夫

山川出版社

A Study of Modern Russian Social History;
Rethinking on a Social Identity of Labour
in the period of "Science and Culture"
by
Takada Kazuo

近代ロシア社会史研究

「科学と文化」の時代における労働者

目次

近代ロシア社会史研究

序章　近代ロシアの都市と農村

問題の所在

現代の代表的なロシア社会史家のひとりであるミローノフ(Б. Миронов　人名は初出時だけ原語を示す。以下、同様)は注目すべき近作で正面から帝政ロシアにおける都市と農村との関係を扱っている。そこでは一七世紀中葉まで両者の区別はさほどなかったが、その後一八六〇年までに差別化が最も進行し、農奴解放後になると今度は両者の関係は深まり、徐々に差異が小さくなったとする枠組みで議論を展開している。(1) 従来、ロシア史研究において陰に陽に影響力を有したいわゆる二重(二元)社会(dual society)論(以下、単に二重論などとする場合がある)では、都市と農村がそれを論証する恰好の根拠のひとつとして対比的に扱われる傾向にあったから、彼の想定はとくに近代史研究にとって新鮮に映るかもしれない。念のために、ここでいう二重論の典型例を示せば、例えば、碩学リャザノフスキー(N. V. Riasanovsky)のつぎのような叙述である(2)――帝政ロシアは二つの分かれた世界から成る統一体としてあった。つまり、教育ある部分と無筆、政府および社会(общество)と大衆、都市または町と村、富裕者と貧者、搾取者と被搾取者、能動と受動、動態と静態の別々の世界である。

しかしながら、構造的複合的な関連性において歴史理解の道を探究しようとする立場からすれば、二重論が実態を過度に簡略化してみる傾向にあり、それはむしろ理念型として扱うほうが相応しいことを指摘しないわけにはいかないであろう。したがって、それをそのまま歴史叙述におき換えるのは多分に難があることから、二重論にたいしては直接間接にあるいは結果的に批判的な議論が数多くなされてきたことも確かなのである。それらの先例にわずかに触れれば、すでに帝政期にあって、代表的な地誌学者のひとりである、セミョーノフ゠チャン゠シャンスキー(В. Семенов-Тян-Шанский)は、ロシアにおいて都市と農村は文化的に差が乏しく、むしろそれらははるかに強く精神的に結びついていること(духовная связь)を強調する立場を採用したし、(3)一方、農工ともに進んだフランスを理想視した歴史家ロシコーフ(Н. А. Рожков)の場合は、都市の経済的発展がもたらす巨大な文化的役割に注目しながらも、その歴史的発展は農村と有機的に結びついている。都市なしに農村が生きる以上に農村なしに都市が存在するのは困難であると主張したのであった。(4)当然、これらが発言された時期と環境の問題は考慮されるべきであるが、ひたすらに二重論に固執することは歴史研究においてとるべき姿勢ではないように思われるのである。

近年の欧米において、二重論の見直しが進んでいることにも触れなくてならないだろう。例えば、フランクとスタインベルグが編集したロシア社会史論集で、(5)編者たちは序言において著作の意図をつぎのように強調している。ロシア近代史において社会的な分裂(social division)は深化したが、その一方でしばしば新しい行為者が登場してそれらの境界を侵犯し、その結果、再調整がなされた。それを行ったのは都市と農村との間をとりもつ文化的な仲介者たちであった。一九世紀後半にもなると、文化に関してそれを創造する部分(都市)と消費(だけ)する部分(農村)とに二分して考えれば済むわけにはますますいかなくなった。このように考えて、フランクらは社会的に越境する文化現象に注目し、その行為者と作用の実際を観察しようとしている。この視点は、近代ロシアにおける国民ないし国民国家の形成過程を考察しようとする場合にも、ひとつの糸口を与えることになるかもしれない興味深いものであろうが(本書では取り立ててこうした論点に立ち入ることはしないが)、都市と農村の相互依存ともいえる関係を問題にしているのである。

さらに関連して、今日のロシアで盛んな郷土誌研究(краеведение)の動向も注目に値する。一九九二年にエレーツ市で行われたロシア地方文化をめぐるシンポジウムでは地方文化(провинциальная культура)を「都市および都市にいた人民的な農民文化とを含む」ものとして捉えて、それを右と同様に農村と都市の境界領域の問題として扱おうとしたのである。(6)また、一九九七〜九八年にトヴェーリ大学、一九九九年にエレーツ教育大学で開催されたシンポジウム記録(7)は、一七七五年までは公的な行政区分であった地方(провинция)がその後に専ら「古い遅れた」部分を意味するようになる過程を扱っているが、その論集のなかで、ロスシタイン(R. F. Rothstein)は一八七〇年代から二〇世紀初頭にかけて民謡が死滅するかもしれないという噂が広まったことを紹介して、実はそうではなくて実際には都市と農村に共通する音楽文化が発生してきたのだとして、チャストゥーシカ(частушка)、つまり四行からなる民衆歌謡を農村と都市との接点で起きる文化現象として扱っている。また、ヤーン(H. F. Jahn)は、時代が第一次大戦期に下るが、「エリートの文化」を「下層大衆」も享受してロシア社会が単一のコミュニケーション・グループから成り立つようになったとする仮説を提示しようとしている。彼が注目するのは愛国的で文化的なエンターテインメントについてである。明らかにこれらにおける議論のベクトルは都市と農村を収斂させる方向にあるといえるであろう。(8)

一方、わが国では、最近、ラジーシチェフ(A. H. Радищев)の『ペテルブルグからモスクワへの旅』(以下、『旅』とする)をめぐり、注目すべき論考を発表した坂内徳明は「ローカル」なるものを重要論点のひとつとして選び、一八世紀後半以降、それは単に未開な辺境ではありえず、「ローカルな文化(ローカリティ)」や「地方性(местность)」が中央との関係で個別に自立したものとして成立したことに読者の注意を喚起している。(9)ここにも中央と地方の関係論への関心の所在を見ることができるのであるが、今後、さらに本格的な議論がなされるのを待ちたいと思う。

著者は全体としてこれらの試論に共感するが、いくつかの結論に必ずしも同意するわけではない。ロシア史上、都市と農村が文化のあり方をめぐって何度目かの緊張した関係に立ち入ったのが、本書で主に取り扱おうとする一八六〇、七〇年代である。この時期の最大級の特徴のひとつとしてまず指摘しなくてはならないのは都市と農村の関係の結節点に位置して、社会史的に重大な役割を演じることになる(都市)労働者が本格的に登場してきたことである。なかでも注目されるのは、新旧の文化的階級的境界に位置づけられることになる、いわゆる「労働者＝インテリ」たちの存在である。リャザノフスキーの対比法を借用しながらいえば、無筆そのものとみなされてきた労働者のなかから、たとえ少数であるとはいえ、「教育ある部分」にたいしてほとんど引けをとらないほどに学問好きな者たちが出現してきたのである。しかもその一部は変革運動に身を投じることでなおさらに社会的に注目を浴びるようになった。

農奴解放をはじめとする「大改革」の時代、ロシアにおいて、こうした事態の発生はなかば予期されたことであったかもしれない。世間(общество)はなかば自動的に特異な労働者たちの存在に気付くことになった。このことをロシアにおける「社会問題」あるいは「労働問題」の発生として扱うこともできるであろうが、むしろ本書では欲張って、都市と農村のこうした関係論を「労働者＝インテリ」の現象化に引きつけて考察することを通して、近代ロシア社会全体の特質理解を改めて点検してみたいのである。大きな表題はさしあたりそうした意味である。このような視角からする議論はこれまであまり採用されたことはなかったであろう。そして、この際、著者はこの時代がロシアで文化(そして科学)のあり方が全社会的に注目されはじめた時期にもあたっていたことに着目したいのである。「労働者＝インテリ」の出現はそうした時代的雰囲気とは決して無縁ではありえなかったと思われる。こうした全般的な社会状況を説明するために、本書の前半部でかなりの紙幅を使うことになったのは、少なくともわが国における研究が不十分であったためでもある。

これに関連して、右に挙げた論集でフランクたちが、文化的にマージナルな存在であった労働者が(文化的に都市と農村の双方にまたがるという意味で)労働人民(農民)を組織することで本質的な役割を果たし、さらには労働者世界に新しい思想を持ち込み、階級的アイデンティティの観念の発達を促進したと結論的に断言していることにたいする評価は本書での検討を待つことにしたいと思う。

さらに、著者は「労働者＝インテリ」の登場を可能にした、それもペテルブルグの都市環境の成熟といった局面も無視することができないであろうと考えた。ロシアの工場労働者たちは自分たちの工場ではなしに、その周辺の街における生活を第一に考えていた。ここでは、ペテルブルグ市史に必ずしも十分ではないが幾分かの頁を割いて、そのための準備をすることにした。これらの作業を経ることで、「労働者＝インテリ」を通して近代ロシア社会が新しい姿を現すのではないか、さらに、彼らが見せた具体的な社会運動のあり方にそれが反映されているのではないか、と考えたのである。無論、これらのことが説得力をもって描けているか否かは、読者の判断に委ねるべき事柄である。

確かに一見すると、印象的には帝政ロシアの都市と農村の間には対照的あるいは対立的と思われる事態が一貫して存在していたかのようである。都市を意味するロシア語 город は柵や垣を意味する ограда(動詞は огораживать)から派生したことからも容易に分かるように、それは敵の攻撃を想定して柵で囲った閉鎖的な空間であり、元来、軍事的植民的な性格を有したことが多いと考えられる。さらに、その城外の商工地区をさすポサード посад は садить(植えつける)や по-садить(入植させる)から発しているから、いずれもそれらはロシア史にあって人為的かつ人工的に人がまとまって居住する一定の広がりをさしたのである。一八世紀初頭以降になると、都市住民は自動的に特別な法的地位を与えられ、さらに都市自体も独自な機能を果たすようになったが、六一二都市を数えた一八九七年センサスにしたがってそれらを分類すれば、①「行政・軍事・農業」に役割の重点をおいたいわば前工業的タイプが二一九、②「工・商・金融」のいわゆる工業タイプが最多の三九〇、そして③「サービス・文化」の「ポスト工業的」タイプはわずかに三(ペテルブルグ、オデッサ、キエフ)にすぎない。ロシアの都市は一九世紀末の時点で工業タイプが過半を占め、この傾向は帝政崩壊時まで変わらなかったとみてよいのである(時間的にみて進化する方向は①→②→③であり、ここではペテルブルグが一歩先を行っていたことに注目しておこう)。

また、法的にも都市が進化したことは知られる通りである。とくに一八七〇年都市法は最も都市自治を推し進めたと従来、評価されてきているのだが、それも一八九二年都市法で大きく後退を強いられたのだから、大局からみれば、近代ロシア都市のこの面での成熟度は決して高くはなかったのであり、政府中央の側がその財政負担の軽減をはかって地方自治や都市自治に配慮を加えた側面が多分にあったことを否定しきれないのが、ロシア近代史の現実であったのを想起しなくてはならないのである。[10] また、ロシアの都市がその住民すべてを代表する機関や制度をもたなかったことは、例えば、同じ街に居住した商人と町人とが疎遠で何らかのアイデンティティを共有することなしに、むしろ彼らそれぞれが農村住民のほうに近しさを感じるようなことにも作用していたのである。[11] つまり、近代ロシアにおいて一個の自己完結的な組織体としての成熟度が格段に高い都市はなく、むしろそれは外部に向かって開かれたルーズな側面を有したということである。

ロシアにあっては、都市は帝国領域の広大な空間に散在した。一九世紀中葉のヨーロッパ＝ロシアでは都市間の平均距離は八七キロメートル(シベリアでは五一六キロメートル)もあったのだから、とくに鉄道で都市間が結ばれる以前には相互の連絡は非常な時間と困難をともなったことは容易に想像出来よう。[12] これに比して、農村はいわば自然発生を第一としてヨーロッパ＝ロシア全域にほぼ隈なく存在し(いわゆる周縁部に行くほど移住、植民、入植など村落発生にその人為性が増す傾向があるであろう)、それらの間は実に平均三キロメートルほどでしかなく、したがって少なくとも表向きは村と村の間のネットワークは極めて密なことが想定された。そして、とくにヨーロッパ＝ロシアの(それも北部の)農村はいわゆる「ロシア性(Russianness)」を本来的な意味で人文地理的に代表してきたともいえた。さらに、農奴解放後には生存上の必要性からだけでなく政府の政策にも促されて、新しい小さな村々が増えたのだから、その網の目はますます細かくなる傾向にあった。[13] ロシア農村のあり方に関わるこのような論点は、都市から農村にたいする(場合によっては、その逆方向の)情報の伝達や思想の伝播拡散、さらには広く国民意識の形成、ナショナリズムの発現、社会運動の発生などを考察する際にまず念頭におかなくてはならない客観的な背景事情となるはずなのである。

通例、都市のなかにも右にいう二重論は存在するとみなされてきたであろう。そこに居住したいわゆる the educated society の代表者たちが自らを барин(バーリン、旦那、特権階級)とする一方で、残余の都市住民たちを простолюдин(あるいは простой народ, простые люди ありきたりの人、平民の意)とみなし、扱う傾向があったのである。この関係論は前者にとっては殊のほかに居心地のよいものであったろう。しかも、彼ら特権階級は全体として経済的あるいは精神的に分裂して凝集力を認めることがほとんど困難であり、したがって自らの組織力に欠け、政治的立場も多様であった[14]。これは「都市ロシア」のいわば歴史伝統的性格のひとつであったともいえるであろう。このことは都市内部に新しい行為主体の出現が期待された所以のひとつであった。

また、一方では、これまた周知の通り、農村農民の間には共同体的な規制力が強烈に作用しており、大方の人は近代的な意味での権力、名誉、愛、個、財産、知などの諸価値には無関心や軽蔑あるいは恐れをもってたいすることが多かったのであるから、たとえそれらが豊富に所在すると思われても、そのために「向こう岸」に架橋して社会的上昇を図ろうなどは普通思いもつかない事柄であったと考えられる[15]。さらに彼らの時間にたいする観念は多分に循環的であり、それに従えばすべては変わることなく繰り返されるはずであり、苦渋に満ちた現状を前にして「昔はよかった」という諦念が、待つことへの期待をともなって呟かれることが通例なのであった[16]。ここでも変化のために何かの契機が準備される必要があったのである。

都市と農村とは隔絶した別世界にあったわけではなかった。ロシアにあっても歴史的実際的に、都市と農村、都市諸身分と農民とは絶えざる相互作用のなかにおかれ続けたのであった。一七世紀以前では確かにそうしたやり取りは多分に条件的であったが、その後、都市と農村とが各々の独自な文化を明確にもつようになって、両者間で本格的に諸価値の交換が始まるようになったと考えられるのである。そのために定期市、巡礼、修道院、バザールなどがまず両者の出会いの場と機会を提供したのである。そこでは双方の差別的あるいは区別的な特性や特徴がはじめて相互に確認されたはずである。しかし、それは格段に意図的なことではなかったと考えられるから、両者の関係はいわば相互尊重的なものであったとみるのがよいであろう。

だが、議論を少し急いで指摘すれば、とくに農奴解放後、書籍、定期刊行物、人民読書会、博覧会、日曜講座、学校など新規の近代的な道具立てが都市文化の運搬者や提供者となって、農村にたいして具体的で実際的な作用を本格的に及ぼし始めたのである。ここに出現した現象は決して自然発生的とはいえず、むしろ政策的で作為的性格がより明瞭であったとみなくてはならないであろう。つまり、クリミア敗戦を一大契機としてツァーリ政府が迫られて実行に移した一連の「大改革」がロシアの近代的な社会的諸関係(とりわけ都市と農村のそれは基幹的であり、運命的でさえあったと考えられる)の基調を整えようとしたのである。さらに、都市に居住した革命家などの意図的な働きかけも、大局的には同様な作用をともなったはずである。その意味では政府のなすことと反乱者の企てとは同じ性格を有したのである。本書においては、「ヴ・ナロード」運動もこの視角から整理することを試みるであろう。

都市と農村との間に有機的な関連性をみようとする立場からすれば、これらの諸改革と変革運動とにたいして歴史的評価を加える際に、どの程度まで両者を架橋しえたか(実効性の強度)という論点ないし観点を除外することは困難である。これは両者の一体化あるいは一体性の問題であると換言できるとすれば、それはなかば自動的にロシア国家体制の均質化(いわゆる「国民国家化」)に関わる問題群のほぼ中央に位置することにもなるであろう。トルツの近作はロシア帝国とロシア(国民)国家との関係論をよく整理した秀作であるが、それはツァーリ(政府)の目標はロシアの国民国家化よりもむしろ帝国の安定に重点をおいたものであり、国民国家化のために企てられたロシア化や正教化は自ずから帝国の安定を脅かさない限りで遂行されたものであるとする立場をとっている。(17) これは都市と農村の関係論を考察する際に考慮すべき論点を提供している。本書はこの仮説の正当性を、たとえ部分的であれ、確かめることになるであろう。

農奴解放にともなう改革期に生み出され醸成された社会的雰囲気のなかで、都市と農村は新しい出会いの機会をもったと考えられる。ここでいう「社会的雰囲気」が何たるかを前もって表示することは困難であるが（本書全体がそのひとつの回答たらんとするものである）、ここで敢えて乱暴に触れれば、それは「科学と文化」が尊重された時代風潮であるといえるであろう。そうした一種流行のなかで、一部の（決して革命的とは限らない）インテリたちがそのために学習サークルなど結社的な動きを自発的に見せたこと、つまり「科学と文化」が人間の結合関係につよく作用するようになったことも同様に特徴的であった。各地にできた各種のサークルがそうした文化的気象を維持し、促進するのに貢献したと考えられる。本書でその具体例をかなり多く示すことに努めたのは、「科学と文化」がもたらした「社会的雰囲気」を十分に確認するためである。「後進的な」ロシアに対して「進歩的な」「科学と文化」なる概念をこのように意識して適応することに異を唱える人がいるかもしれないが、それはおそらく偏見というものであろう。

　この時期にナロードニキ（人民主義者）と呼ばれるようになる一群の人たちもその多くは何らかのサークルに属していたし、彼らに特徴的な人民（ナロード）観は都市側からする農村（農民）にたいする救済願望に理屈抜きに満ちあふれていたのだから、ここに近代ロシアに出現した両者の関係論の一バリアントを明瞭に見出すことができるはずである。こうしたことを考慮すれば、彼らが繰り広げた運動なども今一度、ここでいう「社会的雰囲気」のなかにおき直してみることができるし、またそうする必要があると考えられるのである。本書はそのための試論でもある。

　無論、この時期にあっては都市と農村の関係論は前者の後者にたいする影響といった一方向性だけで捉えることはできない。逆のベクトルもあってはじめて相互作用は成立する。[18] 都市的なものの進出を受けて、農村側はそれにどう対応したのか。素直にそれを受容したのか、彼らなりの解釈を加え変容させて受け入れたのか、あるいは断固として拒絶したのか、その他の場合を含めて何れかの反応をする際の判断基準や人間関係など興味深い論点は数多いのである。現実に確実に進行し実現したつぎのような諸事実、つまり、村々に各種の信用機関ができ、本を担った行商人が村々を行き来し、政府を含むいくつかの発行主体が農村農民向けに新聞など定期刊行物を創刊配布し、出稼ぎなどで都市から帰郷する者たちが新しい価値観や物品を持ち込むといった、都市との現実的関係を表現する一連の諸行為は村民の生活にいかなる影響を及ぼし(え)たのであろうか。農村へ入ったナロードニキが体験したことはこれらの疑問に部分的にではあれ答えてくれるはずである。都市の革命家たちが仕掛けたことは、結果としてたとえ歪んでゆっくりとした作用と波及効果しか生み出さないものであったとしても、この時期における都市と農村との相互関係の一局面を極めてよく示すものであったとみなされるのである。

繰り返すが、この時期に農村(民)の側はいわば受けて立つことだけをしていたのではない。例えば、「大改革」期に大きく進展した農村から都市への人の移動は都市をいわば migrant city と化して、そこへ流入する者が運び込む伝統文化と the educated society 側の近代的な都市生活文化(「モダニズム」と通称されるもの)との衝突を出現させた。おそらく、主として都市で観察された(といっても農村でのそれを除外するものではない)、その作用の及んだ限りが「ロシア近代」の複合的な総体であり、それは実に多方面にわたるものであった。本書がとくにつぎに触れるような事柄をわずかに扱おうとするのは、こうした全景を踏まえてのことである。

流入した農民によって都市の工場労働者のなかには「近代的なプロレタリアート」とは決していえない部分が増大し肥大化したから、マルクス主義的(まさしく近代的)革命家のなかには労働者階級のなかに意図的に差別的視点(ザヴォツキエとファブリーチヌイエの二分論。ここでわざわざカタカナ表記する労働者グループについての説明は以下の本論で行う)を持ち込む必要性を認め、その結果、同時代人だけでなく後代の歴史研究者の間にもある種の混乱と誤解を生じさせたことは否定できない。これは「先進性(近代性)」と「後進性(前近代性)」(それぞれを体現するのがザヴォツキエとファブリーチヌイエである)といった極めて安易に想定されたような概念で工場労働者の範疇を真二つに割るもので、発想的には都市と農村を固定した二元論において捉えようとするのとひとしく、両者を指導—被指導の関係に位置づける一方的視角、つまり偏見を特徴としたものであった(これが安易ではなく考え抜いた結果であるとすれば、それはそうした時代であったのだとみなさなくてはならないであろう)。

しかしながら、この場合も同様に一方的な(つまりザヴォッキエのファブリーチヌイエへの)影響力の行使を先験的で宿命的なものとして扱うことがあってはならないであろう。あるいは後者を絶えず受け身の存在として捉えようとすることも大きな誤謬をもたらす主要因であると考えられる。端的にいえば、「遅れた」とされるファブリーチヌイエのなかからも「進んだ」人間が登場しうるという、至極当たり前のことを当時の社会的雰囲気によって説明してみようというのが、本書の狙いのひとつなのである。人々が陥りやすいのは、分析概念の明解さ(あるいは単純さ)に魅了されて、それが打ち出すシェーマを史的事実関係そのものと混同してしまうことである。ここでも相互の作用と関係は肝要な事柄なのであって、本書は具体的事例をもってこのことを検証するであろう。

さて、ミローノフは近代ロシアで都市化がゆっくりとしか進まなかった決定的理由としてつぎの三点を挙げている。[19] ①農民の土地へのこだわりの強さ(都市化すれば別途に地方税を課されること。共同体の土地が都市の財産になり、その統制下に入ってしまうこと。都市諸身分にならなくとも事業参加できること)、②「散在的な」工業化の進展(農村も都市と同様に工業化されたこと。小規模な都市以上に大規模で商工的な「工場村」が出現したこと)、③政府による都市政策の貧困さ(政府の意向に左右され、村は自動的に都市になるわけではない。しかし、貴族の同意なしにはその政府さえも私有地を都市へと変換できなかったこと)。いずれにせよ、ここで大切な点は、ミローノフが指摘するようにこの時期の都市化が低迷していたこと(一八六七年から一八九七年にヨーロッパ=ロシアで新たに生まれた都市は三一であり、そのほとんどが行政上の必要からである)[20]以上に、それが右に見たように、単に土地問題に限らず広く農村や農民との直接間接の関係をともなって遂行され、また遂行されざるをえなかったことである(ミローノフはこの点をより強調すべきである)。しかも、この局面は当事者のメンタリティにまで作用するものであったと考えられる。農奴解放後、合理主義、実用主義、経済的打算、個人主義などの近代的価値観がロシア社会にも台頭し普及を始めて、それらがやがて共同体的発想と原理的な衝突をするに至るが、前者が後者を圧倒するような社会的な変換は緩慢にしか進行しなかったと考えられるのである。つまり、伝統的かつ宗教的な基盤を有する思想体系に共通する惰性がここでも広くインテリゲンツィアを捉え、ようやく頭をもたげた「ブルジョアジー」は社会的に否定的に扱われて自らはかろうじて特殊ロシア的な姿しかとりえず[21]、都市においてもいわゆる「ゼムリャーチェストヴォ(землячество 仮に、同郷性と訳しておく)」にこだわり、それを生活基準にした農民をはじめとして広く住民一般も世俗化、都市化の進行に抵抗したのであった。都市のなかでは新奇で革新的な思想は片隅におかれて決定的な影響力をもつことは容易でなく、その一部は急進化せざるをえなかったとさえ考えられるのである。

コンフィーノは「二人のロシア人(two Russians)」という言い方をして、その秀逸なインテリゲンツィア論で二重論に触れている[22]。彼によれば、ロシアには同時に二つの文化が存在した。つまり一方には貴族官僚ら少数エリートに観察される西欧的なものがあり、他方には人民(ナロード)にうかがわれる土着の過去に根ざした伝統的なものがある。これら両者は内容的にはるかにかけ離れているだけでなく、中間をつなぐ主体が不在であると、ややもするとそれぞれが接点を見出さないまま個別世界を生きることになる。しかし、もはやこの「大改革」の時代ではそうしたことは現実にはありえず、両者間をとりもとうとする試みが種々になされたのだ。なかでもインテリゲンツィアの存在は注目され、それはほとんど不可避的に二重の役割を果たすことになった。つまり、コンフィーノによれば、彼らは文化的に西欧とロシアの間を架橋するだけでなく、社会的には上層と下層の間を連結しようとしたのである。彼はこのような意味でインテリゲンツィアをロシア社会を西欧化し近代化する主体として改めて捉え直そうとするのだが、残念なことにその議論は具体性を欠いている。著者はこの仮説も検討してみたいと思う。なぜならば、こうした整理は宣伝と人民の関係論をより広い文脈から考察しようとする際にひとつのヒントとなるだろうからである[23]。

革命的な知識人によって「宣伝された(пропагандированные)」労働者のなかから、「労働者＝インテリ」などと呼ばれる部分が登場したのはこの時代の特徴であった(この分野の議論でいわば古典的位置を占めるのはクラインボルクであろうが、[24]しかしながら、彼は遅く一八九〇年代以降にこの部分の発生を見ている)。彼らは知識人たちの関与を嫌うまでに成長して、いわば下から向こう岸への架橋を試みるようになるのである。そうした者の数は自ずから限られたものでしかなかったが、[25]社会的に境界領域にいた彼らの動きはただ単にプロレタリア的な秩序を樹立する可能性があったから注目されるのでは全くないのであって(そうした想定はほとんど実証不能で無意味な局外者の単なる思い込みにすぎないが、旧来の革命史研究の相当な部分がそのために動員されたことも確かであろう)、そうではなくて、それが労働者(あるいは農民)とそのほかの社会的分子との間を仕切っている有形無形の差別と区別をもたらす諸要因を除去し、それらを乗り越えようとする懸命な試行であったがゆえに(つまり、近代ロシア社会全体を見通す可能性を秘めた主体であったがゆえに)、ここで改めて着目しようとするのである。

(1) B. Mironov, *A Social History of Imperial Russia, 1700-1917*, vol. 1, Colorado, 2000, Ch. 7. これは前年に刊行されたロシア語版(Б. Н. Миронов, Социальная История России периода Империи［XVIII-начало XX в.］, в двух томах, СПб., 1999)の英語版であり、ロシア教育史家 Ben Eklof が英訳を統括するだけでなく、内容的にも著者と合意して、変更(改良)している部分がある。ここでは英語版に依拠する。

(2) N. V. Riasanovsky, The Problem of the Peasant, in W. S. Vucinich(ed.), *The Peasant in Nineteenth-Century Russia*, Stanford University Press, 1968, 263.

(3) В. Семенов-Тян-Шанский, Город и деревня в Европейской России, Записки императорского русского географического общества по отделению статистики, т. X, вып. 2, СПб., 1910, 54-55, 87-88, 193-194.

(4) Н. А. Рожков, Город и деревня в русской истории, изд. 3-е, СПб., 1913 (The Hague, reprinted edition, 1967), 120-123.

(5) S. P. Frank and M. D. Steinberg (eds.), *Cultures in Flux: Lower-class values, Practices, and Resistance in Late Imperial Russia*, Princeton University Press, 1994.

(6) Провинциальный город, культурные традиции, история и современность, М., 2000, 4, 11.

(7) Русская провинция, миф-текст-реальность, М.-СПб., 2000.

(8) さらに近年は「地域(регион)」研究が開始されたことにも触れるべきであろう。それは地域の史的発展のパターン析出をめざし、何よりも地域の居住と開発の型(тип заселения и освоения региона)を重視して、その歴史的政治的文化的な「ポートレート」を描こうとするものである。См. Г. Люхтерхандт и др. (ред.), Политика и культура в российской провинции, М.-СПб., 2001.

(9) 坂内徳明「アレクサンドル・ラヂーシチェフ『ペテルブルグからモスクワへの旅』の時代」『一橋大学研究年報　人文科学研究』三八号、二〇〇一年、二二五〜二二六、二三五、二六八頁。

(10) さしあたり、一八七〇年都市法については、Г. И. Шрейдер, Город и городовое положение 1870 года, в кн.: История России в XIX в., (СПб., б. г.), т. 4, 1-29. 一八九二年都市法については、Его же, Городская контр-реформа 11 июня 1892 г., в кн.: История России в XIX в., (СПб., б. г.), т. 5, 181-228. を参照。

(11) Vera Tolz, *Russia* (the Inventing the Nation series), Oxford University Press, 2001, 33.

(12) ロシア「地方都市」のタイポロジーが論じられるとき、さらにその人口の少なさ(五〇〇〇から一万人が平均的)とその「工場村」的存在に言及するのが通例であろう。例えば、つぎを参照。Л. В. Кошман, К вопросу о типологии русского провинциального города (XVIII-XIX вв.), в кн.: Провинциальный город, 10.

(13) B. Mironov, *op. cit*., 429, 436.

(14) さらにつぎを見よ。E. W. Clowes, S. D. Kassow, and J. L. West (eds.), *Between Tsar and People : Educated Society and the Quest for Public Identity in Late Imperial Russia*, Princeton, 1991, 3-14.

(15) ミローノフは別稿において、この点を強調する傾向にある。B. N. Mironov, Peasant popular culture and the origins of Soviet authoritarianism, in S. P. Frank and M. D. Steinberg (eds.), *op. cit*., 54-73. 彼はロシアにおける改革の悲劇を社会の広範な層がその必要を感じる以前に上から試みられたこと、そしてその急進的構造的な改革が農民生活の基盤と衝突したこと、つまり習慣が法律以上に強力であったことに求めている。

(16) B. Mironov, *op.cit*., 484.

(17) Vera Tolz, *op. cit.*, 174.

(18) ロスシタインの議論に触れたが、従来、概して欧米史学界は、ロシア(ソヴィエト)史学界に比して、この視点を強調する傾向にあるといえる。J. von Geldern, Life In-Between : Migration and Popular Culture in Late Imperial Russia, *The Russian Review*, v. 55, July 1996, 365-383はその一例にすぎないが、やはりチャストゥーシカを手がかりにして都市民の農村観と農村民の都市観の関連性を探っている。もうひとつ、つぎのエンゲルは農民が都市にいる人たちが自分たちとは異なるモラリティーをもっているのではないかと思っていたことを問題にしている。B. A. Engel, Russian Peasant Views of City Life, *Slavic Review*, v. 52, No. 3, Fall 1993, 446-459. ロシア側の「一方的な」視角についても一例を示さなければならない。本文でもしばしば触れるアプテークマンの場合、その著名な回想記でこの「大改革」期に都市と農村が再び完全に新しい関係におかれたこと、都市が農村を引きつける中心となったこと、その結果、農村は以前からの孤立性(обособленность)を徐々に失っていったことなどを述べている。O. B. Аптекман, Общество “Земля и Воля” 70-х, по личным воспоминаниям, 2-е изд., Петроград, 1924, 24-25.

(19) B. Mironov, *op. cit.*, 467-471.

(20) *Ibid.*, 470.

(21) 高田和夫「近代ロシアにおける資本家の社会的位置——一九〇五年のモスクワ資本改革派をめぐって——」『スラブ研究』三九号、一九九二年、三九〜七二頁。

(22) M. Confino, On Intellectuals and Intellectual Traditions in Eighteenth-and Nineteenth-Century Russia, *Daedalus*, No. 101, Spring 1972, 117-149.

(23) 改めて断るまでもないが、この時期にナロードとの連帯を志向したのは急進的なナロードニキ＝革命家に限られたわけではない。いわゆるリベラルや保守派のなかにもそれを模索する動きが顕著であったのだが、帝政ロシアに出現したこのあたかも国民国家形成的ベクトルに関しては本書では本格的に論じることはしない。

(24) Л. М. Клейнборг, Русский читатель-рабочий, Л., 1925.

(25) Е. Р. Ольховский, Формирование рабочей интеллигенции в России в конце XIX-начале XX в., в кн.: Рабочие и интеллигенция России в эпоху реформ и революции 1861-февраль 1917 г., СПб., 1997, 77.

第一章　近代ロシアにおける「科学と文化」の時代性

1　「科学と文化」の担い手

啓蒙と開明の時代

序章で「科学と文化」が尊重された時代風潮という表現を使ったが、そのためにツァーリ政府が上から一定の役割を果したのは特徴的であった。一八六〇、七〇年代に大臣委員会(Комитет министров)は臨時措置として一連の科学立法を行い、ロシアは正教信仰をひたすら前面に掲げて科学や芸術を低く見た時代から大きく舵を切るようになった。やはりクリミア戦争がそのための決定的な契機となったのであり、すでに一八五五年秋、敗戦必至の段階で国民教育相ノーロフ(A. C. Норов)は「科学はいつもわれわれにとり最重要な必要のひとつではあったのだが、いまやそれは第一である。わが敵国(英仏)がわれわれより優勢だとすれば、それは唯一教育の力によってである」(1)と述懐したのである。明らかに、当該戦争はロシアにとり総力戦的な重みをもって受け止められていたのである。戦後、企てられた「大改革」を実現するためには大量の専門家が必要となるのは必定であったから、政府は教育体系をより実業的世俗的な方向に変換する必要にも迫られたのであった。

それと同時に、公衆の間には旧態とは異なる将来にたいする漠然とした期待感が醸成された。当時の「大改革」にたいする夢を語る(あるいは回想する)人に出会うことはそれほど困難ではない。例えば、社会評論家のシェルグーノフ(Н. В. Шелгунов)は大略、つぎのように当時を回顧している。――それは[大改革期のこと]素晴らしい時代であった。あらゆる人が考え、読み、そして学ぼうとし、高潔清廉な人が仕来《しきた》りにたいしてそのこだわりを躊躇なく表明し、それまで眠っていた思想は目覚めて働き始めたのである。その刺激は力強く、その課題は巨大であった。皆は現在のことよりも将来の世代の運命やロシアの行く末を真剣に考え、判断し、そして何時も確かな改革の確かな実現に心を通わせたのである。これは才能あるすべての人を惹きつける仕事であった(2)。

このように、これは物質的な進歩、社会的な発酵、そして新たな知的進路の開拓が試みられた時代であった。この時期のロシア文化に占めた科学の位置に関して最も信頼するに足る著作者であるヴシニッチは、この時代相を「自立的行動(самостоятельность)」という用語で端的に表現しようとしている(3)。あるいは梶雅範は同時代の化学者メンデレーエフ(Д. Е. Менделеев)を社会的関係において議論しようと意識的に試みるなかでつぎのようなエピソードを紹介している。一八八七年一月、ロシア物理・化学会主催で有機化学者ブトレロフ追悼集会がなされ、そこで彼の助手であった人物がつぎのように述べたというのである。「[一八五七年からの一〇年間は]思想の顕著な高揚がみられた、あのロシアの社会的運動の時代です。六〇年代の初め、我々を科学的興味に向かわせるような高揚がみられ、この時期に目立って多くの一級の科学者が現れた(4)」。梶はそうした社会的科学的な時代相に関する説明を補強するために、ロシアにおける植物生理学のパイオニアであるチミリャーゼフ(К. А. Тимирязев)の話をつぎのように援用している。「物心がついたときが、[一八]六〇年代とよばれるときと一致した世代は、間違いなくこれまでロシアの地で生まれた者のなかで最も幸福であった。その世代の個々人の人生の春が、四半世紀以上の間にわたり国土を拘束していた精神的な麻痺と惰眠からの解放とともに国土の津々浦々にもたらされ、万民の春の最初の息吹と重なったのだから(5)」。

これらの引用からよく伝わるのは閉塞感を打破する時代変化にたいするインテリゲンツィアの心からの共感であり、見方によっては楽観である。この際、とくに自然科学者は、ロシアにおいても科学はつぎのような意味合いの文化の存在を前提にしてはじめて発展しうると考える性向が認められた。つまり、人間が有する合理的理解力を知識の最重要な資源とし、その知識の価値を実用性によって推し量り、さらにあらゆる人が知識をそれなりに理解する権利があることを認める雰囲気としての文化である。(6) したがって、社会がそうした文化の存在を感知するようになれば、それは科学の進展のための基礎条件が成立したことを意味するであろう。「大改革」は文化と科学をこのような有機的な連関性のなかにおいた(おくはずである)と理解されたのである。それゆえに、この時代の先頭を走ったニヒリストは自らをリアリストと見なし、ピーサレフ(Д. И. Писарев)は科学こそが人民を目覚めさせ、民族のために道理ある指導者を生み出す力となると言い放ったのである。(7) そして、当然のことに、このような科学＝文化論は、農村農民の教育に直面してより現実的な(あるいは悲観的な)色調を帯びざるをえなかったとしても、引き続きナロードニキにも受け継がれたと見なさなくてはならないであろう。つまり、科学が近代ロシア思想の基本的構成要素のひとつになったということである。

しかしながら、当然のことに事態は妥協的であり条件的であったから、右に見たような科学者たちの願望をもって歴史叙述に換えることはできない。ツァーリ政府はここでも古典的伝統的な従来の教育観や科学観を強制と強要、そして時に日和見により保持しつつ、彼らなりにロシア近代の道を歩もうとはかった。近代に随伴する科学が専制とは本質的に相容れないことを権力者は直感的に承知していたから、それとの対応はやおらアンビヴァレントなものにならざるをえなかったことは何よりも教育政策によく示された。国民教育相トルストーイ(Д. А. Толстой 在任一八六六〜八〇)によれば、ロシアでは徳育(この場合の用語は воспитание)は強圧的に遂行されたから、それは本質的には限られたものとならざるをえず、さらに知育(образование)は徳育とは全く分離されるものではありえなかったのだから、それもまた本来的に自由である必要条件を欠いたのである。機会あるたびにトルストーイ自身は労働者教育の必要性を説き、自らも訪独までして実業学校視察をする人であったが、右のような教育観がその政策全般を支えていたのである。[8] 専制にとり国民教育はむしろ潜在的な危険を表面化させるかもしれないが、そうした危惧にもましてそれを欠くことは外部からより一層現実的な脅威を招くであろうことをクリミア敗戦は痛烈に教えたはずであった。現に、権力上層部の多くの者が一八六六年にプロイセンがオーストリアに戦勝したのは国民教育が軍事力のあり方にたいしてまで見事な作用を及ぼした結果であると正確に認識したのである。[9]

右に見たような科学文化的な高揚は何も職業的な専門家たちの間に限られた話ではなかった。すでに一八五〇年代末に青年学徒の間で自然科学への関心は高く、社会的な定着をみせ、優秀な若者は大学の物理数学部や医学部への入学を望むようになっていた。後年、作家ドストエフスキーの妻になるアンナ・グリゴーリエヴナ(Анна Григорьевна)は、一八五八年にペテルブルグで最初に開設された女子中等学校を優秀な成績で卒業したあと、さらに一八六六年秋に師範科(これは後に蔵相になるヴィシネグラツキー[И. А. Вышнеградский]によって創設された)へ進学した向学心豊かな人であったが、彼女はその時分を回想して、「当時は自然科学熱がさかんで、わたしもその風潮に負けてしまった。物理学、化学、動物学などが何か「天啓」のように思われ、物理数学科へはいった[10]」と述べているのである。

政府は一八五八年にペテルブルグ大学教授らに新大学令案の作成を依頼したが、一八六一年の学生運動高揚は当局をして自ずから慎重な路線を歩ませることになった。ようやく一八六三年に公布されたそれは、よく知られるように、学生に自治活動を禁じる一方で大学当局には一定の自主性と自律性(教授などから成る大学評議会の設置や学長や学部長の自主的な選出など)を賦与するものであった。評議会は教官人事や大学の出版活動を統制し、優秀な学生を選抜して西欧の大学へ留学させる権限を有するようになった。旧来の学部編成が見直され、物理数学部がいくつかの新しい学部に分割された。こうした一連の措置によって、ロシアの高等教育が奨励されてようやく現実的な進展を展望しうるようになったことは否定できない。ヴシニッチはこの新しい大学令によって、大学はペテルブルグの科学アカデミー(後出)を凌ぐほどの科学研究センターになったとまで高く評価するのである。[11]

軍医学の権威でもあった、代表的な教育学者ピロゴーフ(Н. И. Пирогов)が徳育の必須条件として着実な科学教育の実施を主張したのはなかば当然のこととしても、この時期にロシア公衆一般にとり徳育と知育のバランスのとれた総合教育を主張するのが常識的な範疇に入るようになったとみられるが、しかしその一方では、『モスクワ報知(Московские Ведомости)』や『ロシア通報(Русский Вестник)』の主筆として保守的公衆や政府に対し隠然たる影響力を行使しえたカトコーフ(М. Н. Катков)は専制にとり科学全般は不要であり、ただ「国家の必要に応じた健全で有用な科学」だけが入用であるというご都合主義の取捨選択論を展開したのであった。[12]

確かにこの時期、旧来になく政府当局は教育政策に敏感になった。一八六二年六月一〇日にツァーリは「ペテルブルグにおける公衆向けの講義(публичные лекции)の認可規則」を認定したが、それは国民教育相、内相、第三部長官そしてペテルブルグ特別市長官の実に四者の合意を条件としたものであった。一八六五年八月二三日、内相ヴァルーエフ(П. А. Валуев)は科学論文の体裁をとった無神論、社会主義そして唯物論を厳しく検閲するよう関係方面に指示した(検閲については別途、後段で取り上げる)。その翌年、国民教育相に就任したトルストーイは専制原理の強化をいたく望んで、私的な見解を奨励し尊重すること(これがグラースノスチ[гласность]の本来的な含意である)を否定したのであった。一八七一年につくられた「特別委員会」(陸軍省、内務省、国民教育省、ペテルブルク警察などが参加)は人民向けの講義(лекция для народа)を国民教育相が認可したテキストにのみ依ることを確認した。さらに一八七六年一二月二四日法は県都において実施する人民読書会は県知事の同意をえた学区後見人(попечители учебных округов)の請願によってはじめて許可される制限を加えた。[13] 人民読書会をめぐるこれらの例示だけからも容易にうかがえるように、一八六〇、七〇年代「大改革期」のツァーリ政府を捉えていたのは、啓蒙を絶えざる統制下におこうとする臆病な開明思想であった。

このような及び腰の対応は国内事情に強く規定された結果でもあった。農奴解放の過程が進行した一八七〇、八〇年代になると、公衆は農民生活の基盤がむしろ動揺していると感じるようになった。つまり、農奴解放にたいする否定的評価が広く定着するようになったということである。それは都市下層民だけではなく、その供給源でもあるいわゆる「精神的な暗黒」に沈みきっている農村にたいする社会的上層一流の恐怖心をともなうものであった。そうした漠然とした危惧が「社会問題」という形をとって定置される(せざるをえない)段階にロシアはようやく差しかかったのである。あるいは帝政ロシアは近代なるものが自ずから放出する固有の「毒素」に対応せざるをえなくなったとも言い換えることができるであろう。

こうした状況にどのような対応がなされたか、いささか乱暴に結論的なことの一部をいえば、危機の根源を状況に対応できない(しようともしない)農村農民の暗愚さに求め、それを「科学と文化」の力によって啓蒙することで事態の打開をはかることがさまざまな手段と方策をもって試みられたのである。このことは、明らかに、左翼も右翼もなしに思想的立場を超えて啓蒙なるものを信じることができた、あるいは信じざるをえなかったこの時代の特色をよく示すのである。[14]「社会の発展」はその背後にそれとは相容れない(とみなされた)たくさんの要素をなかば自動的にあるいは意図的に、積み残したままにしていくものであろう。その際、発展構造に組み入れられることなしに無視されるか否定された事柄のなかに、たとえかけがえのないものがあろうと熱狂に捉われた人たちがそれに気付くことはまずないのである。しかしながら、そうしたいわば影の部分を見ない発展構造論は限りなく単純な近代化論に近づくことになるであろう。

右のようにして想定された改革と改良の最大級の標的とされる運命にあったのは農村農民文化であった。「大改革」期は都市と農村との文化レベルでの本格的な衝突によって特徴づけられることになった。その際に、都市側によって意図されめざされた事柄のひとつは、彼らにとり都合のよい「理想的な人民を発見する」ことであった。農村農民のさまざまな生活慣行は徹底した調査の対象となり(後述)、それらを各個撃破するために、「科学的で合理的な」根拠がこれ見よがしに提示されることになった。例えば、農村農民にとって生活サイクルの円滑な運転を保障する基幹的リズムそのものを提供した祝祭日が血祭りにあげられた。それは異常なほど日数が多く、その結果、農民の生活そのものが自堕落になっており、いわゆるフリガーンストヴォ(無頼暴力行為)が発生する根本要因となっているから、それらは減少させるべきである。祝祭日や日曜日に開催される市は単なる混乱と暴力の場でしかないのだからそれは禁止する。やはり祝祭日には酒の販売を認めてはならない。旧弊でしかない祝祭日を植樹祭のような近代的でスマートな世のためになる祝日と差し替えたらよいであろう。これら都市側の一方的な非難・中傷にたいして、例えば、フランクは、それは改革派が民衆文化にたいしていまだ都市自体ですら経験したことがないような「植民地主義的な言語とイメージ」とに彩られた「啓蒙的文化」を適用しようとするものであり、それは政府が企てる「政治的な植民地化」のさらに上を行くものであったと非常に手厳しい評価を下している。[15] 著者も感覚的にはこの論評に賛意を表したいと思うが、ここで少なくとも確認できることは、当然予想される農村農民側のリアクションとともに、近代ロシアの「大改革」(あるいは「改革」全般)なるものは、都市と農村との間で繰り返され、そのたびに緊張が増幅される文化的な往復運動の過程におかれたということである。[16]

啓蒙活動が近代ロシアの都市社会に公私にわたりネットワークを構築するようになった。[17] 日曜学校あるいは無料学校が大都会を中心に開設されたが、これらは労働者の組織化をめざす左翼の専売品であったわけでは必ずしもなく、ペテルブルグ市役所などは一八七九年からそれらを公式に開設することに踏み切るまでしたのである。モスクワには、インテリ学徒が果たした啓蒙活動の拠点のひとつとして、一八七一年に創設された「技術知識普及協会」(著名な社会教育家ストユーニン[В. Ю. Стоюнин]が代表)があり、その教育部は同地のリベラルな教師たちを集めて、単に技術教育に限らず一般教育に精を出したことで有名である。後述するように、スイチン出版社がそれに協力して「自習文庫(Библиотека для самообразования)」シリーズを刊行するなど出版活動も熱心に行われた。[18]

情報伝達メディアが限定されていたこともあって、[19] 文字を通して啓蒙がめざされたのがこの時期の一大特徴であった。

いわゆる良心的な出版者がこの事業に参画することによって自己の存在理由を再確認しようとしたことも社会的に目立つことであった。コヴァレフスキー(В. О. Ковалевский)、ポリャーコフ(Н. И. Поляков)、パヴレーンコフ(Ф. Ф. Павленков)、ポポーヴァ(О. Н. Попова)などがそうした代表的な出版者たちである。先に回想を引用した、アンナ・ドストエフスカヤは一八七三年に『悪霊』をはじめて自費出版して作家の家計を支えようとしたのだが、この企てが彼女の「出版事業」の基礎となり、一八八〇年には、長続きはしなかったが、通信販売専門の「フョードル・ミハイロヴィチ・ドストエフスキー書店」を開店したのである。アンナによれば、地方向けの本屋は「上手に、几帳面にやりさえすれば利益の大きい仕事で」あった[20]。この証言は本に対する需要が主要都市に限られず、全国化しつつあったことをよく示すであろう。すでに別の場所でも触れたことがあるのだが[21]、識字協会あるいは識字委員会といったものが各地につくられ、それらが「良書」の普及に励むようになったのもこの時代である。ペテルブルグ市の場合だけをとっても、一八八〇〜九五年に一二六点、約二〇〇万冊を出版し、無料配布したといわれるほどであるから、この動きは例外的な試みとして無視しうるものではなかったであろう[22]。またペテルブルグ識字委員会はウクライナ人作家コニースキー(А. Я. Кониский)を仲介にして、初期サークル運動で全国的にみても先進的な役割を教育啓蒙活動で果たした「ポルターヴァ・サークル(Полтавский кружок)」と協力関係を有した。これは啓蒙に関して広範なネットワークが私的なレベルにおいてある程度はつくられていたことを示すのである[23](この時期のサークル運動全般については、第五章第一節を参照してほしい)。

さて、ロシアの図書館用語には英語の public library(公共図書館)に相当するものがなかった。public library に該当するのではないかと考えられる общественная библиотека は都市公共図書館をさすのが通例であり、また публичная библиотека は市営図書館(municipal library)を普通意味し、これは городская библиотека とも呼ばれたのである。私的に創設された「読書図書館(библиотека для чтения)」は古くから大きな都会には存在した。農村農民は図書館サービスからは取り残されていたのだが、ようやくこの時期になって、人民(無料)図書館(народная[бесплатная]библиотека)ないしは農村図書館

（сельская библиотека）と呼ばれるものが登場するようになった。一八六四年に全国で二八〇の図書館を数えた際に、その内には都市（публичная）が九二あり、農村（сельская）が一五であったというようなデータがある。ゼムストヴォが農村図書館建設に精を出し始めるのはさらに遅く一八九〇年代中頃からであるから、それまで農村農民はその読書欲を農村初等学校の図書室や個人的な人間関係などを頼って満たしたと考えたほうがよいであろう。[24]

このように、この時期はとかく図書出版を通じた啓蒙に人々が熱中した観があるのである。ここでアンダーソンによる周知の「出版資本主義」にまつわる議論を持ち出すまでもないのだが、[25]このことは全体としてみれば、ロシアにおいても活字メディア（アンダーソンはとくに新聞を重視している）を媒介として国民の創出が本格化したと整理することができるのかもしれない。しかし、ここではこの論点に立ち入ることはせずに、ただ「人民」ないし「国民」を表題に冠した定期刊行物が数多く発行されたことを指摘するにとどめておきたい[26]（注記では「ナロード」をあえて「国民」と訳しておく）。

それらは二つの首都で創刊されたものばかりであるが、さらに地方都市においても同様に盛んな出版活動が観察されるようになったことに触れておかなくてはならない。各地の商工業界の多くが『取引所新聞（Биржевой Листок）』の名で業界紙を出し始めるのはこの時期からである。それだけでなく、いわゆる進歩的な知識人たち（インテリゲンツィアについては後に触れる）が各地で独自に新聞を出すようになった。例えば、シベリアでは『アムール（Амур）』（一八六〇年〜）、アストラハンでは『ヴォルガ（Волга）』（一八六二年〜）、カザンでは『カマ＝ヴォルガ新聞（Камско-Волжская Газета）』（一八七三年〜）がそれぞれ彼らによって創刊された。こうした私的な動きはそれまで地方において実質的に唯一の新聞であった、政府発行の広報紙『県報（Губернские Ведомости）』を脇へ押しやるほどであった。一八七四年一月、モスクワ検閲委員会が『カマ＝ヴォルガ新聞』をその検閲下において事実上の停刊に追い込んだことは、これら新聞が中央当局にとり無視しえない存在として認識されるまでに至った経緯を如実に示しているであろう。[27]

しかしこのような事情であったから、「大改革」において、政府が社会的に孤立していたとみることはできない。中央に限らず地方でもとくに公衆の間に「改革ロシア(пореформенная Россия)」が根を張り出していた(そのためにゼムストヴォが果たした役割の大きさについては別途に議論があってしかるべきであろう)。右に見たように、この時期は地方出版(провинциальная печать)が活性化し、その新聞、雑誌には各地の住民たちの生活状態、彼らの経済的文化的ニーズなどに関連する記事や通信などが頻繁に掲載されて社会的な注目と反響を呼ぶ、いわゆる「グラースノスチ」状況が出現したのである。それは、従来、何を考えているのか、何をしているのか分からなかった隣人たちの相貌が次第に輪郭をともなって明らかになるということでもあって、人々の間に社会的連携の道を開く可能性を秘めた、ロシア史上重大な出来事であったはずである。それまでロシアのナロードは反乱や蜂起など殊さらに国家権力にたいして弓を引くような問題を惹起しない限り、「記録に残る」べき存在ではなかった。かのクロポートキン(П. Кропоткин)にいわせれば、「ここにはおよそ五〇〇〇万の民衆が住んでいて、その生活様式、信条、考え方や理想は知識階級のものとはまるでちがっているし、自ら進歩の指導者と称している人々にとって、彼らは全く異なった言語を話す人種のようにまるきりとっつきようのない未知の存在(28)」なのであった。彼によれば、インテリたち公衆の多くは「田舎にある邸宅のバルコニイから農民を眺めたことがあるだけ(29)」であった。そうした人民の日常に社会的な関心が寄せられ始めたということである。

クロポートキンが「民衆作家」と名付けた、「人民のためにではなく、人民のことを書く」、つまり人民をその作品の主題や素材とする一群の作家たちが本格的な執筆活動を始めたのも丁度、この時期なのであった。それはグリゴローヴィチ(Д. Григорович)、ダニレーフスキー(Г. Даньлевский)らに始まって、ピーゼムスキー(А. Писемский)、ポテーヒン(А. Потехин)を継いで、レヴィートフ(А. Левитов)、ウスペンスキー(Г. Успенский)らへと続く一大山脈をなしたのである(30)。

帝政ロシアにおける民俗研究

帝政ロシアにおいて、学としての民俗研究はロシア地理学協会(Русское Географическое Общество 一八四五年創設)を組織的中心として展開され、その主たる関心はいわゆる「人民的創造(народное творчество)」にあって口頭伝承や神話の研究に重点がおかれてきたが、農奴解放に関わる諸般の事情が「農民問題」について具体的で信頼に値する情報を求めさせるようになったのは確かであろう。社会経済生活、家族関係、共同体、慣習法など農民の生活実態、つまり人民生活の社会的条件に関する科学的な解明がめざされるようになったのである。[31] それは民俗誌学(этнография)を広く人民学(народоведение)として組み替えるに等しい作業になるはずであった。こうしていわば「ロシアおよびロシア人研究(изучение России и русского народа)」が本格化することになったのである。この時期に協会の活動は著しく拡充された。その民俗誌学部門は一八六四年に人民の法慣習に関する資料を収集するための特別な計画を作成したが、それは「ロシア民族生活の真の基盤を発見する」こと、つまり「民族の神秘主義(национальный мистицизм)」を解明することを志向したのであった。[32] さらに協会は一八六二年から一八八五年の間に全五巻の『ロシア帝国地理統計事典(Географическо-статистический Словарь Российской Империи)』を刊行した。これはロシアという国の全景(かたち)を描き出そうとするほとんどはじめての本格的な試みであった。彼らにとり人民を研究することは国家のあり方を究明することに等しいはずであり、現にこれら研究者の動きはツァーリ政府中央と緊張した関係を生じさせることになった。協会の独自な活動を嫌って、内相ヴァルーエフは一八六三年にウクライナ語での出版に非常な制限を加え、さらに一八七〇年には政府は協会の南西部門を閉鎖するなどの措置をとった。[33] しかし、一八六七年にリッティフ(А. Ф. Риттих)が編んだ新しいヨーロッパ＝ロシア地図は大ロシア人、ウクライナ人、白ロシア人それぞれの居住地を区分したし、一八七四年から刊行が開始された全一二巻から成る地誌『絶景のロシア(Живописная Россия)』はやはり同様な編集方針を採用したから、これら三つの東スラヴ族の間に極力、均質性を見出して、大ロシア人が全体を無理なく包摂し、指導することを当然の前提にしようとしてきたツァーリ政府の民族政策はその根幹を揺すぶられる恐れが出てきたのである。

しかしながら、こうしたロシア地理学協会の動きはとりわけて社会から隔絶したものではなく、例えば、一八七三、四年にいわゆるリュボシンスキー委員会がヨーロッパ＝ロシア一五県の郷裁判所活動調査報告を全七巻の圧倒的な分量でもって提示したことが、ロシア法学界の農民慣習法研究に一大刺激を与えたことなど[34]は当時の知的雰囲気の在り処をよく伝える事柄なのである。協会でもとくに一八七〇年代中期以降、人民慣習法への関心はますます高まり、一八七六年、民族誌学部門にカラチョーフ(А. Г. Калачов)が代表を務める「人民の法慣習に関する委員会(Комиссия о народных юридических обычаях)」が新設されて、関連資料の組織的収集を開始した[35]。一八七六年から一八八九年の間に出された慣習法関係の著作は実に三五〇〇編以上を数えたといわれるから、まさしく異様と思われるほどに加熱した関心の高まりをはっきりと確認することができるのである。さらに、農村共同体研究もこの時期に大きく促進され、ある資料集に添付された関連文献表にしたがえば、農村共同体関係の年代別著作数は一八五〇年以前の四点に始まり、一八五一〜五五年五点、一八五六〜六〇年九九点、一八六一〜六五年五四点、一八六六〜七〇年四四点、一八七一〜七五年七六点、そして一八七六〜八〇年三七二点と推移したというのであるから、一八七〇年代後半期の顕著な伸びに注目せざるをえないのである[36]。

このように人民にたいする関心が公衆の世界を大きく捉えたから、個人的に関連した調査研究に人生をかける人が現れるようにもなったのである。近年、土肥恒之による紹介などを通してわが国でも知られるようになったセメフスキー(В. И. Семевский)が、『ロシア思想(Русская Мысль)』誌に「ロシアの農民の歴史を書く時期ではないのか」と端的に目標を掲げた表題の論文を発表したのは、一八八一年であった[37]。そこで彼は、「新しい社会体制創出の必要性」が問題とされ、「人民の自覚」が高まっている。ロシア国家史はあるが、ロシア人民史はいまだない。わが国のインテリゲンツィアは人民の金で子弟を学ばせている。学者は何よりも人民史に注意を払うべきだ、と熱っぽく主張したのである。「ロシア農民史はわが国の科学にとり人民にたいする借りである[38]」と自らの信条を吐露した彼にとり、科学は人民への負債を返却するための手段であると思われた。つまり、科学の側から人民のほうへ歩み寄るべきであるというのである。そこには、そうすることが科学を民主化するひとつの方法であるとする確信もあったのであろう。

テーニシェフ(В. Н. Тенишев)の場合も有名であろう。資産家であった彼は学術全般の振興に深い関心を示し、その晩年に出した著書『人間の活動(Деятельность человека)』(一八九七年刊)において科学の実践的な必要性を力説し、人間の周囲を取り巻く環境の総合的な解明を強く望んだ人であった。彼によれば、人間観察はそのための重要な一環であり、それは科学的方法をともなって行われなくてはならないものであった。同じ年に彼はそのために詳細な「中央ロシア農民に関する地誌学的情報〔収集〕計画(Программа этнографических сведений о крестьянах Центральной России)」を策定し、調査を実際に推進するために私的に「民俗学ビューロー」まで開設した。実際に調査は中央部と北部の二四県で三四八人の協力者をえて実施され、膨大な資料が集められた。しかし、もうひとつの「教育ある階級の都市住民に関する地誌学的情報〔収集〕計画(Программа этнографических сведений о городских жителях образованного класса)」(通称「ロシア官吏に関する計画」)は手付かずに終わった。興味深いことは、これら「計画」の名称からでも類推できるように、テーニシェフの場合もロシア社会の二重論を意識していたらしいことである[39]。

革命派、それも革命事業を人民の力に依拠して遂行しようとする者たちにとり、人民研究が彼らの存在にとり死活的意味合いを有したことは自明であろうが、この時期以降、革命結社「土地と自由」や「人民の意志」がそのために具体的な計画を立てていたことはそれぞれの場合について容易に判明することである[40]。人民の意志派の重要な活動家であったルサーノフ(Н. С. Русанов)はベルヴィ゠フレローフスキーの『ロシアにおける労働者階級の状態』(一八六九年刊)が世に出たころを回想して、自分でも地元のオリョール県の樵や麻梳きの労働と生活の実態を調べようとして、当時、中央ロシアで出回っていた農村調査計画を利用したと話しているほどであるから、志ある人たちの間ではこの種の実態調査

がブームにすらなっていたと思われるのである。(41)

さて、一八六七年の四〜六月にはモスクワで全ロシア民俗博覧会(Всероссийская этнографическая выставка)が開催され、そこには帝国各地のいわゆる民族衣装を着用したマネキン人形二八八体をはじめ、生活様式を伝える日用雑器などが展示された。この企画の中心にいたのは当時の代表的な人類学者、モスクワ大学教授ボグダーノフ(А. П. Богданов)であったが、明らかにロシア政府はこれを帝国の強大さと偉大さを誇示する場に利用しようと考え、ツァーリ自身も親しく見学した。会期の来場者は九万人以上といわれ、博覧会は公衆の間にこの種の知識を普及するのに貢献したのである。(42)さらに同時期にスラヴ諸国家の盟主たらんとして、汎スラヴ主義者たちによってスラヴ人会議(Славянский съезд)が開催されたことも付記しておかなければならない。(43)ここで確認された博覧会の成功は主催者側に自信を与え、その後も類似した一連の博覧会が帝国内で繰り返されることになった。それらの集積効果はロシア帝国臣民にたいして自分たちは多様性をともないつつも全体としてはひとつのロシアの国民であるとする意識の形成を促したであろう。

すでに一八六四年にはモスクワ大学に付属して科学知識を公衆に普及する目的で自然科学愛好者協会(Общество Любителей Естествознания)が開設されていたが、それは全ロシア民俗博覧会やスラヴ人会議と同じ一八六七年に帝室自然科学・人類学・民俗誌学愛好者協会(Императорское Общество Любителей Естествознания, Антропологии и Этнографии)として改組、改名された。「帝室」という冠が付されただけでなく、広く人間学が加えられた点が肝心であるが、そのことは右のスラヴ人会議の企てが象徴した時代精神と明らかに符合する面を有したのであり、内実は多分にロシア帝国主義的性格を強化するものであった。したがって、そうした雰囲気のなかで、さらにそれを強化しようとして、科学なるものが少なくとも形式的には一般化する時代をロシアは迎えたと考えてよいであろう。この流れのなかで、民族の歴史的な起点を再確認しようとする動きも顕著になり、各地に古文献学委員会(археографическая коммиссия)がつくられた。一八七七年にはヴァーゼムスキーが古代文字文化愛好家協会(Общество Любителей Древней Письменности)を結成し、精力的な出版活動を展開した。[44] これらは宗教（正教）だけでなく、言語や生活習慣までも人民史研究に取り込もうとする流れのなかで起きたことである。

帝国の全景にたいする関心の高まりは自ずから郷土研究（краеведение）を盛んにした。広大な地域に関する人文地理的な知見は無きにひとしい状態であったから、ここでも基礎的な情報の収集がはかられることになった。シェーイン（П. В. Шеин）やマクシーモフ（С. В. Максимов）のような優れた郷土資料収集家（краеведы-собиратели）が活動し、その結果、膨大な資料が収集されただけでなく、刊行されるようになった。さらに軍部がそのために動いたことも注目に値する。一八七一年にはオブルチョーフ（Н. Н. Обручев）少将を中心とした陸軍参謀本部の統計家たちが非常に包括的な国勢調査である『ロシア（Россия）』を『軍事統計集（Военно-статистический Сборник）』の第四分冊として刊行した。[45] 系統的な計画に則って、学者たちの「統計的＝民俗誌的遠征隊」や「科学的旅行」が編成されたことも見逃せないことであった。つまり、中央権力の実効支配が薄い帝国周辺地域にたいしては科学研究を大義名分とした学術探検隊が何次にもわたって組織されたのである。中央アジアの場合、最初の大規模なそれはアム＝ダリア方面に向かって一八七四年に派遣されたものであった。[46] 結果として、かような試みの数々はロシア帝国の版図を最終的に定めるにあたって先駆的かつ先導的な役割を果たしたと考えられるのである。ちょうど同じ年に、トルクメンの抵抗によって征服が最も遅れていた外カスピア州（カスピ海東部地方）に臨時統治法が公布され、辺境（край）を外カスピア軍部長官が統治するようになったのであった。[47]

文化啓蒙と「ナロードニキ」

この時期のロシアで啓蒙活動の先頭に立ったのは、自然科学者たちであった。その相当部分は人民大衆にたいする啓蒙に関心を抱いていたと見られ、それがとくにダーウィン学説の紹介を通してはかられたことは顕著であった。『種の起源』が刊行されたのは一八五九年であり、ダーウィニズムが欧州の知的世界を席巻するが、この現象とロシアも無縁ではなかった。ダーウィンの思想をドイツに紹介したヘッケル(『自然創造史』一八六八年刊)の影響を受けたコヴァレフスキー(А. О. Ковалевский)とくにその弟(В. О. Ковалевский)がロシアへダーウィニズムを普及するのに力があったのである。学術機関では、科学アカデミーよりも大学がそれに熱心であった。ここでも、あらゆる権威にたいして懐疑的で批判的たることによって彼ら大学人は時代精神を反映しようとしたのである。一八六四年には『種の起源』がモスクワ大学のラチンスキー(С. А. Рачинский)によって露訳されたがその出来栄えが芳しくなく、同年すぐにヴラディミールスキー(М. Владимирский)の別訳が出た。ダーウィンのほかの著作もロシア語に翻訳された。

そして、さらに大切な点は彼らが科学の社会的普及を重視したことである。すでに触れたチミリャーゼフはダーウィンの学説を平易に解説する啓蒙書を出した。一八六八年にピーサレフの葬式で「過激な」発言をしたことを理由に逮捕された経歴を有する出版者パヴレーンコが一八八〇～九〇年代に実に五〇〇点余りの科学的啓蒙書を出版したことはこの時代相の一端を象徴的に物語るものであろう。[48] 彼らは西欧近代が生み出した合理的精神をロシアに普及することをめざしたのである。したがって、このような人たちがそうした目的の実現にとり阻害要因となりうると判断された事柄にたいし厳しい評価を下したのは自然の勢いであった。例えば、そのなかには人民大衆の間に普及していた「内容的にも安価な」いわゆるルボーク(大衆向けの民俗版画)があった(出版事情については後節でさらに取り上げる)。彼ら自然科学者は伝統的なロシア農民の価値観とやがて鋭く衝突する運命にあったのである。

教育、とりわけ知育を意味するオブラザヴァーニエ(образование)から派生するいくつかの用語が流行したのもこの時期の社会風潮であった。普通古典的であるとして引用されることが多い、同時代の流行作家ボボルイキン(П. Д. Боборыкин)の「インテリゲンツィア」定義は「最高に教育を受けた社会層(высший образованный слой общества)」であるし、[49] 詳しく後述するように、急進派たちは「教育を受けたプロレタリアート(образованный пролетариат)」との関係に格段の配慮を払ったのである。つまり、教育がプロレタリアートとインテリをつなぐ役割を果したのである。当時まだ革命陣営にあったチホミーロフ(Л. Тихомиров)は、一八七二年にペテルブルグの革命的な青年の間で加熱した論争を「文化的階級において[のみ]人々を発展させ育むことが必要である」と考える教育派(образованники)と呼ばれた部分と、養育と宣伝とをまさしく超階級的にナロードと労働者にまで及ぼすべきであるとする人民派(народники ナロードニキ)との二派の間のものであったと回想している。[50] 同時に彼は「ナロードニキ」なる呼称はこの時にはじめて創られたとも主張している。そうであれば、「ナロードニキ」とはまず何よりも人民の間に教育を行き渡らせ、文化革命を志向する者たちを意味したのである。

このチホミーロフの分類は、読み書きをはじめとする文化や教育の普及を是認する全般的な雰囲気に満たされつつも、その適応範囲において鋭い意見対立を見ていた当時のロシア公衆の模索状態をよく示している。「ナロードニキ」はそうした志向性をもつ一派であり、その一方には人民大衆を知的世界に触れさせることはかえって有害であると考える部分もいたのである。この啓蒙と教育の及ぶ範囲の問題は国民国家形成問題とも深い関わりを有したことを思えば(啓蒙が果たすべき社会的役割として理念的に想定されたのは近代合理精神の普遍化である)、明らかにその意味で「ナロードニキ」は最先端を走った近代化論者たちであった。

教養や教育が特定の部分に世襲的あるいは先験的に限定されるのではなく、そうした制約を振り払って社会的に波及しだし、「教育あること」やさらには「知識人」をも意味するオブラゾーヴァンナスチ(образованность)という言葉が可能性があるところでは現実的な意味合いをもちうる時代に帝政ロシアは突入したのである。プレハーノフ(Г. В. Плеханов)などがよく好んで用い、本書も大いに気にかける存在である「労働者インテリゲンツィア(рабочая интеллигенция)」といった特徴的な用語法の登場もこうした背景を抜きにしては考えられないであろう。彼は学生にさえ劣らない知的な労働者がいることを発見して、その「文化性(культурность)」にたいして率直に驚きの声を上げている。[51] また、このような教養や教育に関わる言説の流布と「ナロードニキ」、とくにそのラヴリストたちによる書籍普及運動(книжное дело)とは無縁ではありえないであろう。彼らの運動は時代精神を非常に正確に反映したものであったと考えられるのである。

インテリゲンツィア

ロシアにあってインテリゲンツィアという言葉がはらむ多義性や多様性はひとしく認められてきたが(一例を挙げれば、右に触れたボボルイキンの定義であるが、それは官吏や行政権力者もその範疇に含むものとして理解されていた)[52]、しかし、その一方で多くの論者がそれらに共通する特性を見出そうとして努力を重ねてきたことも確かである。ヨールキンは、ロシアでは教育ある階級のうち、現存する政治体制の沈滞を克服し、体制の変革を達成しようと熱望する人々がインテリゲンツィアであると理解されてきたという[53]。すでに触れた坂内徳明の場合、ラジーシチェフの『旅』がナロード文化の存在を世に知らしめたこと、そしてそれを「一つの社会プログラムへ結晶させ」る作業を担うべくこの時期に登場したのがインテリゲンツィアであるとするのだから[54]、その出現は一八世紀末と論者のなかでは時期的におそらく最も早く、何よりも「ナロードの発見」と不可分の関係でその存在を確認しようとする特徴がある。さらに、すでに引用したコンフィーノの秀逸なロシア・インテリゲンツィア論における整理にしたがえば、それはほぼつぎのような特性を備えたものである。つまり、公益(社会、経済、文化、政治)にたいする深い関心、そうした諸問題にたいする罪と個人的な責任の感情、政治・社会問題を道徳的なものとみなす傾向、限りなく論理的な結論を求めようとする義務感、物事はなすようにはならないが、何かはなすべきであるとする信念である[55]。

以上のような性格はピョートル一世期に始まるロシア知的生活史の過程で徐々に形成されたはずのものだが、こうした人間類型にたいしてインテリゲンツィアという用語を差し向けるには、公衆にたいして精神的インパクトを加えた問題群の発生が必要であったように思われる[56]。すなわち、それらはようやく農奴解放に前後する時期になって、とりあえず、つぎのような系で構成されたであろう。①軍隊と官僚制の機能不全を顕在化したクリミア敗戦とツァーリ・ニコライ一世の象徴的な突然の死、②新帝の即位と農奴解放。つまり新しい時代への期待、③農奴解放の実施と自由への期待の破綻。「解放された」農民たちの苦悩を前に教育ある人たちは真の自由を実現するほかに選択肢はないと決意したこと、④農奴解放令自体が多くは正教会を通して周知徹底がはかられたこと。だが、これまで正教会は農奴制を神の名において支持してきたではないか、では何を信じ、誰を非難すべきなのか。そして⑤すでに垣間見たように、科学的な世界観が成長し普及し出したことなどである。

これらは主に貴族のサークルやその家族の内部における対立軸を構成した主要な論点でもあり、多分に世代間の鋭い対立をともなって表面化し、現象化したものであった。ここでの衝突を契機にして、子は親と別れて大学都市へ出てサークル活動と共同生活の日々を送る新しい環境のなかで、真に生きるために人生の意義を見出そうとする苦闘の道を選び取ったのである。

通例、よく観察されたとされる「父と子」の世代間の対立は、父が事態を正しく認識しているにもかかわらず行動を差し控える、つまり社会・政治問題を道徳(罪の感情)の問題として捉えていない、と子の側が強く非難する形をとることが多かった。[57] 道徳的に専制へ反抗することがニヒリストの基本的信条であり、ニヒリストのニヒリストたる所以であった。彼らが父、正教会、役人などの権威性を拒絶するだけでなく、束縛と規制を嫌悪したのは、階級や階層、グループなどのためではなく、あくまで個人(自分自身)に関してのことであった。女性ニヒリストは働き、学び、サークルやコミューンに入るために、家族、夫、子供らと別れ、貴族の巣を離れて、都会に自由な空気(両性平等と自由恋愛)を求めたのであった。そうして得られる(はずの)自立と自由はおそらく新しいライフ・スタイルと道徳律を生み出すであろうと期待されたのであった。これらのことがロシア・インテリゲンツィアにとってそのエトスの基盤になったと考えられるのである。[58] そして、「ヴ・ナロード」はその先に想定されるはずのことであった。

このようにいわばカウンター・カルチャーを創造しようとして、ようやく一八六〇年代にロシアのインテリゲンツィアはその第一世代を画しえたと見なされるのであるが、用語法においてインテリゲンツィアは時代的に変遷を重ねることになった。この「大改革」期になると、ピョートル一世期以来そうであったように官僚の主たる供給源としてだけあることを停止してしまい、非官僚的な民間分野にも社会的裾野を広げたことがその語義と語法を豊かにした背景となったと考えられるのである。つまり、その分、インテリゲンツィアにたいする解釈の幅が増すことになった。ポラードはそれを知(intelligence)といった意味合いから始まって自覚(consciousness)、啓蒙、文明あるいは文化の意義を獲得するように進化したと整理し(これに関連して、イヴァン・アクサーコフの場合はそれを哲学的コンセプトから社会学的なそれへと変換させたことを想起せよ)、やはり同じ一八六〇年代までにはインテリゲンツィアは「自覚の担い手(bearers of consciousness)、最終的にはその自覚を有する社会集団、人民との関係、社会における活動といったことまでを含意するようになった」と指摘している。[59]

また、パイプスは、明らかにストルーヴェの議論を下敷きにしながら、つぎのような主張をしている。一九世紀中葉に近代化が、大衆とは異なる社会的グループとして広く客観的文化的な意味でのインテリゲンツィアを生み出した。一八六〇、七〇年代になるとその内部にはより狭い主観的な意味での intellectual(知識人)概念に相当する、もうひとつのインテリゲンツィアが発生した。[60] ストルーヴェ本人は、政治的カテゴリーとしてインテリゲンツィアが登場したのは改革の時代である、一八六〇年代における出版活動の興隆とともにそれは精神的に独自なものとして知識階級から区別されるようになったともいっている。[61] インテリの数的増加と社会的存在感の増進とが観察されるようになったから、コンフィーノはとくに一八七〇年代以降、この用語は「明解な下方倍音(positive undertone)」を帯びるようになったと指摘している。[62] それに力があったのは、既述したニヒリスト的基盤のうえにナロードニキ的志向性が加わったことであろう。人々はインテリゲンツィアという言葉を聞いて、それに込められたある確かなニュアンスを感知するようになったのである。これ以降の用語法上の変遷についてフォローする必要をここでは認めないが、近代ロシアのインテリゲンツィアはここまでに感得されたニュアンスを基本に据えたことは確かなようである。

近代ロシアにおける専門家

さて、その一方、この時期にロシアにおいて、いわゆる専門家(professional)が正式に登場したことにも注目したい。それは教育や社会構造だけでなく、インテリゲンツィアの文化によっても影響を受けた部分である。あるいは文化的に周囲から孤立しているという感情が彼らをしてインテリゲンツィアにたいして親近感を抱かせることになったともいえるであろう。「専門家的インテリ(Профессионал-интеллигенты)」なる用語が派生した所以である。近年、とくに欧米での近代ロシア史研究において、社会変容を理解する鍵としてこれら専門家の動向にはじめて本格的な関心が寄せられているが、少なくとも一九世紀を通してロシアの専門家たちが有した存在意義は、政治的なものからはほど遠く、まずは文化的なものであったとみられる。

ロシアでは、一九世紀も後半になるまでは、これら専門家のほとんどは何らかの形で軍部諸機関と関係していた。例えば、医師の過半は軍医学校で養成されていた。このことは技術者一般についてもいえた。軍部とは関わりなく養成された法律家などの専門家もそのほとんどが国家機関で働くことが通例であったから、専門家の世界は広く公的な性格を帯びていたのであった。それが「大改革」の開始とともに大きく変化することになった。大学、高等専門学校などの高等学術機関が専門家養成の役割をますます果たすようになり、[63] それと同時に専門家を取り巻く私的な世界が立ち上がるようになったのである。

高等学術機関はペテルブルグに集中していた(一八九六年で二五、モスクワに八、残りの三〇が全国に散在した)。ペテルブルグにあった帝室科学アカデミー(Императорская Академия Наук)は「ロシア帝国の最重要な科学者身分」を保証してロシア科学界で中心的位置を占め、一八六五年には創設一四〇周年を迎えた。ピョートル一世が一七〇〇年にベルリンにアカデミーを創設したライプニッツから影響を受けて、国家が科学振興を支援するようになったのはよく知られる話である。しかし、時間の経過とともにインテリの多くからそれは「ドイツ人の機関」であるとの酷評を受けるようになった。科学アカデミーはロシアのものではなく、その現実と真面目に対峙しておらず、むしろロシア人科学者の成長を阻害する存在でしかない、というのがそれへ加えられた主たる非難であった。とくにクリミア敗戦後になるとそれは立ち遅れが目立ち、革新的な気性に乏しく、社会から隔絶していると公衆によって見られることが多くなった。そこで、科学アカデミーの側としては「ロシア化」を試みるところとなり、一八六一年にはロシア語による最初の科学雑誌である『帝室科学アカデミー雑誌』を創刊し、一八六五年には「ロシア科学の父」としてロモノーソフ没後百周年記念事業を行ったりした。[64] 一八七五年までにすべての教授・助教授の八三%がロシアの大学から最初の学位を受けるようになったから、人的な面で科学の「ロシア化」は急速に進んだと考えられる。[65]

一九世紀後半期には、ロシア人科学者が国際的なアカデミック・コミュニティーへ参加し出すから、その分、西欧文化を知る人物がロシア公衆のなかに確かな位置を占めるようになったともいえるであろう。[66] ここに成立した「アカデミック・インテリゲンツィア」は、専制権力はリベラルな方向へと変容すべきであり、またそうなるであろうこと、そして、科学（наука それはロシアにおいては、単に science というよりもより広く Wissenschaft といった意味合いで使われる用語である。普通は人文科学的含意を優先するが、同時に自然科学と強く連携するものと見なされる）[67] は単に個人的な知的報酬に限られるものではなく、むしろロシア社会の進歩や人民福祉の向上をも追求するものであるということをその最小限の共通信念としたのである。[68]

帝政ロシアの大学制度は早くも一九世紀初頭に成立したが、先述した通り、とくに一八六三年令によって安定した地位を確保することになった。物理数学部、歴史文学部、法学部そして医学部が当時の四大基幹学部として整えられたが（これは原則であって、すべての大学、つまり、モスクワ、ペテルブルグ、ハリコフ、カザン、キエフ、新ロシアの六大学がそれらを完備したというのではない。例えば、ペテルブルグには医学部はなく、代わって東洋語学部があった）、いわゆるリベラル・アーツおよび自然科学は弱体で、帝政ロシアでは学生の多くは医学と法学を実学として学んでいたのである。欧米諸国にたいするコンプレックスが実用的学問を優先させるのに力があったのであろう。学生の身分別出身は一八七五年で貴族五割、聖職者三割、その他二割といったところであった(69)。

その卒業生らが専門家として各分野で活躍したのである。一九世紀後半期の大学卒業総数は約五万八〇〇〇人で、そのうちモスクワ大学が一万九〇〇〇人弱、ペテルブルグ大学が一万一〇〇〇人強で両大学で過半を占めた(70)。大学以外にも高等専門学校（институт）が専門家を養成した。そのうち、鉱山高等専門学校（Горный Институт）は一〇〇〇人以上、ペテルブルグ高等技術専門学校（С.-Петербургский Практический Технологический Институт）は二九〇〇人、鉄道技師高等専門学校（Институт Инженеров Путей Сообщения）は二五〇〇人、水工土木高等専門学校（Институт Гражданских Инженеров）は一二〇〇人以上、林業高等専門学校（Лесной Институт）は一五〇〇人以上（いずれも、同時期）の卒業生を世の中へ送り出した(71)。これらは鉱山、機械、通信、運輸、都市計画、林業など近代国家建設を遂行するために不可欠な人材を供給したのである。医学畑ではペテルブルグに所在した陸軍系列の外科医学アカデミー（Медико-хирургическая Академия）が医師の五分の一を全国に供給して大学医学部とならぶ重要な位置を占めた。学位授与機関として認められたのは、大学、神学アカデミー（Духовная Академия）のほかにこの外科医学アカデミー（これは女性が学位を取ることを最初に認められた高等教育機関でもあった。一八八二年現在でそれが生み出した女性博士は二二七人を数えた）だけであったから、その権威性はかなりなものであったと考えられるのである(72)。

今後の議論のためにも、この外科医学アカデミーがかような位置付けを得た事情について一言しておきたい。一八六七年にチューリヒ大学が旧来の男子独占を排して女子学生にも窓口を開き、ロシアからの女性留学生スースロヴァ（Н. П. Суслова）にたいして医学博士の称号を与えるという、知的社会を強く刺激する出来事があった。これに大きく促されてその後、五年間で一〇〇人以上のロシア人女性が同大へ留学することになったのである(一八七三年現在で七七人が在学)。こうした動きは、のちに見るように、チューリヒのロシア人コロニーのあり方にも影響を与えざるをえず、何よりも留学した女性が思想的に急進化することを当局は憂慮するようになった。そこでツァーリ政府は「女性問題」にたいする「共感的な態度」を示す必要を認めて、外科医学アカデミーに助産学の博士課程を設置し、そこに女子学生を受け入れることにしたのである。[73]

このように、ロシアにおいてこの時代は専門家の養成が本格化したのであり、これら諸機関は「父」と離れた「子」を受け止める場を提供することになった。それゆえに、のちに詳しく見るように、ナロードニキに外科医学アカデミーの学生が多かったことは決して単なる符合ではありえなかったのである。彼らは社会変革事業に携わる専門家たらんとした人たちであった。

さらに、専門誌の発行がそれまではほとんど専ら政府ないし教育機関でなされていたのが、社会的な諸組織がそれに参加するようになったことも専門家の私的な世界を拡充する方向に作用したと考えられる。その一端を示せば、一八六六年にロシア技術協会は『通報(Вестник)』を創刊し、モスクワ法律家協会は一八六七年に『法律通報(Юридический Вестник)』を、ペテルブルグ法律家協会は『民法刑法雑誌(Журнал Гражданского и Уголовного Права)』を一八七三年にそれぞれ出し始めたのである。このような動きは専門家の世界を独自なものとするのに多大な貢献をなしたはずであった。

バルツァーは全く私的な(独立した)雑誌が出現したことにもその注意を向けている。[74] 例えば、一八八二年にはロシアで最初の完全に独立した技術雑誌である『技術者(Инженер)』が創刊された。その編集者であったのが、ヴィシネグラツキーらのサークル「五人会」のひとり、ボロヂン(А. П. Бородин 化学者にして作曲家であった人物とは別人)であった。[75] そこで彼はお気に入りのテーマであった、アメリカの技術と技術者精神、鉄道を国営化することの害悪、通信省技師の無能力さ、技師養成機関の不足などを自由闊達に議論したのである。

法的に「学者(ученый)」なる語彙がロシアで市民権を獲得したのは、一八六二年四月一〇日法によってである。しばらくその用語のみが流通したが、やがて世紀末になって「学識者(ученый деятель)」、「科学分野従事者(работник на научном поприще)」といった言葉もそれと同義的に使われるようになった。(76) すでに触れたように、ロシア語のнаукаが、ドイツ語のWissenschaftと同様に、英語のscienceより広くより一般的な意味合いを有していること、つまりそれを用いれば「知」のほとんどあらゆる分野に言及することができ、自然科学と社会科学との区別を特段に気にする必要がなかったという特有な言語事情も大まかな学者論を世間に普及させる力になったと思われるが、ここで大事なのはこうしたことが既述したごとき内容のインテリゲンツィアなる範疇の成立にも寄与したであろうことである。

ゼムストヴォがその独自な活動を第三分子(третий элемент)と通称された専門家たちに負っていたことは、近代ロシア史でよく知られた事柄のひとつである。フィッシャーはゼムストヴォが「下級(lower)」インテリゲンツィアの過半を供給したとまで断言するほどである。(77)「ゼムストヴォ・インテリゲンツィア」は医師、教師、そして統計家を三大構成要素としたが、獣医や農業技師(агроном)もその大切な一員であった。彼らは当然に高い教育水準を誇り、一八七〇年代末から八〇年代中頃にかけて医師、教師、統計家の順でそれぞれが組織的な団結を見せるようにもなったのである。この時期で、ゼムストヴォ三四県で彼らの総数は二万三〇〇〇人と推定されるから、これら「ゼムストヴォ・インテリゲンツィア」は政治生活において重要な要素となっただけではなく、「地方インテリゲンツィア(провинциальная интеллигенция)」として彼らの動向は社会的雰囲気を整えるのにかなりな貢献をしたであろうと考えられるのである。(78)

(1) Е. В. Соболева, Организация науки в пореформеной России, Л., 1983, 20.
(2) Н. В. Шелгунов, Воспоминания, М.-Птг., 1923, 82.
(3) A. Vucinich, *Science in Russian Culture, 1861-1917*, Stanford University Press, 1970.

(4) 梶雅範『メンデレーエフの周期律発見』北海道大学図書刊行会、一九九七年、二七頁。
(5) 同所。
(6) A. Vucinich, *op. cit.*, 7.
(7) *Ibid.*, 16.
(8) 高田和夫「近代ロシアの労働者教育」『社会科学論集』(九大)二八号、一九八八年、とくに一節を参照してほしい。
(9) J. C. McClelland, *Autocrats and Academics Education, Culture, and Society in Tsarist Russia*, The University of Chicago Press, 1979, 17-19.
(10) アンナ・ドストエフスカヤ(松下裕訳)『回想のドストエフスキー』1、みすず書房、一九九九年、一二頁。
(11) A. Vucinich, *op. cit.*, 51.
(12) Е. В. Соболева, Указ. соч., 29-30.
(13) 人民読書会については、とりあえず高田和夫「ロシア農民とリテラシイ」『法政研究』(九大)六二巻一号、一九九五年の八節を見てほしい。
(14) Р. Г. Еимонтова, Идеи просвещения в обновляющейся России (50-60-е годы XIX века), М., 1998, 108.
(15) S. P. Frank, Confronting the domestic other: Rural popular culture and its enemies in Fin-de-Sècle Russia, in S. P. Frank and M. D. Steinberg (eds.), *op. cit.*, 74-107.
(16) この点について、さらに高田和夫「近代ロシアにおける改革に関する一考察」『法政研究』(九大)六三巻三・四合併号、一九九七年を参照してほしい。
(17) ロシア語で「啓蒙」に相当するのは просвещение と просветительство であるが、ここでいう行為そのものを表現するのは普通後者である。しかしながら、双方を区別しない用語法が見られたのがこの時期に特徴的なことであろう。この点に関しては、つぎを参考。Р. Г. Еимонотова, Указ. соч., 46-47.
(18) В. Р. Лейкина-Свирская, Интеллигенция в России во второй половине XIX века, М., 1971, 261.
(19) 例えば、ロシアに電話が出現したのは一八八〇年代であったが、それは当初は都市内部の利用に限定されたものであった。ペテルブルグ—モスクワ間でそのサービスが開始されたのはようやく一八九九年からのことである。Энциклопе-

дический Словарь, т. 54, СПб., 1899, 370-371.

(20) アンナ・ドストエフスカヤ、前掲書、五五、一八五〜一八六頁。

(21) 高田和夫、前掲論文「ロシア農民とリテラシイ」。全体を見てほしいが、とくには五六頁。

(22) В. Р. Лейкина-Свирская, Указ. соч., 270.

(23) 「ポルターヴァ・サークル(Полтавский кружок)」の活動については、つぎを見よ。Г. Е. Жураковский, Из истории просвещения в дореволюционной России, М., 1978, 100-130.

(24) M. Stuart, 'The Ennobling Illusion': The Public Library Movement in Late Imperial Russia, *Slavonic and East European Review*, v. 76, № 3, July 1998, 408-409.

(25) B. Anderson, *Imagined Communities, Reflections on the Origin and Spread of Nationalism*, L., 1983.

(26) 『国民読書(Народное Чтение)』(一八五八〜六二年。年に三冊刊行、ネボリシン[П. Неболисин]、マクシーモフ[С. Максимов]、ウスペンスキー[Н. Успенский]といった人民教育に熱心な者が協力)、『国民談話(Народная Беседа)』(一八六二〜六七年。年に六冊刊行。ポゴスキー[А. Ф. Погоский]が編集。農業や小営業の実用的情報、科学と経営の各分野)、『国民新聞(Народная Газета)』(一八六三年ペテルブルグで創刊、一八六八〜六九年モスクワで発行された日刊紙。編集=発行人はクシネリョーフ[И. Кушнерев]。「身分や地位にかかわらず、あらゆるロシア人」を対象とする)、『国民児童図書館(Народная и Детская Библиотека)』(月刊の図書雑誌。ネクラーソフ[И. Ю. Некрасов]が編集し、モスクワの良書普及協会が発行。一八七九〜八〇年)、『国民の富(Народное Богатство)』(ペテルブルグで一八六二〜六三年に発行された日刊の政治経済および文学新聞。編集発行人はバラビン[И. Балабин])、『国民小営業新聞(Народная Ремесленная Газета)』(モスクワで一八七一〜七七年、月に二〜四回発行。一八七三年から『小営業新聞』と改称。編集発行人はサヴィチ[Н. Ф. Савич])、『国民法律家(Народный Законовед)』(一八七一〜七三年、ペテルブルグで発行された週刊誌。編集者オルフェリエフ[Н. Орфериев])、『国民学校(Народная Школа)』(一八六九〜八九年、ペテルブルグで月に二回出された教育雑誌。編集者はメドニコフ[Ф. Медников]、ピャトコフスキー[А. Пятковский]ら)。これらはЭнциклопедический Словарь, т. XXA, СПб., 1897に所収された事項である。

(27) Х. С. Булацев, Пионеры провинциальной печати(первые шаги демократической прессы российской провинции в второй половине

XIX в.), Л., 1981, 5, 8, 81, 135.

(28) P・クロポトキン（高杉一郎訳）『ロシア文学の理想と現実』下、岩波文庫、一九八五年、一五〇頁。

(29) 同一五三頁。

(30) 同七章を参照。

(31) 正確にいえば、この協会は設立とほとんど同時に「ロシア的なるものすべて」の情報を収集するために、一八四七年にナジェジヂン(Н. И. Надеждин)が作成した地誌情報収集計画七〇〇〇部を全県下に配布している。См. Л. С. Борг, Всесоюзное Географическое Общество за сто лет., М.-Л., 1946, 146.

(32) А. А. Пыпин, История Русской Этнографии, т. 2, СПб., 1891, 336.

(33) Vera Tolz, *op. cit*. 199.

(34) 高橋一彦「近代ロシア法学史序説」『研究年報』（神戸市外国語大学）三六号、一九九九年、四八頁。

(35) А. А. Пыпин, Указ. соч., 336.

(36) С. А. Токарев, История Русской Этнографии, М., 1966, 290-291. さらに、В. Р. Лейкина-Свирская, Указ. соч., 244.

(37) В. И. Семевский, Не пора-ли написать историю крестьян в России? Русская Мысль, 1881, кн. 2, 215-265. 土肥恒之「なぜ農民の歴史を学ぶのか」『一橋論叢』一〇三巻四号、一九九〇年も参照。

(38) В. И. Семевский, Указ. статья, 223.

(39) 調査結果の一部は、Б. М. Фирсов, И. Г. Киселева(авторы-составители), Быт великорусских крестьян-землепащцев, Описание материалов этнографического бюро князя В. Н. Тенишева (на примере Владимирской губернии), СПб., 1993. さらに次を参照。Б. М. Фирсов, Теоретические взгляды В. Н. Тенишева, Советская Этонография, 1988, № 3, 15-27 ; Его же, "Крестьянская" Программа В. Н. Тенишева и некоторые результаты ее реализации, Советская Этонография, 1988, № 4, 38-49.

(40) 例えば、1878 г. Программа для изучения народа, в кн.: С. Н. Волк(ред.), Архив "Земли и Воли" и "Народной Воли", М., 1930, 290-306 ; Программа собрания сведении в провинций, в кн.: А. В. Якимова-Диковская и др.(под ред.), Народвольцы после 1-го марта 1881 года, М., 1928, 165-167.

(41) Н. С. Русанов, Из моих воспоминании, Berlin, 1923, 114.

(42) С. А. Токарев, Указ. соч., 285.

(43) スラヴ人会議については、さしあたりつぎを参照。高田和夫「一八六七年スラヴ人会議について」『法政研究』（九大）七〇巻四号、二〇〇四年三月刊行予定。Всероссийская этнографическая выставка и Славянский съезд в мае 1876 года, М., 1867. さらに、高田和夫「ロシア・ナショナリズム論ノート」『比較社会文化』（九大）五号、一九九九年も見てほしい。

(44) А. А. Пыпин, Указ. соч., 313-314.

(45) Там же, 306.

(46) С. А. Токарев, Указ. соч., 312.

(47) 伊藤秀一「中央アジアにおけるロシア人の統治(一)――パレン伯の勅命査察報告を中心に――」『研究紀要』（日本大学文理学部人文科学研究所）五七号、一九九九年、一八～一九頁。

(48) Е. А. Лазаревич, С веком наравне, Популяризация наук в России, Книга, Газета, Журнал, М., 1984, 166. 念のためにいえば、パヴレーンコは『著名人の生涯(Жизнь замечательных людей)』の伝記シリーズで二〇点の伝記を刊行し、一八九九年には一巻本の『百科事典』で評判をとった人である。

(49) В. Р. Лейкина-Свирская, Указ. соч., 5.

(50) Воспоминания Льва Тихомирова, М.-Л., 1927, 60.

(51) Г. В. Плеханов, Русский рабочий в революционном движении (по личному воспоминаниям), Собрание сочинений, т. 3, М.-Л., 1923, 132.

(52) В. Р. Лейкина-Свирская, Указ. соч., 5.

(53) R. Pipes (ed.), *The Russian Intelligentsia*, Columbia University Press, 1960, 32.

(54) 坂内徳明、前掲論文「アレクサンドル・ラヂーシチェフ『ペテルブルグからモスクワへの旅』の時代」、二五九頁。

(55) M. Confino, *op. cit.*, 118.

(56) パイプスは一八四九年二月の独墺の革命議会で社会グループをさすものとして使われたdie Intelligenzが一八六〇年代にロシア語に取り入れられ、七〇年代までにそれは広範な政論を巻き起こす慣用語になったという。R. Pipes, *Russia under the Old Regime*, N. Y., 1974, 251.

(57) *Ibid*., 130.

(58) R. Stites, Women and the Russian Intelligentsia, in D. Atkinson et al(eds.), *Women in Russia*, The Harvester Press, 1978, 48, 53 ; R. Pipes, *op. cit*., 135を参照。

(59) A. P. Pollard, The Russian Intelligentsia ; the mind of Russia, *California Slavic Studies*, v. 3(1964), 11, 19.

(60) R. Pipes(ed.), *op. cit*., 48.

(61) П. Б. Струве, Интеллигенция и революция, в кн.: Вехи, интеллигенция в России, 1909-1910, М., 1991, 139, 142. ストルーヴェ「インテリゲンツィアと革命」『道標』現代企画室、一九九一年、一七八、一八二頁。

(62) M. Confino, *op. cit*., 138.

(63) H. D. Balzer(ed.), *Russian's Missing Middle Class, The Professions in Russian History*, N. Y., 1996, 11.

(64) A. Vucinich, *op. cit*., 67-68.

(65) J. C. McClelland, *op. cit*., 61.

(66) *Ibid*., 25.

(67) *Ibid*., 82以下に紹介されている、すでに一八六〇年代末から光合成で国際的な評価を得ていたチミリャーゼフの科学観を参照せよ。純粋科学研究が専制批判に結びつく(つかざるをえない)ことが示されている。

(68) *Ibid*., 60.

(69) Г. И. Щетинина, Университеты в России и Устав 1884 года, М., 1976, 71.

(70) Е. В. Соболева, Указ. соч., 109.

(71) Там же, 116-124.

(72) Там же, 127, 170 ; J. C. McClelland, *op. cit*., 9.

(73) C. Johanson, Autocratic Politics, Public Opinion, and Women's Medical Education During the Reign of Alexander II, 1855-1881, *Slavic Review*, v. 38, No. 3, September 1979, 426, 433-435.

(74) H. D. Balzer (ed.), *op. cit*., 12.

(75) *Ibid*., 58.

(76) Е. В. Соболева, Указ. соч., 42.
(77) G. Fischer, *Russian Liberalism, From Gentry to Intelligentsia*, Harvard University Press, 1958, 60.
(78) Л. Д. Брюхатов, Значение "третьего элемента" в жизни земства, в кн.: Юбилейный Земский Сборник, СПб., 1914, 187-188 ; Кн. Дм. Шаховской, Политические течения в русском земстве, в той книге, 447 и сл.; Н. М. Пирумова, Интеллигенция и ее роль в общественной борьбе до начала XX в., М., 1986, 63.

2 「科学と文化」の時代的雰囲気

「厚い雑誌」の普及

パイプスは一九世紀ロシアのインテリゲンツィアを結集した制度として、サロン、大学、サークル、「厚い雑誌(толстой журнал)」そしてゼムストヴォの五つを挙げている。[1] これらのうち、人間が集結する場としては「厚い雑誌」だけがほかと性格を違えるであろう。それはまずひとりの人間が立てこもる読書世界そのものであって、サロンなどのように他人と顔を会わせたり、議論を交わしたりする出会いの広場ではない。それは読む者の精神世界に何らかの作用を及ぼすことで時空を超えて結合と連帯の諸関係を実現する可能性をはらんだ仕掛けである。理論上はそうした関係の広がりは無限なのであり、なおかつその性格は、当時のロシアにあっては、体制変革的にならざるをえない恐れが多分にあったから、当局は、最悪事態主義に忠実に振舞って、これらの動向に過剰反応をすることが常態化したのであった。

「厚い雑誌」はとくに一八五五年以降、検閲規制が緩むにつれて流通が盛んになった。一八五〇年代と六〇年代初頭を代表したのは何よりも『同時代人(Современник)』であったが、それが一八六六年に閉刊されてしまうと、『祖国雑記

(Отечественные Записки)』、さらには『ロシアの富(Русское Богатство)』がそのあとを担ったのである。歴史家にして社会活動家であったスタシュレーヴィチ(М. М. Стасюлевич)がやはり一八六六年から刊行した『ヨーロッパ通報(Вестник Европы)』は親西欧リベラルな調子を維持して、ペテルブルグの「進歩的社会(общественность)」の結集核的存在となった。[2] 教育の古典主義的回帰、ネオ・スラヴ主義、ナショナリズム、貴族による反改革の企てなどにことごとく反対したから、当局はその読者たちを立憲主義者の集団と見なしたほどであったのだが、しばらくのちの一八八〇年からはモスクワでもうひとつ『ロシア思想(Русская Мысль)』が同様な役割を担うようになったのである。

「厚い雑誌」といわれたのは文芸に限らず社会や政治の諸問題なども扱って自ずから頁数が増えたからであるが、こうした総合雑誌の類がかくも評判になった理由のひとつはそれがインテリや専門家たちの知識欲を満たすのに成功したことにあった。政府や公的機関が供給する通報は元来、彼らに満足をもたらすものではなく、この時期から社会的な組織や私的な機関が繰り出す情報が専門家らのいわば生活必需品になったのである。[3] 例えば、『祖国雑記』の時事評論が「農業改革、共同体、慣習法、農村における家族および社会的諸関係、行政的農業的な秩序、つまりそれによって農村が存在しているもの」を繰り返して対象としたことは、すでに触れたように、人民(ナロード)に関する知識に飢えていた当時の公衆の欲望を満たすのに少なからぬ貢献をしたのであった。[4] さらに、『ヨーロッパ通報』の「国内時評(внутреннoe обозрение)」欄はゼムストヴォの活動を最もよくフォローしたことで知られ、同誌がゼムストヴォの準機関誌的な存在として広く認知されていたことは周知の通りなのである。[5] このようであったから、「厚い雑誌」は世論の形成に貢献するほどの役割を果たすことになったと見てよいであろう。

ここで、当時、ペテルブルグ検閲委員会検閲官で、その「リベラルな」判定で注目されたエレニョーフ(Ф. П. Еленев)[6]が一八六〇、七〇年代について書いていることをつぎに引用しよう。

わが国には政党も政府反対派(野党)も存在しないが、いかなる立憲国家におけるよりも強力な反対派が存在する。それは「全読者ロシア(вся читающая Россия)」を自己の網に捉えており、しかもそのいくつかは何と国家権力や私的所有権の否定までも主張しているのだ。ロシアでは西欧議会政党にかわって、『同時代人』、『ロシアの言語(Русское Слово)』、『言語(Слово)』、『声(Голос)』、ネクラーソフの『祖国雑記』といった政党が形成されているのだ。(7)

エレニョーフがいう「全読者ロシア」は優れて直感的な用語であろうが、これら総合雑誌の読者が全国に分布し、それらが無言のうちに何らかの存在感を社会的に誇示するようになりつつあることを感知したうえでの表現であろう。『ヨーロッパ通報』の発行部数は一八七二年で八〇〇〇部とされ、(8)『祖国雑記』の場合で定期購読者は一八六二年で四〇〇〇人、一八六八年で五九〇〇人、一八八一年で一万から一万二〇〇〇人、また『ロシアの富』の発行部数は一八九五年で七〇〇〇部、一八九九年で一万一〇〇〇部などといわれ、(9)それ自体は格段に大きな数字ではないであろうが、ロシア読書人の慣例として一冊の雑誌が何人、何十人の間で回し読みされたことは実質的にこれらの数字を倍増させるものであった。さらにおそらくそれ以上に当局を悩ませたのは、地方の都市や農村の領地(地主屋敷=ウサーヂバ)に個別分散的に居住している「厚い雑誌」の読者たちが目に見えない思想の力で強く結びついているのではないかという恐怖心であったと思われるのである。(10)

この点で、ナロードニキであったコヴァーリク(С. Ф. Ковалик)がつぎのように語るのはあまりに悲観的であると思われるのである。つまり、自らを「老人(старик)」と名乗って後日、長文の回想記を執筆した彼は、「一八七〇年代が近づくにつれ、ロシア社会は政治的関心を著しく弱化させた。一八七〇年代ほどリベラリズムが衰えた時代はない。公衆はバラバラになって完全な不一致が支配する「希望が持てない時期(мрачный период)」であり、インテリは政治活動に信を失い、政治を否定してややもすると「純粋社会主義(чистый социализм)」へと傾斜した」、というのである。(11)

「科学と文化」のネットワーク形成

帝政ロシア期に代表的な『ブロックガウス・エフロン百科事典』は「大改革」期に陸続として形成された団体(Общества)をつぎのように分類している。[12] 大分類は公共的なもの(публично-правовые)と私的なもの(частно-правовые)の二つであり、前者は都市やゼムストヴォなどの地方自治に関わる団体と貴族、商人らの身分的自治団体が該当するが、その種類は多くない。圧倒的に多数を占めてバラエティに富むのが後者である。それは大きく四分類されている。第一は経済生活の発展を目的とするもので、企業家団体、相互扶助団体、生産性向上のために新知識を普及する団体などがこれに該当する。第二は精神生活の向上を目的とする団体で、これはさらに、禁酒団体や聖書普及団体のように住民の精神生活の向上をはかるものとその知的美的水準を高めようとして教育、芸術、科学の振興をはかるものとに小分類されている。第三は住民の肉体的発達を促進する目的を有するものであり、第四は援助団体が該当するが、それらはさらに非常事態にあたり対象を差別することなしに援助を行う部分(赤十字や消防などが相当する)と貧窮者支援を行う部分とに二分されている。このうち、後者はその規模の如何を問わず、多数の存在を認めることができる。右の分類法は公私を基準にしているが、ここでは職業的営利を追求する職業団体と区別して、やはりこの時期に本格的に登場してきた非営利的な科学活動に専ら従事する学術的団体である学会(научные общества)の具体例を検討することで、ロシアにおける「科学と文化」の時代の社会的な特質のさらなる一面を探ることにしたい。

ロシアではこうした団体としては古くは一七六五年に起点をおく自由経済協会(Вольное Экономическое Общество)が有名であるが、一九世紀初頭に入るといくつかの分野で現れ、その後、「大改革」期に目立って増加したのである。例えば、ソボレーヴァは学会を全国に一八六一年で三六、一九〇〇年で一一五と数えている。[13] この時期に、例えば、「数学会」(一八六四年)、「ロシア歴史学会」(一八六六年)、「ロシア技術協会」(同年)、「自然科学者協会」(一八六八年)、「ロシア化学会」(同年)、「ロシア物理学会」(一八七二年)といったように、集中的に発生したのである。一九世紀末のペテルブルグには七〇以上(うち医学三〇以上、自然科学一六、人文科学一一、技術一〇、教育四など)あったと指摘されるから[14]、ここでもこの首都の中心性は再確認できるであろう。

先に言及した梶雅範はメンデレーエフを論じながら正当にも「〔一八〕六〇年代期」に「化学者が集団的な存在になった」ことを指摘し、さらに「科学者を含め、専門職業人として生き、奉仕できる条件がロシアでも整い始めた時期[15]」だともいっている。確かに一方の側で政府による強い統制という問題を抱えながらも、ロシアに専門家集団が台頭する時代がはじめて到来したと見てよいであろう。学会は専門家たちが社会的な認知を得るための組織体でもあった。そして、社会の側も科学にたいして共感を示すのにもはや躊躇するところはなかったのである。雑誌『知識(Знание)』が一八七〇年に創刊されたときに、その実質的な編集者兼発行人はナロードニキ・シンパのゴーリドスミット(И. А. Гольдсмит)とコレプチェフスキー(Д. А. Коропчевский)であったが、当時の代表的な学者たちが寄稿し、公衆の側はそれを支持したのであった。「国際科学文庫」の名のもとにダーウィン『種の起源』をはじめとして精力的に欧米作品の翻訳出版を行い、とくに若い世代にたいして影響を与えて「知」にたいする新たな社会的な雰囲気づくりに貢献したのがこの『知識』編集部であった[16]。

しかし、それだけではない。さらにこの改革期の大きな特徴として指摘しうるのは、科学者や専門家の間で私的な交流のネットワークが形成され、なおかつそれが何らかの実際的な作用と結果とを社会に及ぼし始めたことである。ヴシニッチの労作にして当該問題の標準作は、「知的統一体(the intellectual unity)」の形成がこの時期のロシアにも認められることを実証しようとするものである[17]。

ここで、エピソード的な話を挿めば、先掲の回想記でアンナ・ドストエフスカヤは一八七七年一二月に夫ドストエフスキーが科学アカデミーの名誉会員に選出されて、本人同様、非常に満足したことを述べたあとで、そのことがあって以来、作家は文学者協会が毎月、レストランで開催していた夕食会によく出席するようになったと記している。その招待状は化学者メンデレーエフの名で各方面に送られていたというのである。[18] この見落とされがちな話は、実のところ、なかなか興味深い意味合いを含んでいるように思われる。それは、作家自身が科学アカデミーなるものの権威性に屈服していたということではなく、何よりもメンデレーエフという一化学者が分野を超えてある種のカリスマ性を発揮しうる幅広い文化人サークルのようなもの(あるいは文化人社会とでもいいうる)がこの首都において成立したと思われることである。この広がり具合を特定する手立てを今の著者は持ち合わせないから明言することは憚られるのだが、ヴシニッチがいう「知的統一体」は的外れではないであろうという印象を抱くのである。例えば、一八五九年に文学関係者の生活を保証するために文学基金協会(Общество Литературного Фонда)が創設されたことは、[19]「文学性」(литературность も訳しにくい用語であるが、英語の literariness に相当するであろう)の存在を社会的に認知してそれを維持するために資金カンパする人たちが知識人層を中心として生まれたことを意味するであろう。とりわけロシア人が文学に意義を認め、尊敬をもってたいする傾向が顕著であったことから、当然のように、この литературность をめぐる議論は白熱したのである。一九世紀後半期には、文芸至上主義と命名しうるものが少しずつ台頭をみせるようになったこと、文学活動の政治からの自立が志向されるようになったこと、そして出版業が盛んになり、とりわけ人民向けのそれが流行したことが「文学性」にたいして大きな圧力となったことなどがその主要論点であったのである。[20] 全体的には、プーシキンの時代に生まれた「文学」が社会的な認知をようやく受けるようになったということでもある。「国民文学」の発生といった問題もこうした背景抜きには考えにくい。

　実際のところ、近年の研究は個別的にではあるが類似したサークルの存在を指摘している。カガノーヴィチ(Б. С. Каганович)は一八八〇年代前半のペテルブルグで発生した「オリデンブルク・サークル」がその後、一九一三年まで少なくとも毎年、一二月三〇日に集会し続けた(中断して革命後も再開がめざされた)ことを紹介している。無論、ここでいうオリデンブルクとは著名な教育学者と東洋学者であった兄弟をさすのであり、そのほかに社会運動家にしてチャアダーエフ研究のシャホフスコーイ(Д. И. Шаховской)、鉱物学者のヴェルナツキー(В. И. Вернадский)、中世史家のグレヴス(И. М. Гревс)、さらに社会運動家でロシア史家でもあったコルニーロフ(А. А. Корнилов)らがそのメンバーであったのだが、それはまさしく専門を違える者同士の横断的な結合体なのであって、彼らは人民教育の先に民主的自治の実現を熱望することで一致していたのである(なお、彼らの多くはのちにカデット党員となり、革命期の臨時政府で要職を占めた)。[21]

あるいは、高橋一彦の研究は法学者に限っているが、その動向を知識社会史・科学社会史的に描き出そうとしていて参考になる。それによれば、司法改革を実現する基盤ともなった実務家たちの諸サークルのなかでとくに「スターソフ＝アルセーニエフ・サークル」は将来の人材を育成するとともに法曹界を有機的に結合する重要な役割を果たしたのである。[22]

むしろ、科学的な団体が当初は同人的な組織、つまりサークルとして出発する傾向があったことは、すでに触れた技術者に関するヴィシネグラツキーのサークルの例をはじめとして、高橋が紹介する法の理論的・実践的な研究および法律知識の普及を目的としたモスクワ法律協会(一八六三年設立大会)の場合がよく示す通りである。[23] そしてこのようなサークルのあり方が決して当時のロシア社会においては孤立した例外的な現象ではなかったことはのちに触れるであろう。

近代ロシアの学術団体

ここで、この時期、つまり主に一八六〇年代に成立した学会諸団体のなかからいくつかの事例を見てみたい。そうすることによって「科学と文化」のネットワークとでもいえるものがロシアでも全国的な規模で広範な展開を見せるようになったことを具体的に実感をともなって確認することにしたいが、一点だけ前置きしたい。すでに別の場所でやや詳しく触れたことがあるのだが、一八六一年に自由経済協会に付属して、「農民の間に読み書きと知識を普及するサンクト・ペテルブルグ委員会(Санкт-Петербургский комитет с целью распространения грамотности и знаний среди крестьян)」が結成され、それは人民の読書にとって参考となるような推薦書リストを度々、刊行した。同様な識字促進団体はモスクワではすでに一八四五年から帝室農業協会に併設されて活動しており、また一八六七年にはハリコフにもそうしたものができた。モスクワでの場合、その規約は「宗教的な精神に基づいて読み書きを普及する」ことを確かに謳っていたのだが、予断をもってこれら諸機関が古色蒼然たる保守思想の培養器としてのみ機能したと見なすことはおそらく事態の半面だけを観察することに終わるおそれがあり、危険である。この際、トルストーイやツルゲーネフといった作家たちもこれらの活動に協力した事実も考慮に入れよう。そして何よりも、本書後段で詳しく触れるように、一旦、人に伝達された読み書き能力は伝達者側の意図とは無関係に自由に活用されるのが常であったのだから、初期の表向きの目的を離れてリテラシイはそれ以上の幅広い作用と効用を発揮しえたと見たほうがよいであろう。この時期に社会が抱いた科学的関心や知的世界の雰囲気は、リテラシイという重大な伝達手段を獲得することによって、予想もしえない彼方にまで新しい文化が伝達される前提的環境を整備したと思われるのである。(24)

さて、すでに少し触れたロシア地理学協会を生み出したのはひとり科学アカデミー会員ミッデンドルフ(А. Ф. Миддендорф)の旺盛な学術探検心(彼はシベリア探検で有名である)だけではありえなかったであろう。(25) 西方からのロマンチシズムの波及とその受容は「ロシアなるもの(Russianness)」への覚醒を公衆全般にもたらして、ミッデンドルフの周囲には協会創設に共感を示す多数の同調者が集まったのである。ようやく整えられた一八四九年規約(これは一九三一年まで有効であった)はこの協会の目的として、「ロシアにおいて地理学的、地誌学的、さらには統計学的な情報全般、とくにロシア自体に関わるものを収集し、整理し、普及すること。および信頼するに足るロシアに関する情報を他国に普及すること」を掲げた。つまり、この団体はロシア帝国を解剖してその骨格的特質を簡単明瞭に内外に提示するいわばスポークスマン的役割を担うことになったのである。そのために数理地理学、自然地理学、地誌学、統計学の四部門制が採用された。協会の成立時は沿バルト海地方出身のドイツ系学者の影響力がやはり優勢で、協会内ではコスモポリタニズムが盛んであったが、一八五〇年の役員選挙でロシア人研究者が台頭したことは協会のあり方をいわば内向きにしてナショナルな側面を強調する方向へとその進路を転換させたのである。ツァーリ政府は同協会員を起用して、一八六四年に中央統計委員会を発足させた(その委員長が本書冒頭で触れたセミョーノフ＝チャン＝シャンスキーである)。この委員たちが主体となって、協会は一八六三年から一八八五年の間に先述したように、五巻本の『ロシア帝国地理統計事典』を刊行したのである。(26)

ロシア地理学協会の「支部(отдел)」は一八五一年に創設された、「シベリア」(支部所在地イルクーツク。のちに「東シベリア」と改称)と「カフカース」(チフリス)とを皮切りとして、一八六七年「北西」(ヴィリノ)、一八六八年「オレンブルグ」(オレンブルグ)、一八七三年「南西」(キエフ)、一八七七年「西シベリア」(オムスク)、一八九四年「プリアムーリエ」(ハバロフスク)、一八九七年「トルケスタン」(タシケント)、そして一九一三年「ヤクート」(ヤクーツク)という具合につぎつぎに設置され、帝国全体をほぼ完全にそのネットワークの下に納めたのである。(27)この協会の活動成果は驚くほどに顕著であったから、早くも創立二五周年の時点で(一八七一年)、協会は自らが教養あるロシアの公衆と全く不可分の存在になったと堂々と宣言するまでに至ったのであった。(28)さらに、もはやその地誌学部門の仕事を無視してはロシアにおける人民生活を研究することはできないであろうとも公言されたのである。(29)こうした発言はそのころのナロードなるものへの社会的な関心の高まりを踏まえて、なかば意図的になされたものであったことにはさらなる贅言を要さないであろう。ロシア地理学協会の志向性がますます国家主義的、愛国主義的になったことをよく示すのが、その『五〇年史』(一八九六年刊)である。そこでは母なる国とそこに住まう人々を研究し、祖国の栄光のために働くのが協会の目的であると改めて謳っている。(30)これはこの組織がロシア帝国とともに歩んできたことにたいする感慨をなかば自然に吐露したものであろう。

同協会の活動で特徴的であったのは実践的な探検的踏査を資料収集の基本に据えたことであり、このことが公衆にたいして圧倒的な説得力を生んだのである。何次にもわたって組織的な調査旅行が行われ、それらの足跡が実際に帝国版図の隅々にまで及んだ結果、彼らの得た資料の信憑性はますます高く見積もられることになっただけでなく、結局のところ、探検隊の存在自体がロシア帝国に実質的な内実と一体感とをもたらす役割すら果たすようになったと考えられるのである。代表的な探検家のひとりであったプルジェヴァリスキー(Н. Пржевальский)は中央アジアへの三年間の遠征のあと、一八七〇年代中頃から社会的に非常な喝采を博するようになった。彼は新しいタイプの人間として、科学と知識の普及を通して進歩を求める世代を代表するようになったのである。[31] この協会(一八七四年現在、会員数一一七九人)の活動費は個人会費だけでなく、毎年、国庫が提供する一万ルーブリの支援を重要な財源としていた。協会会長は大公であり、会員には各界の「お歴々」が名を連ねており、これほど直截に帝国性ないし国家性を体現した団体はこの国にあっては珍しいのであった。[32] この協会をめぐる諸問題のさらなる解明がロシア帝国史研究にとって一大課題であることについては誰も異議を差し挟むことはできないであろう。

一八六六年四月二二日付けの規約で「ロシアの技術と技術的産業の振興」をその目的に掲げてペテルブルグに成立したロシア技術協会(Русское Техническое Общество)[33] は経済分野で「ロシア的なるもの」の十全な実現を志向した団体であった。それは一八七四年に「帝室(Императорское)」の冠称が付された。目的実現のために、つぎのような一〇項目が挙げられた。①技術的事項に関する連続講演会・相談会・公開講演の開催、②定期刊行物などによる理論的実践的情報の普及、③技術教育の普及促進、④祖国の産業に関する技術的問題解決の表彰、⑤工場製品展覧会の開催、⑥工場の原料、製品、とくにロシアで採用されている生産方法の点検、⑦技術図書館・化学実験場・技術博物館の建設、⑧技師(техники)とその補助者の仲介斡旋、⑨地元物産の販売促進、⑩政府にたいする技術的産業発展の請願。[34] この技術協会の場合は対象とする分野からして純粋に科学的な団体(学会)とは言い切れない複合的な性格を有しており、実際には資本主義的生産をロシア的に実現する意欲を秘めて、その面で政府を促そうとしたのである。それらの活動がどのような社会的作用をもたらしたかは、ひとまず脇におくとしても、ここで確認したいのは、この時期に特徴的なこととして、そのためのチャネルがそれなりに用意されるようになったことであろう。クリミア敗戦は政府側に専門的知識を有する公衆の意見に聞き耳をもたずにはいられないことを教えたのであった。これは「科学と文化」の取り上げられ方のひとつであった。

すでに触れた、一八六三年にモスクワ大学にできた自然科学・人類学・民俗誌学愛好者協会は長期間、ボグダーノフ教授が代表者であったが、メンバーの関心は広範囲に及び、全体としては科学の普及、つまりその国民的な民主化を志向したのである。やはり、すでに言及した一八六七年の全ロシア民俗博覧会を開催したのは、この団体であった。この企画は帝国の版図内に居住する諸民族の生活全般を居ながらにして垣間見ようとするものであったから、それがロシア帝国の広大さや多様性、そして「偉大さ」を誇示する場になったであろうことは容易に想像されるのである。これを契機としてこの協会も「帝室」を名称の冒頭に掲げるようになった。つまり、この時期、ロシアの科学的な団体は帝国的に定置されることによって、はじめてその存在を全国的に認知されるのが標準型であったと考えられるのである。この協会はさらに一八七二年に諸工芸の、一八七九年には人類学の博覧会をそれぞれ開催して好評を博し、時代の文化的雰囲気づくりに貢献した。さらに注目すべきは他の大学にもこれと同様な団体がその後つぎつぎにつくられたことである。[35] このようにして、「科学と文化」は帝国と運命を共にする環境におかれたといえるのである。

帝室ロシア歴史学会(Императорское Русское Историческое Общество)が創立されたのは一八六六年であった。その代表に就任したのはかのヴャーゼムスキーであったが、皇室からは名誉議長が加わり、組織的には国民教育省の管轄下におかれた。[36] 帝政ロシアにおける歴史学ないし歴史研究のあり方で特徴的であったことのひとつは、例えば、カラムジーン(H. M. Карамзин)といった巨人的な一個人の仕事があたかも全体を代表するかのような役割を帯びてしまって、こうした組織や団体の活動が低調であったことであろう。学問上の性格からして、共同研究にはなかなか馴染まない側面が多分にあることはこの場合に限らない重大な前提的事情なのだが、それはともかくとしても、ようやくその五〇周年を記念して発刊された『正史』は、一九世紀の後半まで祖国史はロシア公衆にほとんど知られていなかったと随分と思い切ったことを述べたのである。[37] しかし、いまや歴史的真実を想起する必要があるとしたうえで、人民の歴史はツァーリと不可分であるとする帝政期にことあるたびに何度も繰り返された言説が登場し、ツァーリが今後とも名誉ある地位を占めるためにはその人民の過去の歴史を何よりも知らなければならないというカラムジーンがここでも引用された。この団体には帝政の庇護のもとで公式版帝政史を策定する任務が与えられた。これがめざしたのは右翼の側からする国家主義的な歴史の提示であり(しかし、それだけのことならば、すでにほかでも試みられてきた)、さらにとくには人民一般へそのような歴史認識の徹底をはかることであったと考えられる。つまり、そうした意味合いで「国民の歴史」の創造を果たそうとしたのである。ロシア地理学協会の事例を参照してつくられたその規約にはとくにピョートル一世期以降の祖国史に関わる史料の収集、加工、普及が第一の目的に掲げられた。シリーズ物として『集成(Сборник)』の創刊がなされ、なかでも『ロシア伝記事典(Русский Биографический Словарь)』(一八九六年に第一巻、一九一六年までに二二巻を刊行)はロシア科学界の画期的事業であると自画自賛するまでになった。

モスクワ大学に付属して、古くは一八一一年に結成されて休眠状態に陥っていたロシア文学愛好者協会(Общество Любителей Российской Словесности)は一八五〇年代末にスラヴ派の手で復活され、ダーリ『ロシア語詳解辞典』を刊行したり、特定の作家を取り上げて顕彰するなどしたが、一八八〇年代は『ロシア思想』誌の編集者であるユーリエフ(С. А. Юрьев)とゴーリツェフ(В. А. Гольцев)がその代表者となったので、当局は彼らの影響力を危惧してこの団体の動きを警戒するようになった。一八八〇年にモスクワ都心部にプーシキン像を建立してその「国民作家」化を手助けしたのはこの人たちである。[38] その除幕式の日にツルゲーネフはインテリゲンツィアとナロードがこの偉大な作家を通して交流することを夢想し、さらにドストエフスキーは実に煽動的な言辞を弄してロシア民族主義的なメシアニズムを吹聴したのである。この時代、文学はこのような形で公衆のものになろうとしたのであった。

科学的な団体のなかで職業団体に限りなく近い存在であったのは、ロシアにおいても医師会であった。医師は科学的な医療技能、医療行為自体の社会的人間的な価値、そして医療団体の組織的成長をもってその専門性あるいは排他性を自ずから助長したから、遅くとも一八八〇年代までに彼らはある種の特権と地位とをロシア社会に確立したと考えられる。とくにピロゴーフ(Н. И. Пирогов)の存在はロシア医師会のあり方に大きな影響力を及ぼした。彼は一八六〇年代初頭からオデッサとキエフで大学改革に熱心であったことでよく知られ、行政当局からの干渉を排して自由を求めるリベラルなスタンスを特徴としたのである。N・I・ピロゴーフ記念ロシア外科協会(Русское Хирургическое Общество в память Н. И. Пирогова)は一八八二年に創設された。この略称「ピロゴーフ協会」は彼がめざしていた専門的かつ人間的な目標を実現しようとして社会的政治的改革に力を使った。機関誌『医師(Врач)』(編集者は軍医アカデミーのマナッセーイン[В. А. Манассеин]教授)によってその考えは広く普及されたのである。医師の数は一八五四年の八六〇五人から、一八七〇年一万一八九六人(内、軍医一四八二人)、一八八〇年一万三八四六人(内、女医七一四人)、一八八二年一万五三四八人(内、ゼムストヴォ医九四六人)と増加した(参考までに、括弧書きした職種の人数を示す[39])。

さて、このような科学的な団体の多くは主要都市にその支部を開設しただけでなく、毎年のように各地を巡回して全ロシア大会(всероссийские съезды)を開催するなどしたから(例えば、一八六七年から自然科学者大会、一八六九年から考古学大会、一八七五年から法律家大会など)、それによって情報の全国ネットワーク構築が促されただけでなく、国民国家的な一体感もが醸成されることになったのである。例えば、ロシア技術協会の場合、資本家の団体であるロシア商工業助成協会(Общество для Содействия Русской Промышленности и Торговли)と共催で全ロシア大会として、一八七〇年には「工場主と祖国の産業に関心がある者の大会」をペテルブルグで開き、一八八二年にはモスクワで「商工大会」を開催したのである。それらは表向き、広範に関連情報を収集し、それを商工発展のために普及することを目的としていた[40]。すでに触れた植物生理学者チミリャーゼフは一八九四年にモスクワで開催された第九回自然科学者大会を「ロシア科学の記念日」と呼ぶほどであった[41]。

もっともそうはいっても、ツァーリ政府は専門家たちの団体が自立的になることを本能的に恐れていたから、例えば、一八七五年に法律家大会を認可したが、その後は全国大会開催を認めない措置をとったのである[42]。かような当局の対応は公的な大会を回避して、私的に会合を開き、サークル間の交流を促すことになった。本書で別にサークルを取り上げて、それを重視する理由のひとつがここにある。経済学者たちが一八九〇年にペテルブルグにつくった経済学者集会(Собрание Экономистов)はクラブを装う科学的な団体であった[43]。また、技術者の世界では、すでに触れたように、かのヴィシネグラツキーがペテルブルグ高等技術専門学校長時代に同僚の教授らとサークルをつくり(その構成員数から「五人会」を呼称した)、公的かつ私的に技術者を組織しようとしたことは有名な事実である[44]。

右に垣間見た科学的な団体のすべてがロシア政府から支援を十分に受けていたわけではない。むしろ、全体はそれと絶えざる緊張関係にあったと見たほうがよいであろう。科学研究と科学を実践することは、ナショナリズムだけでなく、新たに社会的な集団性を生み出すのに力を発揮したが、大局から見れば、近代ロシア国家はこれら諸組織をようやく組み込んで成立していたのである。

「大改革」期の文化的国際環境

クリミア敗戦がロシアに「大改革」の実施を強く迫ったことは同時に帝国のあり方全般を見直す契機になった。ヨーロッパなるものに宿命的とでも思われるほどのコンプレックスを抱いてきたロシア帝国はこの戦争によってヨーロッパ列強から手痛い仕打ちを受けたのであった。何ゆえにロシア人はかくもヨーロッパばかりに関心を向けてきたのか、その結果、自身の足元を見ることすらできなくなったのではないのか、といった自省の弁が各方面から上がったとしても不思議ではなかった。これにたいする反動のひとつとして、汎スラヴ主義はその力量を試されることになるであろう。そのために、一八五八年、モスクワ大学教授ポゴージン(М. П. Погодин)はスラヴ慈善委員会(Славянский Благотворительный Комитет)を設立し、一八六七年には、すでに触れたように、モスクワでスラヴ人会議が開催されたのであった(同委員会ペテルブルグ支部の開設はその翌年である)。[45] 確かに、帝政ロシアの外交は一九世紀中頃まで国境を接するヨーロッパ諸国との関係にばかり腐心してきたといえないこともない状態にあった。しかも、現実の国際関係において、少なくとも近い将来においてクリミアでの「負け」をヨーロッパ方面で償うのは明らかに困難であった。したがって、ロシア国内でヨーロッパとは逆の方向、つまりアジアやシベリアといった東方にたいする関心がにわかに高まることになった。

一九世紀後半、ロシア帝国はその版図を最終的に確定した。それが「大改革」期の内外にたいする自己主張の空間的な大枠であった。それにともない国際関係的に非ヨーロッパ世界との間で国境を確認することがなされた。領土の拡張をともないつつ、ロシアなるものの及ぶ範囲が定められ、帝国と民族の諸関係が再定置された。つまり、「大改革」期の代表的な戦争であった露土戦争(一八七七〜七八年)に勝利した結果、ロシアはクリミア戦争(これも元来はトルコとの戦争であった)で失ったベッサラビア南部を回復するなどしたのであった。ロシアはこれに至るほぼ一五〇年間にトルコとの間で実に九次にわたり戦争を繰り返し、この戦争を最後にして南部ウクライナ、クリミア、カフカースなど広く黒海沿岸地帯に版図を確立したのであった。北カフカースをめぐるシャミーリらムスリムとの闘争など、広く周縁部でこの時期になされた数多の戦いの「代償」として、現実の国際関係的力学が政策の立案から実施の過程すべてに作用を及ぼすようになり、帝政ロシアはその実行にあたって何らかのヴィジョンを当該各地(方)にたいして抱くことがますます求めれるようになった。空間の漠然とした際限のなさ(пространство)がなかば自動的に安全保障と自己主張(アイデンティティ)をもたらし、その結果、ロシアは安寧秩序をうるであろうと長閑な思いに浸れる時代はついに過ぎ去ることになった。この時代、版図が定まるとはそういうことであった。

この事態は歴史伝統的な「母なるロシア」を近代的な「領土」概念化するとでも表現できるかもしれない。ロシアの将来をアジア・シベリア・極東に求めること、より具体的には、例えばアムール川(沿岸地方)をロシアの「新世界」とすることが帝国としての課題(改革の実施、民族の再生、政治的領土的拡大の三点セット)実現に資するであろうことに近代ツァリーズムには明らかにコンセンサスが存在したと思われる。そして、その際のオリエンテーションにはアジアを頑なに停滞(неподвижность)と見なす偏見に裏打ちされた強烈な使命感として対象を文明化しようとする動機が力強く脈打っていたことを見逃すことはできない[46]。関係の実態は各様であったとしても、これが少なくとも表向き採用された、民族関係論に共通する基本的スタンスであった。このことは、西(ヨーロッパ)にたいする劣等感と東(アジア)にたいする優越感とが競い合うようにして帝政ロシアがその「近代的な」全体像をようやく披露する(できる)ようになったことを意味したのであり[47]、国章である「双頭の鷲」が同時に西と東を向くことの実態的な含意なのであった。

本書は、さしあたり、このように「科学と文化」の時代に特徴的であった国際環境を確認したいのだが、そのうえでなおかつ西(ヨーロッパ)に目を向けてみたい。すぐ後段で見るように、当時の検閲当局は流入する外国書の内容に関してとくに四点を重視したのだが(第二章第一節の注11を参照)、そのなかに皇室への不敬などとならんでロシア人を非ヨーロッパ的な野蛮人として描くことがあったことほど彼らの自意識の一端を明瞭に物語るものはないであろう。この時期、右のようにアジアに対応することで、ロシア人たちは従来になく自らのヨーロッパ性をつよく感じて確かめようとし、さらにそのことを内外に広く標榜しようとしたに相違ないのである。これはロシア近代についてまわったひとつの重大な歪みであり、保守派から革命派に至るまでロシア人たちを均しく捉えた性癖とでもいいえたことなのであった。アジアへ具体的に関わったことが、彼らに自らのヨーロッパ性を再認識させる作用をともなったのは、したがって、アジア人民だけでなく、ロシア人自身にとっても皮肉なことであった。「科学と文化」の時代は、こうした意味合いでヨーロッパ性に濃く色づけされていたのである。

しかしながら、如何に自らのヨーロッパ性を主張したところで、ロシア人がイギリス人やフランス人になれるわけではなく、彼らは何よりも(東)スラヴ族であった。しかも、丁度この時期にそのことが国際関係上もつ意味合いに文化的なものに限らず政治的ニュアンスもが付け加わるようになった。オーストリア＝ハンガリーやオスマン・トルコの帝国勢力によって圧迫を受けていた、バルカン半島一帯に居住した少数派のスラヴ諸族が、共同戦線を志向してロシアを自らの保護者と見なしたことが帝政ロシアを励まし、汎スラヴ的な(ロシア)民族の使命感を誇示することが、ツァーリによって宗教的な聖戦を宣言されたこの露土戦争の熱狂期に、はじめて右翼国権派はもとより左翼革命派から人民各層まで捉えて大層に流行したのである。(48) この汎スラヴ主義の主張は近代ロシアのナショナリズムの主要な発現様式であったに相違ないが、それが右のようなヨーロッパ性の強調と重なり合った点に注目したいのである。(49)

ヨーロッパ性と汎スラヴ性

全般的な話を続けるのはここまでにして、本書の主題である「科学と文化」に関わる国際環境の断片に、右に述べたヨーロッパ性と汎スラヴ性(ここでは敢えてこうした言い方を続ける)の問題を気にかけながら、少しだけ触れてみることにしたい。

帝政ロシアで最初に海外(西欧)の通信社から記事の配信を受けた代理店は一八六六年創業の The Russian Telegraph Agency of Publisher and Entrepreneur K. V. Trubnikov(英語名)であった。それについだのが、『声(Голос)』紙のクラエーフスキー(A. A. Краевский)がつくった The International Telegraph Agency(同)である。このような経路を通って海外から記事が安定してロシアに流入するようになったことは、いまだ質量ともに不十分ながらも、西欧が発する文化情報に公衆レベルが触れるための本格的な新しい手がかりを得たことを意味した。

対外通信網の展開が一八七〇年代後半以降に進展した国内通信網の整備と歩調を合わせたことについては、後節でさらに触れることになる出版業者スヴォーリン(А. С. Суворин)が人格的にそれをよく象徴したであろう。彼は一八六〇年にモスクワへ出たのであるが、そこで親友となったのがかつてペトラシェフスキー・サークルに属したことがある詩人にして『モスクワ通報』紙の編集者プレシチェーエフ(А. Н. Плещеев)であった。それが彼をジャーナリズムの道に向かわせるのに大きく働いたのである。一八六三年に、スヴォーリンはペテルブルグへ移り、一時期、『ペテルブルグ通報』紙で働いたが、一八七六年二月になってリベラルな法律家にして出版者であったリハチョーフ(В. И. Лихачев)とともに新聞『新時代(Новое Время)』を買収することに成功したのである。アンブラーは、このようなスヴォーリンの行動は「民主主義的理想と自然科学とが手に手を携えて進むような時代相」の一端をよく示すというのである。(50)

確かにこれがヨーロッパ性の側面だとすれば、彼には別に汎スラヴ性のそれがあった。よく知られるように、スヴォーリンはバルカン問題をめぐる露土戦争期により現実的な路線を選択して、『新時代』(一八七六年四月七日付け)で「ロシアのヘゲモニーをともなうスラヴ諸民族の対等な同盟こそが我々の歴史的課題である」と宣言したのであった。彼自らが義勇のためにセルビアへ乗り込むほどであり、その新聞論調はスラヴ解放を名目とした対トルコ戦争を帝政ロシア最大級の課題と見なす国家主義的で愛国主義的な立場をますます宣伝するようになった。『新時代』は一八七六年二月二九日の第一号を三〇〇〇部で始めたのが、数カ月にして一万三〇〇〇部から一万五〇〇〇部の発行部数を誇るまでに急成長したのは彼の主張に共感する人たちが多数いたからである。(51)「大改革」期にあっては、いわば、ヨーロッパ性の隙間を衝いて汎スラヴ性が顔を覗かせる機会を絶えず狙っていたのであった。場合によっては、後者が前者によって、一見してスマートに化粧されるような時代でもあった。スヴォーリンはこれら二つのモメントをバランスをとって活用することに長けた人であった。

さて、この「大改革」期にはロシア帝国内部で生活に迫られた人の移動、つまり空間移動(пространственные движения)

が盛んであったことはよく知られている。[52] しかしながら、その動きは国内に限られるのを基本とした(それも国内旅券による統制を受けた)。このことに関連して、ここでは観光旅行に触れる必要があるかもしれない。確かに、農奴解放にともなって得た金を費消するために貴族たちがヨーロッパへ旅行することが流行し、一八七〇、八〇年代には主として企業家から成る「新しいロシア人(Новые русские)」の観光が目立つようになった。一八六九年には、ペテルブルグで旅行ガイドブック『ロシアと外国案内(Путеводитель по России и за границей)』が出版され、一八七一年にはロシア最初の旅行会社である株式会社イマトラ(Акционерное Общество Иматры)が創業を認可された。しかしながら、サービスの対象となったのはごく一部の資産者に限られ(だが、ここで確認されてよいのは、恵まれたロシア人の国外観光旅行の行き先はどこよりもヨーロッパであったことである)、一般人民にとり観光旅行は相変わらず高嶺の花であったと見なくてはなるまい。一九世紀帝政ロシアでは、人民は自由時間を積極的にレジャーとする段階には達していなかったのである。因みに、ロシア旅行者協会(Русское Общество Туристов)が自転車愛好者組織から発展的に結成されたのは、ようやく新しい世紀が始まる一九〇一年のことであった。[53]

ロシア人は大西洋を越える移民史において大きな地位を占めることはなかった。一八六〇〜八〇年代には五〇万人ほどがロシアから主に隣国へ出たのだが、その多くはポーランド人、ユダヤ人、そしてドイツ人たちであり、ロシア人は少数であった。[54] それでもようやく一八七〇年代になって、ロシアから新大陸アメリカへの移民が目立つようになった(ロシア人による本格的な移民開始は、一八七二年である)。アメリカにイヴァン・ツルゲーネフの作品が紹介されて好評を得たのも、化学者メンデレーエフが石油産業調査団長として訪米した(一八七六年)のもこの七〇年代であった。[55] 新大陸移民は一九世紀最後の二〇年にとくに増加したが、なかでも北カフカース西部出身の住民が大きな比重を占めて、やはりロシア人はなかなか多数派にはならなかった。革命前のロシア帝国から新大陸への移民総数は四五〇万人と見積もられ、そのうち約五〇万人が「ロシア人」とされるが、その実態はウクライナ人、白ロシア人、そしてユダヤ人という場合が多かったのである。[56]

このようなわけであるから、ロシア人の場合はドイツ人やスコットランド人などがするようには外国によく適応することはせず(できず)、むしろそうした環境におかれることは彼らにとりストレス以外の何物でもないといった論評が数多くなされてきたのである。[57]碩学ラエフもこの立場を分け合っていて、彼は、諸般の事情から国外へ出たロシア人の多くは帰国もせず、また外国の社会に適合しようともしなかった。彼らは特有な「移民文化(emigration culture)」を発展させることはなく、むしろそこでロシア文化の伝統と価値を維持し、故国の精神的進歩のために献身したいとする使命感をもち続けた、というのである。[58]この主張は、彼らが祖国を離れたことにたいする絶望と罪悪感を克服しようとして、ヨーロッパの新天地をツァリーズムとの闘争を継続するための新たなステージに変えようとしたと言い換えることもできるであろう。[59]その結果、ベルリン、パリ、プラハ、ハルビン、ベオグラード、リガ、ソフィアなど比較的ロシア人が多くいた都市にはそうした使命感を実現するための拠点(コロニー)がつくられたのである。ここでは、外国、とくにヨーロッパはロシア史の運命を改善するために奉仕する位置を与えられたのである。

「国外のロシア人(Russian abroad)」は何も政治的亡命者だけではなかった。この時代、大学生、研究者、観光旅行者、ビジネスマン、宗教的異端派などのなかで何よりも多数派であったのは貴族と外交官たちであり、その大半は反革命専制護持派であったから、[60]少数派の専制批判派は居ながらにして闘争の過程におかれたようなものであった。そうした彼ら少数派は「科学と文化」の時代に相応しく何よりも書籍の維持と管理に工夫を凝らすために精力を使った。例えば、イヴァン・ツルゲーネフの後見で一八七五年にパリにつくられたツルゲーネフ図書館は在仏ロシア人を支援した。[61]あるいは一八七〇年代初め、チューリヒのロシア人コロニーには三〇〇人がいてラヴローフとバクーニンをそれぞれ擁立する派が競合していたが、なかでもバクーニン派は蔵書のほとんどがロシアにおける禁書から成り立つ図書館を維持していたなどと回想されるのである。[62]

これまで触れてきたように、この時期にロシア国内においてさまざまな団体が形成され全国的な展開を見せるようになったことは交際と交換の場を各所につくり出したはずであった。つまり、私的なレベルにおいても思想の交流を行いうる機会が増加したと一般的には考えられるのである。ここで問題としたいのは、そうしたことの国際的な文化的環境についてである。

やはり、すでに触れたように、ツァーリ政府はこの「大改革」期に大学にたいして規制を緩和し、留学についてもかなりの権限を大学当局に付与した。一八六二〜六五年の間だけでもロシアからは一〇〇人を超す学生が留学した。最多の留学生を集めたのはドイツであった。一八八〇年代初めに自然科学を教えるロシア人教授のほぼ半数は一八五〇年代末から六〇年代初めに海外留学した者たちであったともいわれる。[63] 彼らに特徴的なのは、そのかなりの部分が高い志(よく観察されたのは祖国ロシアの変革＝専制の打倒を志向したことである)を有し、そのために私的レベルにおいて思想の変換と交流を行う機会を待ち望んでいたと思われることである。したがって、ヨーロッパにあっても、彼らの眼はたえずロシアに向いていたとみられる。[64]

一八七三年秋、ロシア政府はチューリヒ在留のロシア人青年たちの動向に危惧を抱いて、彼らを帰国させる措置をとった。[65] 該当者の大半がそれにしたがい戻ることにしたのは、彼らがロシア自体の変革を何より第一義的に考えていたからであろう。これらチューリヒ帰りの主流はラヴローフ派であったが、ロシアにおいても彼らはすぐにバクーニン派と対決する運命にあった。さらに、帰国した彼らは当局によって、「チューリヒの学生たち(цюрихские студенты)」と命名されてその動向は厳しくマークされることになった。[66] 実際のところ、彼らはペテルブルグの諸サークルに影響を与えることになったのである。

革命ロシアと西欧とはさまざまにつながれていたから、ツァーリ政府の心配は根拠のあることであった。例えば、のちに詳しく触れることになる「ロシア北部労働者同盟」のオブノルスキー(В. Обнорский)は少なくとも三度にわたり西欧へ出たのであるが、その都度、在外ロシア人の支援を受けた。彼はその度ごとに当地の「古老(старожил)」に気に入られて、禁書の密輸などさまざまに便宜をはかってもらったのである。[67]

後年、メンシェヴィキの大立者となったアクセリロート(П. Аксельрод)は二五歳の一八七四年九月、非合法にドイツへ出た。彼はベルリンで労働者集会の規模の大きさ、労働者階級の目を見張るような成熟と規律と洗練の度合いに驚嘆して、ラサールが繰り返す労働者階級の歴史的役割に関する言葉に思いを馳せ、社会主義にたいする自己の信念を確かなものとしたのであった。彼によってヨーロッパ性はこのような形で実体験されて吸収されたのである。その年の暮れに、チャイコフスキー団員で「宣伝家の華」といわれたクレーメンツ(Д. А. Клеменц)がロシアからベルリンに来て、二人は早速、親交を結んだ。[68] 翌年の一月にアクセリロートはロシアの革命派のことをさらに知るためにスイスへ赴き、そこでフィグネル(В. Фигнер)、サブリン(Н. А. Сабрин)、クラフチンスキー(С. М. Кравчинский)、トカチョーフ(П. И. Ткачев)などと知り合った。ジュネーヴのロシア人コロニーは彼に親切に対応した。そこで彼はロシアの革命過程に主体的に参画することになった。ひとつは折からのヘルツェゴヴィナのスラヴ人グループによる反トルコ蜂起を支援するためにロシア国内のバクーニン派(彼は同派として革命人生を出発した)をそこへ義勇兵として差し向けることであり(当時の代表的な革命派が汎スラヴ主義的であったという興味深い事実関係に読者の注意を喚起しておく)、もうひとつは例の「チギリン事件」に関わって、ウクライナで印刷した金文字で書かれたツァーリの偽書五〇〇部を配布することであった。[69] このとき、アクセリロートのなかではヨーロッパ性と汎スラヴ性は何の矛盾もなしに同居していたのである。

(1) R. Pipes, *op. cit.*, 262-265.

(2) общественность という用語も理解がなかなか困難である。本文で「進歩的社会」としたのは、それを急進的なインテリゲンツィアとほとんど同義と見なしてのことであるが、これ以外にも、より広く社会に生活する人々によって発達させられた社会的な連帯性や特有な性質をなす場合もある。つぎを参照のこと。C. Kelly and D. Shepherd(eds.), *Constructing Russian Culture in the Age of Revolution : 1881-1940*, Oxford University Press, 1998, 26-27.

(3) H. D. Balzer, *op. cit*., 12.

(4) О В. Аптекман, Указ. соч., 35.

(5) Н. М. Пирумова, Указ. соч., 171.

(6) А. В. Мезьер, Словарь русских цензоров, материалы и библиографии по истории русских цензуров, М., 2000, 51-52.

(7) В. Р. Лейкина-Свирская, Указ. соч., 226.

(8) E. Ambler, *Russian Journalism and Politics 1861-1881*, Detroit, 1972, 74.

(9) В. Р. Лейкина-Свирская, Указ. соч., 228.

(10) 高田和夫、前掲論文「ロシア農民とリテラシイ」、四一頁。この論点に関連してわずかに言及すれば、各地に点在した地主屋敷(ウサーヂバ усадьба)で何が行われ何が起きていたのかは近年、研究者の関心を改めて集めている論点である。その好例として、つぎを参照のこと。Дварянская и купеческая сельская усадьба в России XVI-XX вв, Исторические очерки, М., 2001. 坂内徳明も前掲論文においてウサーヂバの存在に注目している。

(11) Старик[С. Ф. Ковалик], Движение семидесятых годов по Большому процессу(193-х), Былое, 1906, № 10, 4, 5, 13.

(12) Энциклопедический Словарь, т. 42, СПб., 1897, 609 и сл.

(13) Е. В. Соболева, Указ. соч., 245.

(14) Там же, 153-154.

(15) 梶雅範、前掲書、四二、六三頁。

(16) Книга в России 1861-1881, т. 2, М., 1990, 128-129.

(17) A. Vucinich, *op. cit*., 特に、Introductionを参照。

(18) アンナ・ドストエフスカヤ、前掲書、第一巻、一五八頁。

(19) В. Р. Лейкина-Свирская, Указ. соч., 249.

(20) C. Kelly and D. Shepherd(eds.), *op. cit*., 37, 47.

(21) Б. С. Каганович, О генезисе идеологии “Ольденбурговского кружка” и “Приютина братства”, в кн.: Русская эмиграция до 1917 года —— Лаборатория либеральной и революционной мысли, СПб., 1997, 90-92.

(22) 高橋一彦、前掲論文、四二〜四四頁。

(23) 同上、五七頁以下。

(24) 高田和夫、前掲論文「ロシア農民とリテラシイ」、五六頁。

(25) ミッデンドルフについては、さしあたりつぎを参照せよ。M. Bassin, *Imperial Visions : National Imagination and Geographical Expansion in the Russian Far East, 1840-1865*, Cambridge University Press, 1999, 78-84.

(26) A. Vucinich, *op. cit.*, 90.

(27) Л. С. Берг, Указ. соч., 47, 200.

(28) Двадцатипятилетие императорского Русского Географического Общества, 13 января 1871 года, СПб., 1872, 44.

(29) Там же, 58.

(30) История полувековой деятельности Императорского Русского Географического Общества, 1845-1895, СПб., 1896, xxii, xxx.

(31) D. Brower, Imperial Russia and Its Orient : The Renown of Nikolai Przhevalsky, *The Russian Review*, v. 53, No. 3, 1994, 369-370.

(32) さらにつぎを参照。Т. Н. Оглезнева, Русское Географическое Общество : Изучение народов северо-востока Азии, 1845-1917 гг., Новосибилск, 1994 ; M., Bassin, *op. cit.*; C. B. Clay, Russian Ethnographers in the service of Empire, 1856-1862, *Slavic Review*, v. 54, No. 1, 1995, 45-61.

(33) この協会については、さしあたり、高田和夫、前掲論文「近代ロシアの労働者教育」、六節を見てほしい。

(34) Полное собрания законов, т. XLI, отд. 1, No. 43219.

(35) 高田和夫、前掲論文「ロシア・ナショナリズム論ノート」、九〜一〇頁。В. Р. Лейкина-Свирская, Указ. соч., 201-202. なお Г. И. Щетинина, Указ. соч., 38以下にこの時期に各大学に開設された学術団体を通覧する記述がある。

(36) 『正史』はその本文で外務省の管轄とするが、ここでは規約第九条にしたがっておく。Императорское Русское Историческое Общество 1866-1916, Птг., 1916, 7, 128.

(37) Там же, 4. 田中陽児「P・M・ストローエフの史料探査行——ロシア近代史学成立の一前提——」『東洋大学文学部紀要 史学科篇第四〇集』一九八七年も参照。

(38) 高田和夫、前掲論文「ロシア・ナショナリズム論ノート」、八節を見てほしい。つぎも参照すべきであろうが、筆者はいまだ未見である。Общество любителей российской словесности при Московском университете, Историческая записка и материалы за сто лет, М., 1911.

(39) N. M. Frieden, *Russian Physicians in an Era of Reform and Revolution, 1856–1905*, Princeton University Press, 1981, 5, 53, 106, 113, 323.

(40) Е. А. Воронцова, Научно-техническая интеллигенция и общество для содействия промышленности и торговли, в кн.: Провинциальный город, 147.

(41) Г. И. Щетинина, Идейная жизнь русской интеллигенции конец XIX–начало XX в. М., 1995, 147.

(42) H. D. Balzer (ed.), *op. cit.*, 12, 47.

(43) Г. И. Щетинина, Указ. соч., 145.

(44) H. D. Balzer (ed.), *op. cit.*, 56ff.

(45) スラヴ慈善委員会の活動については、さしあたり、つぎを参照。Из истории славянского благотворительного комитета в Москве, вып. 1, М., 1871, вып. 2, М., 1872.

(46) 以上の議論にとり参考になるのは、さしあたり、M. Bassin, *op. cit.*, 特に part 1 である。

(47) このことはさしあたり、ロシア帝国を英仏などの西欧型とオスマン・トルコなどの非ヨーロッパ型との中間雑種型として捉えようとすることの別表現であると見なしてよいであろう。いわば雑種型の事例として、地政学的傾向が過ぎるが、つぎを参照のこと。D. Lieven, Dilemmas of Empire 1850–1918. Power, Territory, Identity, Ideology, *Journal of Contemporary History*, v. 34(2), 1999, 163–200.

(48) 高田和夫「露土戦争とロシア・ナショナリズム」『法政研究』(九大)六八巻三号、二〇〇一年を見てほしい。誤解なきよう念のためにいえば、例えば当時は革命陣営に身を投じていたチホミーロフがその回想記で露土戦争期を振り返って、「この時代の好戦的な機運は革命家たちの闘争本能を強く揺り動かした」(Воспоминания Льва Тихомирова, 86)などという場合、革命家も参戦したことをいっているのであって、彼らだけが革命闘争に励んだという意味ではないのである。露土戦争にまつわるロシア・ナショナリズムの発現に関しては別に議論する予定でいるが、とりあえずはつぎも見てほしい。高田和夫、前掲論文「ロシア・ナショナリズム論ノート」一六頁以下。

(49) 汎スラヴ主義に関して関連文献は非常に多いが、ここでは新しいものからつぎだけを挙げておく。A. S. Tuminez, *Russian Nationalism since 1856, Ideology and the Making of Foreign Policy*, Rowman & Littlefield Publishers, 2000, ch. 3, Panslavism : 1856–1878.

(50) E. Ambler, *Russian Journalism and Politics 1861–1881*, Wayne State University Press., Detroit, 1972, 31, 32, 34, 49, 61, 113.

(51) *Ibid*., 113, 145.

(52) とりあえず、高田和夫、前掲論文「近代ロシアの労働者と農民」、二節を参照。

(53) Г. Усыскин, Очерки истории Российского туризма, М.-СПб., 2000, 28, 62–63.

(54) Г. Я. Тарле(сост.), Национальные диаспоры в России и за рубежом в XIX–XX вв., М., 2001, 28.

(55) N. E. Saul and R. D. McKinzie(eds.), *Russian-American Dialogue on Cultural Relations 1776–1914*, University of Missouri Press, 1997, 128–129, 152–159.

(56) Г. Я. Тарле(сост.), Указ. соч., 29–32.

(57) N. Stone and M. Glenny, *The Other Russian*, L., 1990, xvi.

(58) M. Raeff, *Russia Abroad, A Cultural History of the Russian Emigration, 1919–1939*, Oxford University Press, 1990, 4, 5.

(59) M. A. Miller, *The Russian Revolutionary Emigres 1825–1870*, The Johns Hopkins University Press, 1986, 209.

(60) *Ibid*, 211.

(61) M. Raeff, *op. cit*., 68.

(62) Старик[С. Ф. Ковалик], Указ. статья, 10–11.

(63) A. Vucinich, *op. cit*., 50 ; R. Pipes, Russia under the Old Regime, 314.

(64) 近代ロシアのリベラルと革命派の思想の多くは西欧で形成され、それがロシアに移入されたと「一方的に」見なすことにたいして、最近のロシア学界は批判的である。例えば、一九九五年にペテルブルクで開催されたシンポジウムでは、東(ロシア)西の相互の関係と作用を重視すべきであるとする(なかば当然な)議論が多くなされた。その一例としてそこでは、本書でも後述するラヴローフの「前進」綱領に関わるロシア側とのやり取りが取り上げられた。См. Русская Эмиграция до 1917 года, СПб., 1997. 特に В. Н. Гинев 論文を参照せよ。

(65) 高等教育機関が一八七〇年代に女性にたいしてようやく開かれたのは、当局がチューリヒに行った若い女性がラジカルな悪習に染まることを恐れた結果であるとする見方があるほどに курсистка(女子専門学校生)は революционерка(おんな革命家)であるとする風評が立った。R. Stites, Women and the Russian Intelligentsia, 43-44.

(66) Государственные преступления в России в XIX века, т. 3, Paris, 1905, 5-6.

(67) Л.. Дейч, Виктор Обнорский, Пролетарская Революция, 1921, No. 3, 52.

(68) П. Аксельрод, Пережитое и Передуманное, кн. 1, Берлин, 1923 (reprinted edition, 1975), 128, 131.

(69) A. Ascher, *Pavel Axelrod and the Development of Menshevism*, Harvard University Press, 1972, 27-29.

第二章　「科学と文化」の時代における知の普及活動

1　「科学と文化」の象徴としての出版

検閲政策と出版

ロシアにおいて世俗的文書にたいする検閲は一八世紀以来長い歴史をもつが、それが俄然、厳しさを増すには西欧で一八四八年革命が勃発する必要があった。西欧諸国の多くがそうであったように、その直接的間接的な波及を大層危惧したツァーリ政府はいわゆるブトゥルリン(Бутурлин)委員会を発足させて、「検閲テロルの時代」(一八四八～五五年)を到来させたのである。しかし、その禁圧的な政策はやはりクリミア敗戦によって見直しを強く迫られることになった。敗戦時にクールリャンド県知事であったヴァルーエフは「現時点で何はさておき必要なのは検閲の転換である」と日記に書いたのである。ツァーリ・アレクサンドル二世はブトゥルリン委員会を廃止し、代わって出版委員会を設置し、出版物の動向を監視させる緩和策を採用した。それは「出版物とツァーリの仲介者」の役割を果たし、「グラースノスチ(гласность)とザコンノスチ(законность)」(「公開性と合法性」と仮に訳しておく)をその活動指針としたのである。そして、ニキテーンコ(А. Никитенко)、ゴロヴニーン(А. Головнин)など改革派が検閲法改正の主導権を握った。

一八五八年五月に、文芸批評家で科学アカデミー会員にしてロシア語出版物の検閲官でもあったニキテーンコはペテルブルグの外国書検閲委員会委員長に就任したばかりの詩人チュッチェフ(Ф. Тютчев 彼は死去する一八七三年までその任にあった。作家や文化人が検閲官を務めることはとくに初期にはよく観察されたことである)にたいして、フランス流の事後検閲制度の導入を働きかけた。[1] また、一八六一年一二月から国民教育相に就任したゴロヴニーンは現実の検閲作業が信じがたいほど多くの量を処理しなくてはならないことを見聞して驚愕した。一八六三年の段階で、三九人の検閲官が国内九都市二三人の書記官の助けを借りて定期刊行物六六六九点、書籍一八八四点をこなし、別途に一五人の検閲官と六人の書記官で海外から入ってくる数千点を担当していたのである。[2] すぐ後で見るように、折からの改革にたいする期待は出版全般をきわめて活性化させつつあったから、このままでは検閲行政が物理的に立ち往生することは目に見えていた。こうした具体的で実際的な事情が検閲法の見直しを最終的に不可避なものとしたのであった。

ゴロヴニーンもそれまでの事前検閲、すなわち著者および出版者が刊行以前に検閲官にたいしてすべての関連資料を差し出しその検討に委ねる方式から、事後検閲(つまり、懲罰的検閲)へと切り替えることをやはり望んだ。それは著者および出版者の側に当該出版物が適法であるか否かの判断をひとまず預けることを意味した。その判断次第で政府当局が摘発を行い、その結果として法廷闘争が展開されることにもなるから、その分、ロシア社会は法的手続きを尊重するようになるはずであった。ヴァルーエフは内務省(内相)が検閲行政を所管することを追及し、一八六三年にそれを国民教育省から移管することに成功した。[3] それには、国民教育相になったゴロヴニーンが革命運動の高揚期に出版言論関係に統括的な責任をもつのを嫌ったことが有利に働いたのである。[4]

これら一連の過程の終結点がその後一九〇五年革命時まで有効であった一八六五年四月六日臨時規則の制定であった。[5] それは両首都における定期刊行物、一〇印刷全紙(一印刷全紙は一六頁に相当する)以上の著作物と二〇印刷全紙以上の翻訳物とをそれまでの事前検閲の対象から外して事実上事後検閲とし、さらに印刷業を県レベルの統制下におくことを主内容としたものであった。これによって、政府、科学アカデミー、大学、学術団体などの刊行物も事前検閲の対象外とされた。しかし、人民がその多くの読者であった薄っぺらな（一〇印刷全紙以下の）小冊子の類は相変わらず事前検閲の対象とされた。この臨時規則はロシア史上において「最も方法論的に整備され、広範に議論されて包括的であった中央集権的な出版法」と評され、また「わが国の出版業に本質的な変更をもたらした」ともいわれたのである。[6]この法案はルイ一八世ないしナポレオン三世期のフランス法を実質的に複製したものであったが、その運用精神はオーストリアおよびプロイセンから強い影響を受けたのである。[7]

この検閲立法は帝政ロシアにはそれまでなかった「出版の自由」と懲罰との硬軟両面を併せもつ複雑な出版状況を生み出したといえる。この規則にしたがって出版が制限される場合、対応する刑法の一八六六年但し書きは「不法な言葉」を一〇三五条、一〇三九条、一〇四〇条、一五三五条で扱い、それぞれ公的信頼を覆すもの、名誉を棄損するもの（個人だけではなく、組織や制度も対象になる）、口汚いもの、誹謗中傷するものを挙げた。[8]このような「不法な言葉」は当局の自由裁量を大幅に許容するものであった。実際に、当局が警告する際の理由のほとんどが「有害な傾向（вредное направление）」であった。[9]つまり、「報道に関わる犯罪」に関して法的な整備が不十分であったために、当局の恣意的な介入を許すことになったとする解釈[10]が成り立つ余地は確かにあったのである。

しかもその後、この一八六五年四月六日臨時規則は細部にわたって規制を強化する「改正」を繰り返した。すでに述べたように、そもそも内相は早くも一八六五年八月に秘密命令を出して、科学論文を装って無神論、社会主義、唯物論を宣伝することを厳しく取り締まるよう指示した。[11]一八六七年六月一三日規約は県知事の認可対象を拡大し、ヴァルーエフの後任内相チマーシェフ（A. E. Тимашев）は彼が危険であると判断すれば、定期刊行物の街頭売りを禁止する権利を得たのである。ピーサレフの著作刊行をめぐって行われた係争ではその内容ではなく作家が使用する表現自体が問題とされ、ルイ・ブランの『イギリスからの書簡』の露訳本をめぐっては著者の意図が槍玉に挙げられるなど、およそ裁判にはそぐわない側面が作為的意図的に取り上げられた。さらに一八七一年夏に行われた「ネチャーエフ裁判」が当局をますます神経質にしたことも否めない。例えば、ペテルブルグ警視総監であったシュヴァーロフ(П. А. Шувалов)はツァーリにすでに検閲を通っていたベルヴィ＝フレローフスキーの『社会科学入門』を禁書扱いするように求め、第三部はこうした書籍の統制にたいしては無力であると断定したのである。ローンギノフ(М. Н. Лонгинов)が新たに出版総局長に就いて厳しい取り締まりを始めた。内務省の検閲当局は一八七二年には八二人であったが、翌年には九三人に増員された。検閲官には「教養」が求められたから、すでに触れたチュッチェフのように、作家たちのなかにはそれに従事する者も出たのであるが、やがてそうした「部外者」が採用されることは例外的になり、むしろカトコーフのようなジャーナリズムに隠然たる影響力を行使しえた者の意向が罷り通るようになった。出版総局長のポストにフェオクティストフ(Е. М. Феоктистов)を推挙し、就任させた(在任一八八三〜九六年)のは彼であったといわれたほどであった。[12]

一八六五年四月六日臨時規則の見直し作業がウルーソフ(С. Н. Урусов)委員会の手で制度的になされるようになり、そこでは出版関係の裁判を公表公開することを制限することなどが検討された。一八七二年六月七日令は検閲当局に未検閲の書籍と定期刊行物を没収する権利を与えた。廉価版で出版されたベルヴィ＝フレローフスキー『ロシアにおける労働者の状態』、スペンサー『社会学』、ルイ・ブラン『一八四八年二月革命史』やラジーシチェフ著作集などがその犠牲になった。その翌年には国家評議会はチマーシェフ内相にたいし、「非常で稀な状況においては」、敏感なトピックス(例えば、ユダヤ人問題、検閲、飢饉)を出版物において言及することを禁じる権限を与えた。この権限にしたがって一九〇五年革命以前になされた発禁処分は約五七〇件にのぼるという数字がある。[13]

さらに、一八七四年四月一九日法によって、事前検閲を免れた出版物は、検閲委員会にそれを提出する前に、完全に印刷しなくてはならなくなった。このことは原稿ではなく実際の印刷状態を詳細に点検することを意味したから、実質的に事前検閲の廃止を取り消すのと同等の効果をもった。この法によって、内相は大臣委員会にそれがかかる前に気に入らない本を発禁にすることができるようになった[14]。このようにして、ツァーリ政府の出版行政は自由化と規制のバランスのなかで事態への対応を重ねながら後者の方向へと傾斜していき、結局のところ、一〇年ほどの間に検閲改革はほとんど実質的な改正をともなわないことになったと見られるのである。

近代ロシアにおける発禁数はこれまで正確に把握されてはいない。しかし、幾つかの数字を見る人は想像されるよりもむしろそれが少ない印象を抱くであろう。例えば、発禁二四八点を列挙したある編者はその序言で一八六五～一九〇五年には一二九点の書籍と四点の雑誌がそれに該当したとする場合や、一八八点という数値があることを紹介している[15]。パイプスは一八六七～九四年にかけて一五八点だけが発禁になったとして、全体としては検閲は厳格には実施されなかったと結論している[16]。一八六五年から一九〇四年までの間の定期刊行物にたいする行政的取り立て総数は七一五回という推定値もある[17]。さらに、外国書の検閲については注2（九七頁）を見てほしいが、そこで触れた七万タイトルのうち、禁書扱いとなったのは六〇〇〇ほどで全体の一割にもならなかったとされるのである[18]。しかし、問題はこうした数量的な件数にあるのではない。そうした制度が存在したこと自体がもたらす社会的な波及効果や雰囲気こそが本質的問題なのである。

出版活動全般

右に見た行政的措置が現実の出版活動が活性化するのをいかほど阻害したかはにわかに測りがたい事柄であるが、改革期ロシアの出版は全体としては発展する道を選んだとみられる。ロシアの印刷業は一八六〇年代初めまで普通「平板」円筒式印刷機（«плоские» скоропечатные машины）が利用されていたが、その後普及したのは安価なうえに生産性も高かった（一時間に一〇〇〇印刷全紙、つまり一万六〇〇〇頁の印刷能力）、「アメリカ婦人（американки）」と愛称された圧板付きの印刷機であった。モスクワでとくに盛んであったリトグラフにも印刷機が導入されたが、やがてそれ自体が衰退していき、活版印刷に取って代わられた。一八七〇年代に入るころにはすべての印刷工場は蒸気力を使うようになった。すでに触れたスヴォーリンの場合、一八七八年に自己の印刷所にロシア最初の大型輪転印刷機を導入したのだが、それは時間当たり実に一万八〇〇〇印刷全紙分の能力を有し、新聞一頁に六から七欄の印刷ができた。[19] しかしながら、これら印刷機の大半は外国製であって、一九世紀ロシアではドイツの Koenig & Bauer 社製のものがよく流通したのである。[20] 国内最大手の印刷機メーカーはようやく一八六四年に創業したばかりのゴーリドベルグ (И. А. Гольдберг) = ペテルブルグ機械製造工場であった。[21]

一九世紀後半にロシア国内で出版社と印刷所は増加した。一八八三年から一九〇四年の間に前者は一二七七が二九六四、後者は一〇三八が一九七九と二~三倍になったのである。その結果、一八六〇年に二〇〇〇点ほどであった単行本発行点数は一八八〇年には五倍の一万点を数えるようになった。[22] 一点当たりの発行部数も増えた。自然科学的内容の書籍の場合、一八六九年に一二〇〇部平均であったのが、一八七六年には二五〇〇部へと倍増した。定期刊行物も同様な傾向を示した。『新時代 (Новое Время)』紙は一八六八年に二八二八部であったのが、一八七七年には一万一三八七部と四倍になった。[23] すでに見た「厚い雑誌」のいくつかはこの時期に創刊されたが、印刷技術の発展にともなってさらに精緻なイラストを売り物とする雑誌も生まれた。その代表格が『ニーヴァ (Нива)』(一八七〇年創刊。畑の意) であり、その付録 (文学作品集など) が人気を呼んで、一九一八年まで大部数で刊行され続けたのである。さらに、印刷業自体がロシアにも本格的に成立したことは、一八六七年に最初の業界誌が出たことによっても明らかとなった。[24]

単行本の出版に占める両首都の比率は一八六一年には八五%であったのが、地方での出版が盛んになるにつれて徐々に低下するようになり、一八七〇年には七二%、一八八一年には六二%にまで下落した。[25] しかし、全体を見渡せば、帝政ロシアの出版業の中心地であり続けたのは、ペテルブルグ市であった。先に引用したシェルグーノフは「ペテルブルグの出版は先進的で主要な戦闘連隊であった」と回想している。[26] そこには、一八七六年の段階で、全国の印刷所の約二割（実数にして一九六。モスクワは一七四）が所在した。[27] なかでも代表格的な存在はヴォリフ社で、それは巨大な書籍商が出版事業に手を広げた典型例であり、セミョーノフ＝チャン＝シャンスキーやヴェンレロフ（С. А. Венеров）といった著名な民俗学者の参加を得て、すでに言及した『絶景のロシア　その使命における我が祖国（Живописная Россия. Отечество наше в его значении）』を出したほか、『携帯家政文庫（Карманная хозяйственная библиотека）』、『著名作家文庫（Библиотека знаменитых писателей）』などシリーズ物を数多く手掛け、さらに数種の定期刊行物を創刊したのである。創業者ヴォリフ（М. О. Вольф）は、出版を産業ベースに乗せることに成功して、「ロシア最初の本の百万長者」などと呼ばれるほどであった。[28] この会社はすべての書物を自己の印刷所で製作した。[29]

一八六〇年代末に、スヴォーリンがそのヴォリフにたいして、私に資金があれば書籍市場に本をあふれさせてやる、農奴解放後、ロシアの本には広大な原野が開かれていると語ったのは有名な話である。スヴォーリン自身は一八六三年にペテルブルグへ出てきて、『ペテルブルグ報知』紙で働いたのち、一八七二年、『ロシア暦（Русский Календарь）』を出して出版事業へ参入した人である。その成功に気を良くして、一八七六年二月には『新時代』の買収に踏み切ったのだが、折からの露土戦争報道でこの新聞が飛躍的な発展を見せたことはすでに述べた通りである。『安価文庫（Дешевая Библиотека）』シリーズが彼によって出されるのは一八八〇年代に入ってからのことであるが、スヴォーリンは活字文化をロシアに広めた重要人物の一人となった。[30]

近代ロシアの代表的な出版者をもうひとり、モスクワのほうから選ぶとすれば、多くの人は躊躇なくスイチン（И. Сытин）を挙げるであろう。彼はモスクワのルボークを扱う商店に徒弟として入ったのだが、その経営者は寛容にもスイチンが独立して印刷所をもつときに支援したのである。彼は当初は娯楽物語の出版に精を出したが、やはり露土戦争時に作成した戦況を伝える地図が大評判となって業績を伸ばし、さらに一八八四年から『仲介者（Посредник）』[31] の印刷を引き受けたことからトルストーイをはじめとする作家やインテリたちとの関係が大きく開かれるようになり、出版内容も豊富になったのである。チェーホフの強い希望もあって、スイチンは新聞事業にも手を出すようになり、世紀末になって、『ロシアの言語(Русское Слово)』を創刊した。これは全国主要都市に配置した通信員からの記事を売り物にしたロシア最初の新聞であり、一九一七年革命前夜には八〇万部を発行した。(32)

このようであったから、両首都には同時代の用語でいうところの「恒常的に書籍販売を行う施設」が増加した。ペテルブルグを見ると、それは一八六五年に七五であったのが、一八七〇年に八一、一八七六年に九五、一八八〇年には一二五といった具合であった。モスクワでは、一八六八年に一〇五、一八八三年に二二五という数字である。(33) また、書籍販売を促進するために、一八六五年からモスクワで毎月、書誌情報誌『愛書家(Книжник)』が出るようになった。(34) つまり、「大改革」期にようやくロシアの首都で書店経営が本格的に成立するようになったとみてよいであろう。

ここで注目すべきは、とくにペテルブルグの書籍商や小規模経営の出版社(者)のなかに急進的で革命的な志向性を有する部分が少なからず存在したことである。(35) 一八五八年に書店を開いたコジャンチコフ(Д. Е. Кожанчков)は革命家サークルと親交があったし、書籍商兼出版業のセルノ＝ソロヴィエヴィチ(Н. А. Серно-Соловьевич)も同様に革命シンパであって、彼のところは「学生参謀本部(Штаб-квартира студенчества)」といった風評が立つほどにそうした人物たちの溜り場となっていた。チェルヌイシェフスキーの翻訳編集でロシア語版『世界史』全一八巻を出した(一八六一〜六九年)のは彼である。クリミア戦争でセヴァストーポリ防衛戦に参加した士官チーブレン(Н. Л. Тиблен)は退役後にヴァシーリエフスキー島に印刷所を所有して革命派の檄文を印刷した。彼は「土地と自由」派や右のセルノ＝ソロヴィエヴィチと近しかったのである。革新陣営に人気があったマイアー(Д. И. Меier)教授の『ロシア民法』(一八六四年刊)を出したのは彼である。ポリャーコフ(Н. П. Поляков)はおよそ一〇年近く出版活動をしたが(一八六五〜七三年)、とくにチャイコフスキー団と関係をもった。彼らがラサール著作集、ベルヴィ＝フレローフスキー『ロシアにおける労働者の状態』、マルクス『資本論』第一巻などを出したことはよく知られている。(36) このように、ペテルブルグは文字によって革命的な志向性を有する者を育むには最適の地であったのである。

一方、モスクワ市の場合、出版活動は規模と革命派との関係においてペテルブルグに劣ったが、とくにルボークと絵画の分野ではそれを圧倒する勢いを見せた。繰り返すが、スイチンはこのルボーク出版で成功を収めて、やがてロシア最大級の出版社となる道を歩んだのであった。また、スネギリョーフ印刷所によって、ナロード出身の「独学の作家たち(писатели-самоучки)」の作品集、『夜明け(Рассвет)』(一八七二年刊)や『故郷の響き(Родные звуки)』(一八八九年刊)などが出されたことはモスクワに相応しいこととして公衆によって受け取られたであろう。[37]

すでに見たように、この時期には地方においても新聞の発行が独自に開始されており、[38] そこでは書籍も現実的な存在となっていったのである。元々、地方では正教会と、やや遅れてゼムストヴォの二者が主要な出版元であったのだが、この時期から他の世俗的かつ私的な主体が目立ってそれに参入するようになったのである。地方での出版数について、一八六五年に五一八点、一八七〇年に一一〇一点、一八七五年に一八一〇点、一八八〇年に二一一六点という進捗状況を示すデータがある。[39] 地方にあって書籍を取り扱う会社は一八六二年にはわずかに四三社であったが、一八六八年に二二四社、一八七四年に六一一社と非常な伸びを見せた。[40]

一八七〇年代末になると政府は野放図になされてきた行商による本の地方販売を厳しく統制するために、村々を回る行商人にたいしてその思想が穏健であることの証明と県知事による本商いの許可を求めるようになった。[41] さらに地方各地には政府の手によって数は少ないが書籍を扱う店や倉庫などが開設された。ゼムストヴォは独自に書籍倉庫(книжные склады)を各地につくって本を販売し(一九〇五年までに一九県都、一一〇郡都にそれがおかれた。県都の最初の例が一八七七年のトヴェーリであり、郡都は一八七二年のウルジュムスコエ[サマーラ県]である)、首都の書店は地方都市に支店を開設する、あるいは県都に代理店をおく、さらにはカタログ販売に励むなど営業に工夫を凝らしたのである(代表的な書店は先掲のヴォリフのほかに、リッケル[К. Л. Риккер]、マルトゥイノフ[Н. О. Мартынов]、チホミーロフ[Д. И. Тихомиров]などである)。

印刷総局の資料によれば、本屋と書籍倉庫はヨーロッパ＝ロシア五〇県に一八八三年一三七七、一八八五年一五四三、一八八七年一二七一であり、一八九〇年の時点で県別に五〇以上あったのはペテルブルグ(二八三)、モスクワ(一七七)であったから、あくまでも両首都中心であったことには変わりがないのだが、[42] ここでは書籍の地方への普及・拡散といったことにたいして政府が真剣に対応しなくてはならないと認識する段階にまで至ったことを確認しておきたい。[43]

このような出版活動はすべて個人的イニシアチヴに委ねられていたわけではない。すでに見たように、社会的に団体が広範に発生するなかで、とくに出版や啓蒙に従事するそれらが台頭したことはこの時代風潮をよく反映するのである。例えば、一八六〇年にペテルブルグに結成された「公益」協会(Товарищество «Общественная Польза»)はさまざまな分野の知識を一般向けの本にして刊行することをその目的としたし、さらに翌年に発足したペテルブルグ識字委員会(Петербургский Комитет Грамотности)は前に触れたように、読み書きを習おうとしている人々を対象としてできるだけ大量かつ安価に出版することをその綱領(ツルゲーネフ[И. С. Тургенев]が作成)に掲げたのである。[44] 他方、一八六一年に創設されたモスクワの良書普及協会(Общество Распространения Полезных Книг)は「読書する公衆の間に健全な道徳的理解力を強化発展させる」ことを綱領で謳っており、さらにその主要メンバーは真のロシアの教育は正教会なしには成り立たないことを公言して憚らない人たちなのであった。[45]

ここでやはり問題とすべきは、このような資本主義的あるいは啓蒙主義的な出版活動の活性化が旧来から人民のなかにしっかりと根を下していたルボークとの競争をともなったことであろう。つまり、人民向けのルボークはここで打倒すべき明確な対象とされたのであった。すぐ右に触れた諸団体の設立主旨は共通してルボークに代えて「改良された(улучшенная)」書籍を人民に差し向けるところにあった。「良書」とは差し当たりそうした意味合いで使われる言葉である。ということはこの時点においてもルボーク出版は盛んなのであった。後段で取り上げることになるナロードニキ宣伝家たちは宣伝媒体として彼らが活用しようとした本を一見してルボークのように装丁しようとしたのだが、それは検閲および警察当局の目をくらますためだけでなく、何よりもそれに慣れ親しんできた農民たちに不要な違和感を与えないための配慮からなのであった。[46] それほどまでにルボークは当時の農民の身辺にあったということであろう。一八六〇年代末には、ルボーク印刷にクロム石版機が導入されて、印刷の質が随分と向上するようになった。[47] ルボークは行商の手によって、村々に届けられていた。出稼ぎが盛んであったヴラジーミル県だけでも一八九〇年代においても六〇〇〇人のそうした行商人を数えることができたし、ひとりモスクワのスイチンの場合だけをとってみても、彼のもとには二〇〇〇人の行商人がいて、年間一〇〇万部以上、価格にして二〇万ルーブリを超えるルボークを売り上げていたのである。[48]

革命派出版事情

さて、「大改革」期の社会運動で注目すべき現象のひとつに革命派によって活字文書が重要視されたことがある。彼らは革命的な世界観を広めようとして、「思想的な」書籍普及運動(«идейное» книжное дело)に取り組もうとしたのである。そのための補助手段として文献目録の作成さえも奨励されたことは、彼ら革命家自身が活字メディアをいかに大切なものとして本格的に取り扱おうとしていたかをよく示している。[49] それらは『カタログ(каталог)』、『読書計画(программа чтения)』、『自己鍛錬計画(программа саморазвития)』などと表向きは穏健で中性的な用語でもって呼ばれたのである。もっとも、書籍の存在を絶対視することなく、ここでは、例えば、「書物はひとりのロシア人を命がけの革命家に変えることなどできない。それが役立つのは、予め貯えられた資料から最終的結論を下すことにたいしてだけであり、これら資料は全生活によって準備される」としたムイシキン(И. М. Мышкин)の立場[50]を基本的には尊重するのであるが、こうした弁明が一革命家にとって決定的とも思われる状況下でなされること自体に、この「科学と文化」の時代相の一端を見出したいと考えるのである。

この国にあって書籍は形式上も実質上も実に二〇世紀の末に至るまで、合法と非合法に二分されてきたが、革命派や反体制派が合法的文書(当局はそれらを「傾向的(тенденциозными)」と呼んだ)をもよく活用しようとしたことを見逃してはならない。チャイコフスキー団が安価にそれらの書籍を得たり出版して、首都と地方の学生文庫へ供給し、さらに自習用の文庫を新規につくることを主要な課題のひとつとしたのは知られる通りである。[51] この時期にあって、この分野で最も普及したのはナウーモフ(Н. И. Наумов)の作品(『泣く子と地頭には勝てぬ(Сила солому ломит)』など)であったといわれる。彼はとくにシベリアの農民生活を描き、それに介入するクラークや商人資本の活動を見て農奴解放以降も農民の法的物質的状態が本質的に改善されていないことを示そうとしたのである。さらに、啓蒙的パンフレットもいわゆる「科学的＝大衆的文献(научно-популярная литература)」として流通した。フジャーコフ(И. Хдяков)の歴史物(『古代ルーシ(Древная Русь)』など)はこのジャンルで最も評判をとったものであり、あらゆる労働者サークルの蔵書になったと指摘されるほどである。[52]

そして、厳しいといわれかつそのように想像されている当局の統制と規制にもかかわらず、一九世紀後半期以降、帝国国境を越えて楽々と非合法文献が外国から運び込まれて社会運動に供されたのも注目に値することであった。[53] すでに見たように、「大改革」の国際環境はさまざまに開かれようとしていたのであり、こうした現象もその一環として見れないこともないであろう。自らがチューリヒからの密輸に加担した経験を有する、ペテルブルグにおける有力なラヴローフ派の活動家であったクリャプコ＝コレツキー(Н. Г. Кулябко-Корецкий)は人民のためになる安価本を供するのが文明国の文明国たる所以であると確信していた人であったが、おそらくは多くの革命家たちもそう考えたであろう。[54] 西欧の亡命者などからロシアへ向かって伸びた「禁書」密輸ルートには、大きくはペテルブルグへ向かう北部ルートと南部地方へ入る南部ルートのふたつがあった。後者の場合、オデッサが受け入れの中心的な位置にあり、ロンドンからイスタンブルを経由するルートとウィーンからルーマニアを経てロシア国境を越えてくるルートがあった。さらに、これらのほ

かにスイスからウィーンを経由してガリチアとキエフに至るルートもあった。(55)

国外ではロシアからの亡命者による出版(эмигрантское издательство)は盛んであった。(56)彼らは自らの仕事を自由出版(вольная печать あるいは вольное издание)と称して自負したのである。ジュネーヴのエルピヂン(М. К. Елпидин)の場合、一八六五年に脱獄亡命して以来、一八六七〜一九〇七年の四〇年の長期にわたって出版活動を継続し、合計して約一八〇点を刊行した。そのなかにはチェルヌイシェフスキーの最初の著作集一四点(一八六七〜七二年刊)が含まれていた。同じジュネーヴの「労働解放団」も一八八三年以降、系統的にマルクスの著作の翻訳を出した。一八九一年にはロンドンでクラフチンスキー(С. М. Кравчинский)を中心とするロシア人亡命者たちが自由ロシア定期刊行物基金(Фонд Вольной Русской Прессы)を結成した。(57)政府検閲当局は禁書リストを作成して、実際にはあまり実効性をともなわなかったのだが、密輸の取り締まりに励んだ。一八五五〜六九年用の禁書リストには三カ国語約四〇〇〇点が列挙された。さすがにパリ・コミューンのあとは、摘発される外国本の数は急増し、一八七一〜七五年の間で毎年、五〇〇〜八〇〇点がその網に引っかかった。一八九四年に刊行された、別の禁書リストは一三五五点を掲載したが、そのかなりの部分はロシア人亡命者の手になる作品であった。(58)

ここでロシア国内に目を転じると、この時期のいわゆる地下出版に関して、従来はリフシツが最もよくまとまった整理を試みている。それにしたがえば、ロシア最初の地下印刷所がモスクワに開設されたのは、一八六一年である。そこで学生スリン(Я. Сулин)たちがオガリョーフの『コルフ男爵の文芸批評(Разбор книги барона Корфа)』を数百部印刷したのである。彼らはさらにチェルヌイシェフスキーやゲールツェンのものなどを印刷したが、その年の八月には逮捕されてしまった。(59)この一八六〇年代初頭で最も注目されるのは第一次「土地と自由」結社がペテルブルグ近郊にもった秘密印刷所であり、そこでは一八六二年八月にウーチンが書いた檄文「知識階級へ(К образованным классам)」をレター・ペーパーを使って綺麗に印刷した。(60)しかし、ロシア国内では一八六四年以降、革命的文書の印刷は長らく停止した。一八六九年になってネチャーエフのグループが活字一式の入手をはかったがそれも不首尾に終わり、海外に印刷拠点をますます求めるようになったから、[61]少なくとも国内的には一八六〇年代は確たる進展は見られなかったとみてよいであろう。

一八七〇年代に入ると少し動きが出てくる。一八七二年にペテルブルグにできたドルグーシン団(Кружок Долгушина)はメンバーのチホツキー(В. А. Тихоцкий)が寄付した三〇〇〇ルーブリを自分たちの印刷所をもつことに使った。サークル自体が一八七三年前半にモスクワへ拠点を移したことにともない、彼らは印刷所を同県ズヴェニゴロド郡サレーエヴォ村(モスクワ市から二五ヴェルスタ、つまり約二五キロメートル)におき、その後市中へ転じて何種類もの檄文を印刷し、人民の間に配布したのである。[62]ベルヴィ＝フレローフスキーが彼らのために作成したパンフレット『いかに自然と真理の法則にしたがって生きる必要があるか(Как надо жить по закону природы и правды)』もそこで印刷された。[63]チャイコフスキー団の場合、独自な印刷所をまずチューリヒに、そしてジュネーヴにもち、専ら外国で印刷を行っていたが、一八七三年夏にペテルブルグ高等技術専門学校聴講生にしてニーゾフキン・サークル員(このサークルについては後述する)であったクプリヤーノフ(М. Куприянов)が団から依頼されてウィーンで印刷機を入手しそれを密輸して国内に印刷所を開こうとしたが、団自体が翌年には解体されてしまい、結局はそれを果たせずに終わったのである。[64]

よく知られたムイシキンの場合がそうであるが、合法的な印刷所が非合法文書を印刷することはよく観察された。彼は速記学校を終えて陸軍測地部に就職したが、一八六八年にそこを辞めてモスクワへ出て『モスクワ報知』紙記者を勤めたり、裁判所やゼムストヴォで速記をとるなどしていたが(ネチャーエフ裁判を速記をしたのは彼である)、一八七三年になって知人と所定の手続きを踏んで市内に印刷所を開業したのである。その冬にアルハンゲリスクから出てきた四人の娘たちが非合法文献の印刷を求めたのに同意して、彼は印刷所内に非合法部門(それを「婦人植字室[женская наборная]」と呼んだ)をつくった。そこでは実際に一連の檄文、著作が印刷されたが、[65]彼の活動にとっていわば助手となった元モスクワ大学生ヴォイナラリスキー(П. И. Войнаральский)の存在は大きいものであった。彼は独自にサラートフに印刷所を開設した。

一般的な傾向として、当局の禁止や制限措置にもかかわらず、反体制派は独自な印刷能力を獲得していったと見なければならない。一八七〇年代も後半以降、「土地と自由」や「人民の意志」といった当時の代表的な革命的結社はその活動を自らの印刷物に依存することが多く、そのために独自に印刷所を構えることは通例になったと見てよい。本書ではそれらの具体的様相を記述する必要は認められないが、のちの議論のためにわずかに関連して触れておけば、「ロシア労働者北部同盟」では一八七八、九年頃から自らの印刷所を所有しようとする動きが認められ、それはようやく一八八〇年二月に実現した。そこでは新聞というよりも檄文ビラに近い体裁の『労働者の夜明け(Рабочая Заря)』を出したりしたが、すぐに捜索を受けたからこの印刷所はそれほどの働きをしたわけではない。むしろ、われわれにとり興味深いのは、その際に没収された活字や木製手動印刷機の形態的特徴からそれら設備がかつて「新綿紡績」労働者に宛てた「ロシア労働者北部同盟」の檄文やその綱領を作成したことがある「人民の意志」派の印刷所が支援した(提供した)ものであると判明したことである。(66) このことは少なくとも印刷事業において革命諸派の間に相互支援的な連携の関係が実体をもって存在したことをよく示すであろう。文字通り、活字がロシアの革命派間の接着剤として機能したのである。

革命派宣伝文献

とくに国外から持ち込まれた非合法文献は一八七三年からロシア帝国内に本格的に出現し、一八七五年までの三年間がいわばその最盛期であったことが観察されている。ザハリーナは一八七二〜七七年に流布された非合法文献二九点を調査して、その執筆者と印刷所に関してつぎのような整理をしている。つまり、執筆者が属すか、それと近い関係にあったサークルないしグループの内訳は、チャイコフスキー団一二点、ラヴローフ派五点、新聞『労働者(Работник)』編集部四点、ドルグーシン団三点、その他二点、不確定三点である。印刷所のほうはチャイコフスキー団ジュネーヴ印刷所一二点、ウクライナ人学生ウィーン・サークル印刷所五点、『前進(Вперед!)』印刷所四点、新聞『労働者』印刷所四点、ドルグーシン団印刷所二点、不明一点、リトグラフ出版一点である。[67] サンプル数が少ない印象は免れえないが、これらは当時の非合法文献がチャイコフスキー団関係者を中心として海外で刊行され、国内に持ち込まれたという基本的傾向をよく示している。人気が出たものはかなり多数部印刷されたが、なかでも『四人兄弟の物語(Сказки о четырех братьях)』第三版の一万五〇〇〇部、『巧妙な仕掛け(Хитрая механика)』の一万部といったところが最大級の数字であろう。[68] これらが海外からさまざまなルートで密輸入されたのである。

これら革命派の非合法文献は「人民向けの文献」であり、「大衆向けの宣伝文献」であったから、すでに触れたような、クロポートキンがいう「人民のこと」を描く民衆作家たちの作品とは自ずから相違する立場にあった。つまり、それらの内容は何よりも人民によって理解されなくてはならないものであった。そのためには「人民の言語(народный язык)」や「やさしい言葉(простой язык)」を動員して、「無知蒙昧な農民にも理解しうる簡単な形式で」伝えることが求められたのである。アプテークマンはまず手書きの段階で人民の評判を探り、そのなかで良好な関心を示されたものから印刷に回されたと回想している。[69] それらは「農民やファブリーチヌイエ」にも分かる言語で書かれて、「政治的な談話に切っ掛けを提供する」[70] ことがめざされたのである。

しかし、農民たちがそれらを読破できるわけがなく、また農民は概して読書そのものに興味を惹かれなかったのだから、それを農民たちに読み書きを教える教材として活用したであろうなどと想像することは見当はずれとなるであろう。おそらく、実際には、当該文献は口頭宣伝(устая пропаганда)のいわば台本として最も利用されたと考えたほうがよい。この点で、ヤランツェフ＝ベルンシツキー(Р. И. Яранцев-Бернщдский)が「人民向けの本」を三分類して、宣伝説教ビラ(прокламация-проповедь)、[71] 宣伝物語(пропагандиская сказка)、話あるいは話合い(рассказ или беседа)としているのは、それらの性格をよく示すであろう。農民との間でまず試みられたのは、「口頭での対話(устая беседа)」、「口頭の物語(устный рассказ)」であった。つまり、バザーノフがいうように、「農民ロシアを旅する革命的ナロードニキは、何よりも対話する宣伝家(беседующий пропагандист)であった」[72]ろう。それら文書が扱った内容は農民経営、税制、不作と飢饉、農村の内部対立、教育権、徴兵制など多岐にわたったが、その論調は部分的改良を拒否して、根本的変革を訴えることでは共通していたのである。[73]

さて、チャイコフスキー団員として熱心にこの事業に関わったシシコー(Л. Б. Шишко)はその回想記で、当時、最も普及した「人民パンフレット(народные брошюры)」十点ほどに関して次のように語っている。[74] 少し長くなるが、簡便な記述で参考になるから、紹介しよう。

〔合法文献で最も成功したのは〕①『エゴールお爺さん(Дедушка Егор)』――ピーテル〔ペテルブルク〕へ使いに出されて監獄へ入れられてしまった農民の代表者の歴史、②チャイコフスキー団が出版した、『泣く子と地頭には勝てぬ』という共通題名のナウーモフの短編集。かなり大部な巻であるが、容易に個別パンフレットに分割できる。なかでも最良の短編は当局によって支持された富農層(кулачество)にたいする鋭い抵抗を示してかなり強い印象を都市労働者だけでなく、農民にも与えた。③フジャーコフの『古代ルーシ』では、知られるように、民会体制とモスクワ・ルーシの最も顕著な特性と出来事が取り上げられている。この小冊子は反君主制的宣伝のために大きな助っ人になった。④最後に博物学的内容のいくつかのパンフレット(『空と大地の物語』、『自然に関する談話』など)に言及しなくてはならない。これらのパンフレットは不可避的に宗教問題を提起し、大筋において我々は労働者たちに自己の反宗教的見解を押しつけることをしなくても、ほとんどいつも教会宗教のほぼ完全な否定と無神論をさえ導き出したのである。

チャイコフスキー団やそのほかのグループによって出された非合法パンフレットからはつぎに触れなくてはなら

ない。⑤『あるフランス人農民の歴史(История одного французского крестьянина)』、これはエルクマンとシャトリアン(後出)の有名な歴史小説の焼き直しである。そこにはこの本から最も革命的部分が出来る限り引き出されている。⑥『ステンカ・ラージン(Стенька Разин)』はナヴロツキー(А. А. Навроцкий)の物語詩(一八七一年刊)であって、最初は『ヨーロッパ通報』に掲載されたが、改作を施さずとも、力強く書かれた革命詩であることが各所でわかる。⑦チホミーロフの『四人兄弟の物語』ではかなりはっきりと人民にたいする経済的政治的宗教的搾取を、蜂起への直接的な呼び掛けとともに、描いている。⑧『兄弟とは何か(Чтой-то братцы)』は檄文の体裁をした小さなパンフレットであるが、需要や欲求を無視してヒツジの支配者になってしまったオオカミをテーマにして、結論として国民会議(Земский Собор)招集の必要性を主張する。⑨『プガチョーフ反乱史』はチホミーロフによって書かれてクロポートキンが増補したものである。このパンフレットはテーマ自体からして、明らかに、穏やかな性格を帯びてはいない。⑩革命的な歌や詩を集めたもの。それらの多くは、例えば、大変に評判をとった詩作『艀(Барка)』や『農民の請願(Просьба крестьян)』のように、ツァーリを直接的に攻撃するものである。これらすべてのパンフレットは一八七四年以前に執筆されたのだが、その後もクラフチンスキーによるいくつかの物語が出たのである。

シシコーの回想に列挙されたこれら諸作品のいくつかにいま少し解題を加えよう。まず指摘しなくてはならないことは、たとえ所定の手続きを経なくとも勝手に「検閲済」を印刷してしまうのが通例であったこともあり、合法と非合法の境界は形式的に不明確であり、さらに実質的に内容で区別することもできなかったということである。合法的文献とされた①『エゴールお爺さん』は最初一八七〇年七月二六日付け新聞『週間(Неделя)』第三〇号と続く第三一号にN・Rの署名入りで掲載された。これをチャイコフスキー団が内容に手を加えずにパンフレットの形にして、一八七三年三月、キエフ検閲局で認可を得たのである。同団員のチャルーシン(Н. А. Чарушин)はペテルブルグでは検閲を通りにくいと考えてキエフにしたと知人宛の私信で述べている。しかし、この物語は一八七五年四月以降、国内での印刷は許可するが、流通を禁ずる刊行物リストに加えられた(75)。

非合法とされたほうでは⑤のフランス革命を老農夫が回想して農民に連帯を促そうとする『あるフランス人農民の歴史』は、正確にいえば、フランス人作家エミール・エルクマンとアレクサンドル・シャトリアンの小説『農民史』を著名な女流作家マルコヴィチ(М. А. Маркович, マルコ・ヴォヴチョク[Марко Вовчок]ともいう)がロシア語に翻案したものを下敷きにしており、一八七三年秋にジュネーヴのチャイコフスキー団印刷所で印刷された(76)。執筆者そのものは特定できないが、ザハリーナなどはクレーメンツ、チホミーロフ、ザソジムスキーらチャイコフスキー団の「文献委員会」(この委員会の存在を指摘するのは、著者が知る限り、彼女だけである)による共同作品である可能性が高いと見ている(77)。⑥の『ステンカ・ラージン』は「ステンカ・ラージン」(一~二六頁)と歌「母なる川ヴォルガの向こうから(Из-за матушки Волги)」(二六~二八頁)だけからなる、奥付をもたない小冊子である。やはりジュネーヴのチャイコフスキー団印刷所で作成され、その著者は当人が逮捕されたときに押収された手書き文書に照らしてみて、シネグープ(С. С. Шнегуб)であると推定される(78)。⑦のより正式な表題は『何処がより良いか? 四人兄弟と彼らの冒険物語(Где лучше? Сказка о четырех братьях и об их приключениях)』という。通例はかのチホミーロフが執筆者とされ、彼が一八七三年の秋に書いて同年中にジュネーヴのチャイコフスキー団のところで印刷されたといわれるが、それよりかなり以前の一八六八年四月にモスクワで検閲認可を事項記載した版があることは確かめられている(79)。ラヴローフ(П. Л. Лавров)によれば、この小冊子は一万五〇〇〇部出され、彼自身これを「人民への普及において最も成功した」もののひとつとして高く評価している(80)。⑧は一八七三年にチャイコフスキー団のジュネーヴ印刷所で、さらにその翌年にはモスクワのムイシキンの印刷所で印刷された。この著者はシシコーである(81)。

さらに、シシコーが取り上げなかった二点に触れておくのが適当であろう。クラフチンスキーの『カペイカ物語』

(これもチャイコフスキー団のジュネーヴ印刷所による)は近年の調査では一八七〇年五月にペテルブルグで検閲許可の印を受けた版が所在することが確認されている。[82] クラフチンスキーは最も精力的にこの種の宣伝文書を執筆したひとりであって、ソヴィエト期の一九三五年に刊行された文献目録では少なくとも八点の著者になっている。[83] しかし、一八七四年にチューリヒの『前進』印刷所から刊行された『巧妙な仕掛け』は彼の手によるものではなく(シシコーは勘違いしている)、当時、ペテルブルグのラヴローフ派サークルにいてのちに著名な統計家になるヴァザーロフ(В. Е. Вазаров)がその作者である。ヴァザーロフも多くの宣言文書を執筆した人であるが、この場合はペンネームとしてアンドレイ・イヴァーノフを使用している。これは「農民の金はどこからきて、どこへ行くのか、本当の物語」という副題をもち、帝政税制の不合理さを鋭く告発するものであり、人気を得て非常に多くのバリアントが刊行された。[84]

農村農民と読書

この「大改革」期に政府や公衆が人民、なかんずく農村農民の教育に意を注いだことは確かである。例えば、一八七二年にツァーリ政府はとくに「ペテルブルグとその周辺において人民読書会を組織する常置委員会(Постоянная комиссия по устройству народных чтений в Петербурге и его окрестностях)」を立ち上げ、それは宗教的かつ愛国的な色彩の濃いパンフレットを三〇〇万、四〇〇万単位で刊行し配布したのである。ここではその大量な「物量作戦」に改めて着目したい。おそらく、相手が旧来通りのルボークであれば、政府がこうした策を採用することはなかったであろう。すでに見たような「大改革」期の文化状況全般が基本にあるのであるが、低迷にあえいでいた正教会支援だけではなく、さらに一定の進展を示している革命派の文書工作がそれにかなりの作用をしたであろうと思われるのである。ここには活字媒体が人民にたいして何らかの影響を与えるであろうとする当局の希望的な観測と同時に危惧が存在した。[85] その結果、農村農民は多方面からの活字攻勢にさらされることになった。

この点で、例えばアクセリロートが「私にとり、読み書きは単なる手段でしかなく、革命的宣伝こそが直接的な目的であった」という場合、[86]読み書きする行為自体が有する意味合いを無視する(あるいは意識しない)知識人特有な発想法を示している。さらに、すでに触れたように公衆による識字運動が盛んであったハリコフ市の人民教育家たちが作成して評判をとった『人民に何を読むのか(Что читать народу?)[87]』はいわゆる人民向け文献の需要者をその年齢と学力に応じて実に六分類もしているのだから、おそらくそうした発想の根拠としてあったのは、丁寧に対応しさえすれば、教えることは可能であると考える合理的で楽観的な思考であったろう。

しかし同時に、ここで、人民側に存在したと考えられる活字崇拝についても触れておかなくてはならないであろう。それは彼らのなかにあった、「書かれたもの」にたいするいわばコンプレックスの問題である。農奴解放にあたって多数の「偽書」がロシアの村々に出現したことはすでによく知られる事柄である。農民たちが期待した解放証書の内容に失望したことがそれらの登場を促したのである。この間の一連の出来事は革命派によって大切に受け継がれたはずであり、必要に応じてその時の記憶を呼び覚まし、いまに甦らせようと彼らが渇望したことは自然な勢いであったろう。つまり、「偽書」をもって、革命の発火点となそうとする動きである。その顕著な事例がいわゆる「チギリン事件」であった。ステファーノヴィチ(Я. В. Стефанович)らのキエフ・コミューン(Киевская коммуна)は設備を密輸入して、一八七六年にキエフに秘密印刷所を開設した。そこではデイチ(И. Г. Дейч)やボハノフスキー(И. П. Бохановский)らが働いて、その事件を引き起こすことになる皇帝の最高秘密勅書(Высочайшая тайная грамота あるいは Золотая грамота)などがそれらしく印刷されたのである。[88]農民たちは自らが理解できないその筋の文書の類を半ば盲目的に信じようとする傾向にあったのだが、無論、彼らがそのようにした背景にあったのは、真のツァーリにたいする崇拝と期待の念であり(したがって、それらが外れると反動は大きくならざるをえない)、ツァーリの存在なしにはその間の事情を理解することはできない。このように考えれば、革命派の活字文化尊重は彼らが打倒すべきツァーリによってその客観的な根拠を与えられていたといえないこともないのであった。

次節で本格的に触れるが、「ヴ・ナロード」で農民のなかへ実際に入ってみた印象記は、全体には個別分散的に存在しているにすぎないが、現在でも比較的容易に目にすることができるであろう。そのひとつとして、一八七四年八月以前にオフチーンニコーヴァ(И. М. Овчинникова)が知人に宛てた書簡には農民たちの「読書傾向」に関してつぎのような興味深い観察が示されている。以下、やや長くなるが、引用したい。

> 私の知識の持合わせでは農夫たちとどうやったら快適に話をすることができるのかしら。……私の生徒たちはただ本性上読むのが好きだというだけのことで、多かれ少なかれ社会問題にかかわりがあるような読み物、たとえば工場生活に取材したような本は好まず、『エゴールお爺さん』など、こういうような本を彼らと一緒に読むのはただもう歯がゆいだけなのよ。……彼らは滑稽な面だけに注意を向けて、肝腎なことには気がつかないわけなの。ところでペテルブルクの人たち(強調=原文)はさらにこれらの本の読後に私たちが読者たちに課することができるとでもいったような問題を私たちに山ほど送って来ましたし、しかもそれらの問題というのは、もちろん、社会的性質のものなのよ。私はもう前にこういうふうに言ったわけなの、——彼らはこういうような問題には注意を向けていないのですから、そんな問題を彼らに課することは何にもならないことをするのと同じだって。ですから、残されているのは、つまり、私はただ教えているにすぎないってことで、私が胸に抱いてやって来た目的は果たされないでしょう。いいかえれば、私は農民の生活、彼らの考え方に根本的に通じていなかったわけなので、これはすべて、それこそ私自身がひどく碌でもないせいなんです。[89]

ここには首都にいて指令的立場にある革命的ナロードニキ、現地農村に入って実際に農民と接触した一般的な活動家、そしてこれら両者の働きかけの対象となる農民の三者それぞれの立場が、不十分ではあるが、少しずつ触れられている。いわば中間に位置したこの書簡の主は双方の無理解と身勝手さに甚だしい不満を覚える、実に損な役回りを強いられている。彼女が呪うべきは首都の「司令部」の現場知らずのいわば教条主義であり、農村農民の視野狭窄で頑な姿勢である。農民の生活に通じていないとなかば自己嫌悪的に述べるその境地はもうほとんどニヒリズムの世界であろう。

(1) T. Choldin, *A Fence around the Empire, Russian Censorship of Western Ideas under the Tsars*, Duke University Press, 1985, 60.

(2) 最も多量にロシアに流入したのは、ドイツ語文献である。一八五六年からの四〇年間を見ると書籍は七万タイトルを超える。一八六九年だけをとると、ドイツの新聞雑誌は六〇〇〇部定期購読されており、タイトル数で約三〇〇に上り、娯楽ものから専門的な科学技術関係まで広範囲にわたった(*Ibid*., 8, 120, 128)。外国出版物にたいする検閲は原則として国内出版物に準じてなされた。それを担当したのは、ペテルブルグ中央をはじめとして、リガとオデッサの両市におかれた外国検閲委員会とモスクワ、キエフ、ヴィリニュス、そしてレーヴェリの個々の検閲官であった(И. И. Фролова [под ред.], Книга в России 1861–1881, т. 1, М., 1988, 43)。これらのことは当時のロシア帝国がおかれていた外国情報の取り入れ口に対応しているであろう。なお、一八七五年の数字として、輸入外国書七八八万六〇四五点のうち、九四一二点が検閲の対象とされ、それらのうち八八三九点が許可、三二五点が部分的な削除、二三八点が不許可というデータもある。合計がわずかに合わないが、検閲で輸入が全く不許可となる外国書はおおよそ二%ほどであったということである。D. Balmuth, *Censorship in Russia, 1865–1905*, University Press of America, 1979, 145を参照。

(3) W. Bruce Lincoln, *The Great Reforms ; Autocracy, Bureaucracy, and the Politics of Change in Imperial Russia*, Northern Illinois University Press, 1990, 121-134.

(4) M. T. Choldin, *op. cit*., 61.

(5) 「オボレンスキー委員会」を中心としたこの法案の準備段階の様子はつぎに詳しい。D. Balmuth, *op. cit*., 19ff.

(6) Русская печать и цензура в прошлом и настоящем, М., 1905, 84. なお、本文で紹介した「懲罰的検閲」という用語はこの

規約で使用されてはいない。それに換えて、婉曲的に「事前検閲から自由な」刊行とか、「無検閲の」刊行といった表現が使われたといわれる。Г. Докторов, Реформа царской цензуры, Континент, No. 36, 1983, 180 を見よ。

（7） M. T. Choldin, *op. cit.*, 14-15.

（8） C. A. Ruud, *Fighting Words : Imperial Censorship and the Russian Press, 1804-1906*, University of Tronto Press, 1982, 140-150, 167.

（9） Русская печать и цензура в прошлом и настоящем, 227-250 に一八六五～一九〇四年に雑誌にたいして行った警告一覧がある。これからも検閲の実施にあたって検閲官の個人的な判断によるところが大であったことがうかがわれる。検閲官各自は特定の雑誌を担当していた。例えば、一八六〇、七〇年代に『祖国雑記』を担当したのはペテルブルグ検閲委員会検閲官レーベデフ(Н. Г. Лебедев)であった。А. В. Мезьер, Указ. соч., 68 を見よ。

（10） D. Balmuth, *op. cit.*, 25.

（11） Е. А. Лазаревич, Указ. соч., 149. 当局が外国書の検閲にあたって神経を使ったのは、大きくはつぎの四点に関してである。①ロシア皇室にたいする侮辱、②社会秩序への反抗、③ロシア人を非ヨーロッパ的な野蛮人として描くこと、④宗教と道徳に反する思想。M. T. Choldin, *op. cit.*, 7 を参照。

（12） В. Р. Лейкина-Свирская, Указ. соч., 83.

（13） C. A. Ruud, *op. cit.*, 182-193.

（14） Л. М. Добровольский, Запрещенная книга в России 1825-1904, Архивно-библиографические разыскания, М., 1962, 4.

（15） Там же, 3.

（16） R. Pipes, *Russia under the Old Regime*, 293.

（17） Русская печать и цензура в прошлом и настоящем, 134.

（18） M. T. Choldin, *op. cit.*, 128.

（19） Е. А. Динерштейн, А. С. Суворин, Человек сделавший карьеру, М., 1998, 61.

（20） Е. Г. Немировский, Изобретение Иоганна Гутенберга, М., 2000, 253.

（21） АН СССР, Отдел Истории, Русское книгопечатание до 1917 года, т. 1(1594-1917), М., 1964, 368-370.

(22) Книговедение, Энциклопедисеский Словарь, М., 1981, 195.

(23) Книга в России 1861-1881, т. 2, 36.

(24) А. А. Говоров, Т. Г. Куриянова (под ред.), История книги, М., 2001, 211-212.

(25) Книга в Росcии 1861-1881, т. 1, 24-29 の付表を筆者が計算した。

(26) Н. В. Шелгунов, Воспоминания, 81. 彼はその一方で、モスクワ市はロシア精神の原理に関して理論に耽る傾向にあり、スラヴ派の機関誌をよく出したとペテルブルグと対比させて述べている。

(27) Книга в России 1861-1881, т. 1, 33-34.

(28) Книга в России 1861-1881, т. 2, 53, 66. ヴォリフ社についてはこの文献の六〇~六六頁に簡略な紹介がある。

(29) このヴォリフ(М. О. Вольф)社社員リブローヴィチ(С. Ф. Либрович)には書誌学の嗜みがあって、読書人向けの情報誌Известия по литертуре, наукам и библиографии книжных магазинов Т-ва М. О. Вольфを一八九七~一九一七年の間刊行し、大変な評判となったこともこの会社を近代ロシアの代表的な出版社のひとつとするのに力があった。А. А. Говоров, Т. Г. Куриянова (под ред.), Указ. соч., 20, 31, 217-218. さらに、つぎを参照。А. А. Говоров, История книжной торговли в СССР, М., 1979, 179-180.

(30) Там же, 222 ; АН СССР, Отдел Истории, Указ. соч., 378-383.

(31) 『仲介者』はキリスト教の教えを人民に安価な書物で提供すること(「インテリの七万五〇〇〇語を農民の一万語で表現すること」〔トルストーイ〕)、そしてルボークに取り代わることをめざした。これについては、さらにつぎを見てほしい。高田和夫、前掲論文「ロシア農民とリテラシイ」、とくに六一頁以下。

(32) Ч. Руд, Русский предприниматель, Московский издатель Иван Сытин, М., 1996, 12. これはつぎの露訳本である。Charles A. Ruud, *Russian Entrepreneur, Publisher Ivan Sytin of Moscow 1851-1934*, McGill-Queen's University Press, 1990. この巻末に付された出版記録を見ると同社がいわゆる総合出版社であったことがよく分かる。

(33) Книга в России 1861-1881, т. 3, М., 1991, 45.

(34) Там же, 48.

(35) Книга в Росии 1861-1881, т. 1 はその五章でそうした人たちを、本文で触れた者を含めて、二〇人近く紹介している。

(36) АН СССР, Отдел Истории, Указ. соч., 385–393.

(37) Там же, 406, 412, 417.

(38) これは首都において人民向けの新聞がようやくこの時期に創刊され出したことに対応することでもある。一八六三年には『日曜日の余暇(Воскресный Досуг)』、『国民新聞(Народная Газета)』、そして『共同体の言葉(Мирское Слово)』の三紙が発刊になった。著者は、怠慢なことに、それらを直接見ていないが、ある解説によれば、このようなわざわざ人民を対象とするような新聞は貧困、労働、啓蒙といった事柄に強い関心を寄せてはいたが、必ずしもその編集方針は定まったものではなく、いろいろなテーマが雑然と混在していたという(Е. А. Лазеревич, Указ. соч., 199 и сл.)。一八七〇年代になってもこの基本的傾向は同様に認められ、例えば一八七一年に創刊された「国民小営業新聞(Народная Ремесленная Газета)」なども単に小営業に関する技術的知識に限らず外国生活の様子まで紹介したといわれる(В. Р. Лейкина-Свирская, Указ. соч., 200)。編集者たちは新聞にたいする人民の関心を買おうとして彼らに入りやすい、切り口をいろいろ提供しようとしたのであろう。

(39) Книга в России 1861–1881, т. 2, 142.

(40) АН СССР, Отдел Истории, Указ. соч., 421.

(41) 高田和夫、前掲論文「ロシア農民とリテラシイ」、四六頁以下を参照してほしい。

(42) АН СССР, Отдел Истории, Указ. соч., 423.

(43) В. Р. Лейкина-Свирская, Указ. соч., 216.

(44) АН СССР, Отдел Истории, Указ. соч., 393–394.

(45) Книга в России 1861–1881, т. 3, 10.

(46) Там же, 12.

(47) Книга в России 1816–1881, т. 2, 24.

(48) А. А. Говоров, указ. соч., 1976, 192–193.

(49) С. С. Левина, Пропаганда литературы среди революционной молодежи 70–80-х годов XIX в., Советская Библиография, 1979, No. 3 を参照。

(50)　一八七六年一一月のムイシキンの元老院副議長宛て上申書に見える文言。田坂昂編訳『人民のなかへ　ロシア・ナロードニキ運動資料集Ⅰ』新泉社、一九七六年、一二六頁。

(51)　チャイコフスキー団が行った書籍普及運動については、不十分なものではあるが、さしあたり、高田和夫「チャイコフスキー・サークルと労働者」『社会科学論集』(九大)二一号、一九八一年を見てほしい。なお、その団が普及をはかった書籍一覧はつぎで確かめることができる。Революционное народничество 70-х гг. XIX в. т. 1, М., 1964, 226–228 ; Н. А. Чарушин, О далеком прошлом : Из воспоминании о революционного движении, 2-е изд., М., 1973, 345–348.

(52)　В. Ф. Захарина, Голос революционной России, М., 1971, 14, 15, 37, 40.

(53)　例えば、アクセリロートなどはロシア国内の出版事情の悪さと「密輸」の相対的な安易さを考慮して、むしろ西欧に印刷所をおくことを奨励したほどであった。A. Ascher, *op. cit.*, 40.

(54)　Н. Г. Кулябко-Корецкий, Из давных лет, Воспоминания лабриста, М., 1931, 109.

(55)　D. W. Hay, *The Development of the Revolutionary Movement in the South of the Russian Empire, 1873–1883*, Ph. D. Thesis, Glasgow University, 1983, 52.

(56)　その様子は例えば、つぎのカタログにうかがえる。L'Emigration russe en Europe : catalogue collectif des periodiques en langue russe 1855–1940, Paris, 1976 ; Русская подпольная и зарубежная печать, Библиографический период 1, 1831–1879, вып. 1, М., 1935.

(57)　Книга в России 1861–1881, т. 1, 55–56 ; В. Р. Лейкина-Свирская, Указ. соч., 267.

(58)　В. Р. Лейкина-Свирская, Указ. соч., 45.

(59)　С. Ливщиц, Подпольные типографии 60-х, 70-х и 80-х годов, Каторга и Ссылка, 1928, № 41, 24.

(60)　Там же, 30.

(61)　Там же, 32.

(62)　Там же, 1928, № 43, 61 ; АН СССР, Отдел Истории, Указ. соч., 355.

(63)　О. В. Аптекман, Указ. соч., 88.

(64)　Там же, 63.

(65) С. Лившиц, Указ. статья., 1929, No. 55, 59.
(66) Там же, 1929, No. 55, 51.
(67) В. Ф. Захарина, Указ. соч., 135-136.
(68) Там же, 229.
(69) О. В. Аптекман, Указ. соч., 88.
(70) В. Г. Базанов, «Хождение в народ» и книги для народа (1873-1875), в кн.: Агитационная литература русских революционных народников, Потаенные произведения 1873-1875 гг., Л., 1970, 35.
(71) Е. А. Лазаревич, Указ. соч., 195.
(72) Там же, 54.
(73) В. Ф. Захарина, Революционная пропагандисткая литература 70-х годов XIX в., Исторические Записки, т. 71, 1962, 74-112.
(74) Л. Е. Шишко, Собрание сочинений, т. IV, Птг.-М., 1918, 148-150.
(75) Агитационная литература русских революционных народников, Л., 1970, 486-487.
(76) АН СССР, Отдел Истории, Указ. соч., 67.
(77) В. Ф. Захарина, «Роман Ерикмана-Шатриана История крестьянина» и его переделка в народнической пропаганде, Русская Литература, 1964, No. 2.
(78) Агитационная литература русских революционных народников, 489-490.
(79) Там же, 485.
(80) П. Л. Лавров, Народники-пропагандист 1873-1878 годох, СПб., 1907, 37, 121.
(81) Л. Е. Шишко, Указ. соч., 149 ; Русская подпольная и зарубежная печать, No. 698-699.
(82) Агитационная литература русских революционных народников, 485.
(83) Русская подпольная и зарубежная печать, 67-69.
(84) Агитационная литература русских революционных народников, 482-485 ; Русская подпольная и зарубежная печать, 31.
(85) 人民読書会については、高田和夫、前掲論文「ロシア農民とリテラシイ」、八節を参照のこと。

(86) П. Аксельрод, Указ. соч., 97.
(87) Что читать народу? т. 1, СПб., 1884, т. 2, СПб., 1889, т. 3, М., 1906.
(88) 和田春樹『農民革命の世界』東京大学出版会、一九七八年、三〇四頁以下。
(89) 前掲『人民のなかへ　ロシア・ナロードニキ運動資料集Ⅰ』、二〇一頁。

2 「科学と文化」の発現様式としての「ヴ・ナロード」

人民との接触——「ナロード」のイメージ

前節ですでに議論に入っているのだが、「ヴ・ナロード」といわれてきた社会現象をここでは「科学と文化」の発現様式のひとつとして捉え直してみたいのである。かつて金子幸彦はその『処女地』論において、それが「現実をどのように反映し、どのような客観的意味をもつか」に新しい評価の可能性を探ろうとした。[1] それは、作家ツルゲーネフ自身は民衆に近づいて社会主義思想をもたらすことなどはできず(革命家の宣伝に乗るのは人民の堕落した部分のみである)、むしろナロードニキの運動はロシア社会のブルジョア的民主化のための戦いであると理解していたことに励まされた結果の立論であった。ここではこの問題意識とその着眼とを大いに参考にしたいと思う。

ミローノフはロシアの農民文化とソヴィエト権威主義の起源との関係を論じたなかで、前者にまつわる閉鎖的で固定的なイメージを強調しながら、モデル的に抽象化されたものと釈明しつつ、ロシア農民の人間類型的要素をつぎのように列挙している——共通利益のために個人的なそれを犠牲にすること、強制と規制、社会経済的なパイと共同体的義務について非常に強力な平準化傾向、差別化の回避と伝統や権威にたいする志向性、新規の行動様式や変化にたいする拒絶、集産主義、全員一致の原則、思考における複数性の欠如、思想および行動の統一性・独断性・陳腐性、多数の禁止事項の存在、外部からの脅威にたいする団結、内部問題でのアナーキー性、部外者への敵対・攻撃性、インテリゲンツィアと知的作品にたいする軽蔑、自然発生性・情緒主義・反逆性、偏見と宿命論。そのうえで、ミローノフは、これらの基準に照らして逸脱した振舞いをする農民は村では決して尊敬されない。そうした人は自発的にか強いられてか、いずれにせよ、そこを立ち去ることになる。少なくとも一八世紀中葉から農村共同体は彼らの基準に照らして「堕落した分子」を軍隊やシベリアなど遠方へ送る権利をもつに至った、と述べるのである。(2) このような人間類型の存在が政治的絶対主義にとってこれ以上ないほど豊穣な社会的土壌を提供したというのが彼の議論の骨子なのであろうが、ここではその当否を議論しようとは思わない。ただ、ロシア農民がこのようなイメージでもって扱われていることをひとまず確認すればよい。しかし、このことは同時に部外者の多くにとり、今も昔も農村農民にたいする画一的な理解、つまり誤解を導く大きな要因ともなりうるだろうことは心得ておいたほうがよいと思われる。

いささか唐突ではあるが、ツルゲーネフは『処女地』で主人公ネジダーノフについてこう語っている。「パークリンらの親身の忠告を思い出して、ネジダーノフは農民たちと近しくすることにも努めた。しかし、彼は観察力の及ぶかぎり彼らを単に研究しているだけで、全く宣伝していないということに間もなく気づいた。彼はほとんどすべての人生を都会で過ごしてきたので、彼と農村のひととのあいだには雨溝か濠とでもいったものがあって、それを彼はどうしても飛び越えることができなかった」。(3) このようなロシア二重社会論は、すでに本書冒頭でも触れたように、古典的かつ典型的といってよいものであろう。作家は意識的に都市と農村のこの側面を強調している。

革命家フィグネルはサマーラ郡に保健婦として実際に入ったのだが、「正直のところ、私はこの農民の海のなかにあって自分が独りぼっちで、たよりなく、無力だということを感じた。それればかりか、どんなふうに民衆に近づけばいいのか私にはわからなかった。それまで私は農民たちのみじめな環境を何一つ近くで見たことがなかった」(4) と回想している。これは率直で正直な告白であろう。

かような関係論に立てば、相手は「我々にとって、どんな森にも劣らず鬱蒼として暗い(для нас глух и темен не хуже любого леса)」[5](『処女地』のもうひとりの主人公パークリンの言)わけなのだが、こうしたことは農村農民の側からも同様にいいえたことであったろう。これは、双方にとり相手は未知の存在であったというレベルの話である。

農民が記述的な表白を残すことは基本的に期待できない。ここではナロードニキと呼ばれた人たちにとって人民とはどのような存在であったのか、彼らの「証言」を裁判記録などから拾い上げて、考えてみたい。

① 最良の青年男女の会話には社会的要素がますます多く顔を出しはじめ……、このために学生インテリゲンツィアの力だけでは足りないということ、人民なしにインテリゲンツィアは無力だということ、それゆえに人民に影響力をおよぼすように努力する必要があること……、それなのに青年男女は人民にぼんやりとした観念しか持っていないことを意識した[6](『チャイコフスキー団サークル史概観、一八六九～一八七二年』、一八八〇年代の執筆?)。

② わが国の人民は、たやすく間違った道に引き込まれ得るほど無学だと言われている[7](ムイシキン上申書、一八七六年一一月一六日)。

③ アメリカには一切が人民によって選出された代表者たちの手の中にある。それは人民がわが国の人民よりははるかに教育があるからだ[8](ヤールツェフ[А. В. Ярцев]の供述、一八七三年一二月二〇日)。

意図的に「証言」を拾い上げていうつもりは毛頭ないが、ナロードニキの側は人民にたいして「ぼんやりとした観念しか持っていない」にもかかわらず、ロシアの人民が「無学である」ことだけははっきりと認識していたのは確かなようである。おそらく、さらに多数の事例を並べる努力を重ねてみたところで、ほとんど確実に同様な結論に達するであろう。

この種の思い込みや「常識」がもつ意味合いは慎重に吟味する必要があるが、そもそもこうした偏見はどこから発したのだろうか。公衆部分で歴史伝統的に積み上げられてきた人民蔑視の遺伝的とでもいいうる感情の存在がその基盤にあるのは確かであろうが、さらに、このことはこれまで触れてきた科学と文化偏重（あるいは尊重）の時代気象と無関係では到底ありえず、それが公衆にたいしてようやく人民と具体的実際的な関係を切り結ぶように促したときに起きた反応なのである。したがって、このように人民を無学な啓蒙の対象と見なしたことで、結果として彼らの運動（「ヴ・ナロード」）はこの思い込みの風潮をむしろ強化する役割を果たしたであろうことはまず指摘されなくてはならないであろう。

つぎの問題はこうした事態に直面して人民と関わることを自らの義務あるいは責務として立論したことに関わることである。関連して、同様にいくつかを引用したい。

④　学問によって練り上げられた社会体制の理想を人民に提起し、その理想を達成するための手段を指し示し、人民の諸勢力を結合し、統一すること――これこそ私たちの義務なのです。……人民の先頭に立っても彼らの中へ行くのであって、是が非でも自分の後ろに人民を引きずっていくのではない[9]（一八七四年、ロシアにおける革命的サークルのメンバーたちのラヴローフ宛書簡草案）。

⑤　われわれの任務は農民たちに彼らのみじめな、ほんとうの状態を明らかにしてやり、特権階級のいない、全体の平等のうちに生活がととのえられる可能性を彼らに教えてやることでした。……われわれの目的は、全人民が自分たちの権利というものを理解し、その思想を身につけることによって、直ちにその理想を実現するということ〔です〕[10]（一八七四年八月、ペテルブルグにおける「オレンブルク人サークル」の組織と活動に関するシチーゴレフ〔Л. М. Щиголев〕の供述）。

⑥　平和的なプロパガンディストの任務は人民の意識のなかに、より良き、最も公正な社会体制の理想を持ち込むということ、あるいはすでに人民の中に無意識的に根を張っている理想を彼らに理解させること、未来において同じ誤りがないように現体制の欠陥を彼らに教えることです[11]（一八七六年一一月、「五〇人裁判」起訴状、パルジナ［С. И. Бардина］の法廷弁論）。

ここでも多数を紹介する必要はあるまい。これらは「社会体制の理想」の存在に人民が目覚める手助けをすることを柔らかくいって、そのために積極的な主導権を決してとろうとはしないことを宣伝の基本路線として表明するものである。しかし、こうした設定で最も問題なのは、彼らがいわば外部から持ち込もうとする「社会体制の理想」認識が人民のそれと格段の無理もなく合致することが何の躊躇もなしに暗黙の前提とされている点であろう。④がいうような「学問によって練り上げられた社会体制の理想」がどうして⑥のような「すでに人民の中に無意識的に根を張っている理想」と無条件的に矛盾なく整合的でありうるのだろうか。前段①で触れたように、「人民にぼんやりとした観念しか持っていない」人たちがこうしたことを言い切ることにたいして、人はむしろ不誠実の感さえ抱きかねないであろう。このようにいうことが酷評に過ぎるのであれば、彼らの善意がもたらす思い込みは明らかに常軌を逸してやはり宗教的な信念の告白と化していると言い換えてもよいであろう。

「他の人たちのために役立つということ、人民のために生き、働くということ――これこそが私や私の最良の仲間たちが抱いていた唯一の思想です[12]」（ムイシキン上申書）といった弁明やサヴィンコフが最後の法廷で残したといわれるつぎのような発言――「私は大衆を知らず、民衆を知らず、農民も労働者も知らない。私は彼らを愛した。私は自分の生命を投げ出す覚悟はできたし、また投げ出してきた[13]」などは、したがって、ますます一方的で、その盲目的とも思われる献身性から宗教的な響きさえ帯びたであろうということである。サヴィンコフが右に続けていった、「しかし私は彼らの関心を、彼らの真の願望を知ることができただろうか？」という告白は熱狂から覚めてはじめていいうる、実に重たい表白であったと思われるのである。

宣伝と宣伝家

少数でしかない革命派が単独ではその事業を遂行しえず、より多数者の運動参加が必要であると判断した場合には自らの思想、意図、目標などを外部に(人民に)伝達し、革命事業への賛同者を増やすことが不可欠となろう。そうすることによって同調者を増大して目論見の実現を達しようと願うわけである。良く知られる通り、そのために口頭や文書などによって行われる方法には宣伝(пропаганда)と煽動(агитация)の二種類がある。ロシアのこの時期の革命家たちもこの問題に関わることになった。彼らが人民主義者(ナロードニキ)と称される所以のひとつはここにあるであろう。彼らは公的な制度的保障が存在しない環境で私的に人民の総意を確認することを自らの第一の使命としたのである。それは客観的に見れば、公的な制度化に至るための前史を創出することにあったといえるであろう。

これら二つの方法に関して、本格的な「ヴ・ナロード」の直前、一八七四年(春と推定される)に執筆された「革命的な宣伝と煽動」と題された文書(作成者は特定できない)を見ると、それらを「文書的な準備闘争(литературная подготовительная борьба)」と一括したうえで、前者、つまり宣伝は一般原則的な性格を有するとして、つぎのように述べている。「闘士――宣伝家、理論家は何よりもまず現存する秩序の一般経済的原理と最も近しい関係を有する諸事実、そこでそれらの一般原理が最も鋭く鮮明に表現される諸事実に自己の注意を止めなくてはならない」。その一方で、後者、つまり煽動についてはこう語る。「闘士――煽動家、実践家は逆に、とくに力を込めて次のような諸事実を重要視しなくてはならない。つまり、何よりも鋭く目を射るもの、社会のある階層がしばしば衝突しているもの、人々が最も辛く苦しんでいるもの、その外面的な粗削りや醜悪さで何よりも人々を驚かせているもの(14)」。このように、宣伝はいわば理論的準備を想定するものであり、煽動は(多くの場合は前者を前提にして)革命的実践への契機たらんとするものである。こうした理解はほぼ普遍的であったと考えられる。のちにも触れる一八七五年二月の「全ロシア社会革命組織規約」では、宣伝は革命事業にたいする考え方を明らかにするために役立ち、煽動は個人ないしサークルを鼓舞して積極的な革命的活動を惹起させる目的を有するとしている。(15)

しかし、このような宣伝と煽動をめぐる二分法はあくまでも便宜的なものであって、現実には区別不能な局面が多いだろうことは容易に想像できる。したがって、問題としたいのは両者のそのような静態的かつ理論的な関係論などではなく、革命派が練りに練って案出し執行するこれら企ての有効性の問題、つまりそれらの標的とされた人民との関係論である。ここでは時期的にもとくに宣伝をめぐって議論したい(煽動がロシアでその存在感を増すのは一九世紀末からであろう)。宣伝において社会的にいわば同質的な分子を相手にする場合とそうではない異質的な部分を対象とするときとでは自ずから対応は異ならざるをえないはずなのだが、著者は、従来、この実に単純な論点にたいする検討は意外なほどになされてこなかったのではないのかという素朴な印象を抱いている。学生が他の学生を仲間にしようと包摂する場合と学生が農村農民を工作しようとするのも共に同じ宣伝のカテゴリーで議論しようとすればできるのである。

さらに、この点、つまり、質的な異者間における宣伝という論点をより敷衍して考慮しなくてはならないのはつぎのような問題系である。アクセリロートはその回想で、「啓蒙＝宣伝」活動が「ロシア化(руссификация)」を意味することになるから、そうした用語は意識して使用しなかったと述べている。(16)ここまで考え抜いていた同時代人は明らかに例外的な存在でしかなかったと思われる。帝政ロシアにおけるロシアと非ロシアの問題は微妙な緊張を絶えずはらんでいたのであるが、この時期にいう「ロシア化」は史的文脈においては端的に「国民化」を意味したから(あるいはその別表現であると考えることができるから)、彼は「大改革」期の代表的な社会啓蒙運動としての「ヴ・ナロード」が内包していたブルジョア民主主義的性格をはっきりと気付いていたのである。

「ナロードニキ」の社会的相貌

「ヴ・ナロード」に関わって一四〇〇人の活動家が逮捕され、そのうち七七〇人が当局による取調べを受け、裁判の開始までに九三人が自殺したといわれる。なかでもとくに「危険」とみなされた一九七人が別途、裁判にかけられたのである。いわゆる「帝国における革命的宣伝」事件、通称、「大裁判」あるいは「一九三人裁判」である(数字が減ったのは四人が死亡したからである)。[17] これら「ヴ・ナロード」活動家を中心とする、一八七七年三月付けで提出された一八七〇年代の宣伝家に関する第三部の報告書があり、[18] 私たちはこれによってひとまず統計的に宣伝家の社会的相貌を確認することができる。この資料を紹介したシードロフは「ドルグーシン事件」を契機に宣伝が目立つようになったとする一八七三年から一八七七年までのほぼ三年半の間に宣伝行為に絡んで取調べを受けた一六一一人(男一三六七人、女二四四人)を運動への参加度合いに応じてつぎの四グループに分類している。①刑事罰相当五二五人(同様に四四五人、八〇人)、②証拠不十分で裁判の維持は困難だが、警察の監視下におく七九人、③積極的活動家ではないシンパだが、警察の監視下におく四五〇人、④証拠不十分で釈放された五五七人。[19] したがって、逮捕された者のうち何らかの罰則を被ったのは、全体の三分の一ほどであった。それとほぼ同数が無罪放免になっている。①の判明する四五一人について年齢分布をみると、三〇歳以上四二人、二五〜三〇歳九三人、二一〜二五歳一九九人、二一歳以下一一七人であって、若い二〇歳台前半以下に全体の七割が集中している。[20]

この時代、法的に完全な当事者能力があったのは二五歳以上であったから、宣伝家たちの若さが当局の追及を手続的にかわすのに力があったことは否めない。同様に彼らの身分的に分布をみると、貴族一四七人、聖職者九〇人、農民六五人、官吏の子弟五八人、町人五四人、商人・名誉市民一二人、雑階級人一四人、軍人一一人である。[21] 貴族と聖職者という近代ツァリーズムを維持すべき、まさしく基幹的身分が宣伝家の主要部分を構成した事実は確認されてよい。官吏の子弟などもこれら範疇に加えるべきであろうから、体制の核心部からその批判者が産出される構図はここでも認められるのである。雑階級人は少ないのであるが、このことを意外に感じるとすれば、それは身分制度の周縁にあった者たちに感情を移入して多分にその急進化を過大視するためであろう。一方で町人や商人・名誉市民といった都市住民層と農民からもかなりの参加があったことは注目される。これらのことは宣伝が貴族インテリの専売品ではなかったことを示すのである。また、この統計はユダヤ人二三人、カフカース人一〇人、外国人六人を記載し、この宣伝活動が狭く特殊ロシア的現象ではなく、広く帝国内外にまで及んだことを正確に伝えている。

この報告書は容疑者たちの学歴に関してとりわけ詳細に記している。刑事罰相当とされた五二五人のなかには「在学」一五二人、「中退」一一七人などがふくまれている。とくにその一五二人のうち一〇五人は男子高等教育施設、一一人が女子同施設、三六人がギムナジアおよび宗教セミナリアであって、この部分は大学などの高等教育関係である。その男子一〇五人のうち実に三七人がすでに何度か言及した外科医学アカデミーの学生であったから、その突出ぶりは実に顕著である。ついでピョートル農業アカデミー(Петровская Земледельческая Академия)が一四人、〔ペテルブルグ〕高等技術専門学校が九人である。帝国大学生はあわせて三五人で、その内訳はペテルブルグ一二人、ハリコフ九人、キエフ七人、モスクワ五人、カザンおよびオデッサ各一人とほぼ全国にわたっている。このほか、農業高等専門学校、獣医高等専門学校、ハリコフ獣医高等専門学校が各二人、鉱山高等専門学校、芸術アカデミー、ミハイロフ砲兵学校が各一人である。これら学生たちの大半は自然科学や医学を専攻している。繰り返すが、なかでも付設女子コースにも宣伝家が多かった外科医学アカデミーの存在は注目されるのである(その理由に関して、いまだ特別な研究はないであろう)。(22)

さらに、冒頭に掲げた①~③の計一〇五四人について、在学、中退、卒業の別を無視して、関わった教育歴統計に触れると、(23)「最高学府」三二一・五%、「中等学校」二〇・五%、「読み書きできる農民と町人(грамотные крестьяне и мещане)」一八%、「婦人学校」六%などとなっている。「最高学府」の実数は三四二人であるが、その内訳は外科医学アカデミー八〇人、〔ペテルブルグ〕高等技術専門学校四九人、ピョートル農業アカデミー四六人、ペテルブルグ帝国大学三九人とペテルブルグの諸学校が上位を占め、キエフ、ハリコフ、そしてモスクワの三帝国大学は二〇人程である。これらのことから宣伝家の主要部分はペテルブルグ所在の高等教育施設の学生であったことが判明するのである。

インテリゲンツィアの本格的な形成期の一八六〇年代に、大学生に若い貴族身分が増加したことに注意を喚起したのはコンフィーノであったが、その彼らが宣伝家となったのである。かつてアントーノフはソヴィエト史学界が総力をあげた労作である革命家略歴集成『ロシアにおける革命運動活動家(Деятели революционного движения в России)』のうち一八七〇年代部分について統計的な処理を試みたことがあったが、それによれば掲載された五六〇〇人余りの社会的構成は五〇%以上が学生であり、知的職業人を含めるとインテリは六〇%に上ったのである。そして、学生部分(一四一四人)だけを所属学校別に見ると、外科医学アカデミーが三六六人で全体の二五・九%を占めて他を圧して第一位であるから、右に見た宣伝家に関する分布状況は近代ロシアの革命家たちの大勢をよく反映しているとみてよいであろう。[24]

他方、労働者で宣伝活動に参加した度合いが強い都市はペテルブルグとオデッサであり、モスクワはこの点で後れをとった。[25] オデッサの場合はとくに鉄道関係者をさしており、右の「読み書きできる農民」の多くはやはりペテルブルグに居住した工場労働者であったと推定してよいであろう。この報告書から確かめられることは、宣伝家の主力を構成したのはペテルブルグの若いインテリゲンツィアであったが、決して無視できない部分として労働者たちも存在したということである。したがって、宣伝家論の文脈ではまずインテリが、ついで労働者が語られなくてはならないことになるであろう。

宗教性と科学性

おそらく、宣伝家について最も深い分析をした同時代人は自らもそれに従事した体験を有するクラフチンスキーであろう。しかも著者の見るところでは、彼の議論はのちの、とくに西欧の歴史家に多大な影響を及ぼしているのである。

クラフチンスキーは一八五一年七月にポルターヴァ県に軍医の息子として生まれたが、ペテルブルグのミハイロフ砲兵学校在学中にシシコーとともに非合法的な文庫を組織した。その後、一時、軍務に就いたり別の学校に入ったりしたが、一八七二年夏からチャイコフスキー団に加わって、宣伝活動に従事したのである。自ら『カペイカ物語(Сказка о копейке)』などの宣伝文書を執筆し、ニーゾフキンのサークルへ赴いて労働者に講義をし、さらに一八七三年夏にはトヴェーリ県に秘密印刷所を開設しただけでなく、同年一一月には早くもロガチョーフ(Д. М. Рогачев)とともに農村に入って農民の間で宣伝した、いわば代表的な宣伝家のひとりであった。(26) その著名な回想記『地下ロシア』のなかに、人民にたいする宣伝活動に関してつぎのような記述がある。少し長くなるが、引用したい。

このような運動は、後にも先にもなかった。プロパガンダというよりは、そこには何か天啓(откровение)が作用していたように思われた。初めの時期には、ある一人の人間が、どんな本、あるいは誰の影響から運動に加わっていたかを示すことができるが、のちにはそれは不可能になってしまう。それは、あたかも、どこから湧いてきたかわからぬある力強い叫び声が生ける魂をもつすべての人々に、祖国と人類を救済する偉大な事業へ〔参加を〕呼びかけながら、ロシア中を疾駆して行ったかのようであった。……この運動は政治的なものとは恐らくいえまい。むしろこの運動は、宗教運動の伝染性のようにいっさいを呑み込んでしまう性格を十分にもっていた点で、あたかも十字軍のようなものであった。かれらは、一定の実際的な目的を達成するためだけではなく、それとともに、各人の道徳的浄化をも強く願った。……〔一八〕七〇年代のプロパガンジストたちのタイプは、革命運動によってというよりは、むしろ宗教運動によって歴史の前面へ引き出された人間のタイプに属していた。社会主義とはかれらの信仰であり、人民とはかれらの神であった。(27)

宣伝活動を天啓と読み替え、その宗教運動的な性格を強調するこの議論はおそらくこの時期の「ヴ・ナロード」運動に特徴的であった全人格的で自己犠牲的な運動への関与を説明するのに適当とみなされたのであろう、その後、広く内外に伝播することになった。

アクセリロートはこのクラフチンスキーについてつぎのように述べたといわれる。

人民のために働こうとするものは、大学をやめ、断固として彼の特権的な条件や家族を放棄し、そして学問や芸術さえもあきらめなくてはならない。彼を社会の上流階級とむすびつけている一切のきずなを断ち切り、背水の陣をしかなければならない。要するに、どんな可能な避難所をもみずからすすんで捨てなければならない。革命の宣伝家は、単にイデオロギーの面だけでなく、日常の生活様式でも社会のどん底にいる人々と一体感をもつために、いわば、内面の本質をすっかり変えねばならない。(28)

したがって、ここでは革命理論の解析に終始するような議論は排されていて、むしろ宣伝という方法はそれを行う人にとってもそれを受ける人にとっても互いの人間性の本質に何らかの作用を及ぼすはずのものである(及ぼさなくてはならない)とする信念さえもが存在したことが主張されているのである。この点を端的に表現したのがフィグネルである。彼女はその回想記で専ら人民にそうした変身を行うべき位置を与えて、こう述べる。

宣伝派は、人民とは社会主義の文字をその上に書き連ねなければならない白紙だとみなした。彼らは自分たち自身の理解力の水準にまで知的・道徳的に大衆を引き上げ、自然発生的な運動あるいは組織によって準備された運動が起こった場合に社会主義の原理や理想の実現を完全に保障するような、少数の結束した自覚的分子を人民の間から作り出そうとした。[29]

ロシア思想史家ヴァリツキの場合、ロシア人民主義を後進国における民主的インテリの西欧社会主義へのリアクションと見なしたうえで、「ヴ・ナロード」を論じてそれを農民の社会主義的本能にたいするインテリ側のロマンチックな信念の表明であり、宣伝というよりは天啓であるという。この部分は先に見たクラフチンスキーの議論を下敷きに繰り返して新味は乏しいのだが、それよりもむしろ彼の議論で注目されるのは、それを革命の大義の観点からする「教育と科学の価値に対する論争」であるとするいまひとつの理解を示した点にあろう。[30] 教育と科学はロシアの社会変革にとりいかなる役割を果たすのであろうか。このわずかばかりの言及を手がかりにして、いま少し議論を深めようとするところに本書の目的のひとつがある。「ヴ・ナロード」の本質として考えられる、宗教的な側面ではなく、ここではもうひとつの側面にも焦点を当てたいのである。

ロシア革命史において急進派が宗教的信念を抜きにして宗教的熱情をもったとすれば、人民の宗教性にたいして彼らが差し替えようと仕向けたものが教育であり、科学であった。宗教性と科学ないし教育といった近代性とは急進派その人が絶えずバランスをとって勘案すべき二大項目であった。ニヒリストに教師が多かったことはよく知られる通りであり、教育の恩恵を信じることは彼らの綱領の一項に入っていたのである。[31] 逆にいえば、このように教育ないし科学にたいして格段の思い込みをなしうるところに彼らとそれを取り巻いた時代相の特徴のひとつがあった。この意味からしても、彼らは「科学と文化」の時代の申し子とでもいえる存在であった。その点で彼らは決して素朴な近代派などではなく、場合によってはその教育観や科学観は宗教的確信さえ帯びたはずであった。農村を離れてようやく都市へ赴いた農民＝労働者が彼らの第一の標的となった。そうした労働者自身も世俗と宗教の境界を彷徨いうる新たな都市環境のなかにあった。

長年にわたりロシア史における日曜学校の存在に気を掛けてきた労働史家ゼルニクは近年、日曜学校における世俗教育を具体的な問題として、とくにロシア技術協会系学校（同学校がとくにペテルブルグの労働者地区に多かったことは一五八〜一五九頁を見よ）をめぐり教育と宗教に関する企業家たちの価値観を扱い、宗教的リソースを動員することと世俗教育を実施することとは衝突せずにむしろ並列したと主張している。その結果、そこでは宗教的教材を使う読み書き教育や宗教的愛国心の涵養が施されたから、労働者はその協会学校で最も包括的な労働者教育を受けると同時に「組織された宗教」をも体験したというのが彼のとりあえずの結論なのである[32]。これは当時の「科学と文化」が、そうした意味合いで、宗教的な環境におかれていたことを示している。

さらに関連して、同時代の、自らもペテルブルグで労働者工作に携わるなどした革命家チホミーロフの回想は参考になるであろう。彼は当時を回顧して、それは「知識(знание)」や「科学(наука)」に名を借りて、社会主義や革命のイデアを執拗に宣伝する「文化的発達(культурное развитие)」の時代、あるいは「科学と革命とが同じものとして語られた幻想(иллюзия, что наука и революция говорят одно и то же)」の時代であったというのである[33]。

さて、『処女地』につぎのような表白がある――「まず最初に人民の言葉を習得し、その習慣や風俗を知ることが必要であるといわれている。しかし、そんなことは戯言だ、戯言だ、戯言だ！　君が話していることを信じることが必要なのだ。好きなように話せばよいのだ！[34]」。農民との対話に行き詰まった果てに吐き出された本心はある種の居直りを示している。一八七〇年代の革命家は一八四〇年代のニヒリストとはどういう関係に立つのか。前者は人民のために自己犠牲をともなったから、後者とは区別されるべきであるとするのがおそらく大方の理解であろう。モスクワで一八七〇年代に活動したヴィクトローヴァ＝ヴァリテル(С. А. Викторова-Вальтер)はわれわれの世界観においてはナロードの理想化(идеализация народа)が大きな位置を占めたと回想している。彼女は農村教師として人民のために働くことを生きがいとし、単なる知識の普及を企てるのではなく、さらに空虚な頭と心でもって人民に近づくことを悪として、運動における倫理性を大切にした人であった。[35] ヒングリーなどのように「ニヒリストあるいは革命家として記された者たちは、《ニヒリスト》という言葉は反感を、《革命家》という言葉は是認を表していたということを除いては、全く同じ人々であった[36]」として、両者は明確には区別されえないとするのもひとつであろう。しかし、ここでは人民との関係論をつぎのように重視したい。

ナロードの理想化と倫理性の重視は単なる闇雲な信仰告白ではありえず、それは科学的実証主義の装いと手続きを凝らしたものであった。チャイコフスキー団は青年が宗教や倫理を求めていることを正確に感知したのであり、そのためにわざわざ選び出したのがベルヴィ＝フレローフスキーであったことは知られる通りである。彼は団(そして青年)のための倫理学として『社会科学入門』を執筆し、さらに後年には「新しい宗教」と「友愛の宗教」のために『三つの政治体制』を刊行したのである。[37] 若者が革命的な倫理学を求めたのにたいして、ベルヴィ＝フレローフスキーは科学的な倫理学を差し向けたというのは当時の状況をよく見ない発言である。「ヴ・ナロード」を行おうとする際に、彼らは必ずその「必然性」を「論理的かつ科学的に」強く求めたことは無視しえない。これは「ヴ・ナロード」運動が「科学と文化」の時代の現象であったことの現れ方であった。『チャイコフスキー団小史』はこう述べる――

労働生産物の不平等な分配と労働の資本への奴隷的従属、政治的権利の不平等と人格の権力への奴隷的従属、道徳的規範の形式主義と狭隘さ、家族における不公正と不平等、宗教における虚偽、学問の独占とその売物的性格――こうしたことすべてが、ロシアにおいても、西欧においても、誠実な人間にとっては、あらゆる出生の特権を放棄して、公正と平等と自由を唱導するために人民のなかへ行くことのほかに出口はどこにもないという最終的結論を立証するための論拠の武器庫となしていたのである。[38]

ここでは「ヴ・ナロード」の必然性が近代的な社会科学用語を用いて十分に論証されようとしている。社会科学それ自体がある種の宗教であるという立場をとるのでなければ、ナロードニキはその意味で素朴なだけの「ナロード信仰」を宗教的な高みにまで押し上げた単純な過激派であったのではないといわなくてはならない。

従来の研究史ではこの運動は全体としてそのナイーヴさが強調される傾向にあったといえる。[39] このことは革命家の側についても、農民の側についても同様にいわれてきたであろう。ナロードニキについてはその異様なほどの精神的純粋さが指摘され、ムジークについては「わしはミール(共同体)と一心同体だ(Я не от мира проч)」という決まり文句が繰り返されてきたのである。その結果、この宣伝活動の不首尾を農民のせいにすることやそれが全く意味がなく無駄であったがゆえにその後に革命家たちはテロルへと走ることになったとするような解釈が行われもしたのであろう。

宣伝と都市労働者

「ヴ・ナロード」の目標地としてまずとくに沿ヴォルガ地方が選ばれたのにはそれなりの「合理的な理由」があってのことであった。その一帯にプガチョーフ反乱の伝統が生きていたからであろうと考えるのはとりわけて説得力があるわけではなく、むしろ革命派が当時、現地で進行していた飢饉に注目したことが重要なのである。それは現体制の欠陥を端的に示すことになるから、それを宣伝に活用しない手はないと考えたのである。そこではサマーラから始まって飢饉各地へと宣伝活動が展開されていったのである。[40] しかしながら、こうした「客観的」と思われる事柄が一定の説得力と共感とを同時代の革命的な青年たちだけでなく、後代の研究者にまで与えてしまったことが問題なのである。農民たちにとって飢饉は何年かに一度は必ず訪れる、予期しえ、ありうることであったのだから、彼らにとってそれは決して「体制の問題」などにはなりうべくもないのであった。

いかに宣伝家たちが村々を走り回ったことか、やはり『処女地』の作家はつぎのように若き宣伝家の「事例」を紹介している――「彼の言葉によると、最近一カ月間に一一の郡を駆けずり回って、九つの都市（город）と、二九の大村（село）と、五三の小村（деревня）と、一つのフートルと、三つの工場（завод）を訪ね、一六日の間は乾草小屋で夜を過ごし、一夜は馬小屋で、さらに一晩は牛小屋にさえ寝たことがある。……それから土小屋や労働者の宿舎へも潜り込んで、至る所で教えたり、導いたり、小冊子を撒いたり、その場で書きとめたり、最新の記憶法によって暗記したりして瞬く間に情報を集めた。長い手紙を一四通、短いのを二八通、そしてメモを一八通書きあげた。」[41] そうであるとすれば、これを読む人はこの宣伝家はむしろ各地をかけめぐって情報収集をする片手間に宣伝をした印象をもちかねないであろう。

あるいはヴォイナラーリスキーの場合、彼はサラートフを拠点として「製靴作業場」を開設し、そこには非合法文献、偽文書、偽旅券などを集積した。そして、ここを常住地（притон）として、「人民のなかへの探検旅行（экскурсия в народ）」に出かけたのである。[42] これはあたかも異次元世界への出発であった。

こうした「勤勉さ」は未知の世界に格段の期待と使命をもって分け入った人間にのみ固有な属性であるのかもしれない。「ヴ・ナロード」では相似した異様な興奮が各地でほぼひとしく観察されたのであるから、のちの人々はそれを「狂った夏」と呼ぶことに躊躇しなかったのであろう。しかしながら、元来、熱狂性は変革運動の戦術や戦略には決してなじまないはずのものであった。

ナロードニキはこの初期段階の運動における不首尾を総括して、今度は「定着型」を志向したが、問題の所在はそうした運動の形態論にではなく、それよりははるかに深い次元での人間関係論にあったはずなのである。農民にとってははじめて出会うインテリなどよりも仲間内とみなせる労働者のほうが何かと違和感が少なかったであろうと思われるし、すでに別に見たように、[43] とくに中央部ロシアの農村農民は出稼ぎなどで規則正しく都市などとの間を行き来していたから、ナロードニキがその存在に着目したのはむしろ当然のことであった。インテリ革命家自身が身なりだけでなく技能の面でも労働者に変身することも試みられたが、それだけでなく、労働者自身が宣伝に参加することが考えられたのである。その際、のちに触れるファブリーチヌイエのいわば「農民性」が着目されたであろう。あるいは都市に居住する労働者が農村へ移住することも考えられた。そこには労働者＝農民にたいするある種の思い入れがあり、彼らを媒体とすれば、農民を教育することができるであろうとする楽観的な（あるいは希望的な）見通しがあったはずである。

一八七三年一二月、ペテルブルグとトヴェーリ県で行った活動を踏まえて、ヤールツエフ（А. В. Ярцев）はつぎのような供述をしている。「革命家たちの一人ひとりが労働者たちの中から数名の人たちを選び、彼らに教えなければならず、彼らの間に現在の社会機構にたいする不満を強めてゆき、富の不均等配分、地主貴族たちや金持ちたちの搾取を指摘しなければなりませんでした。これら数名の人たちが次には他の人たちの間でこのような思想を展開しなければならず、住民の大多数がこのような思想を抱くようになり、その上に、たんなる個人的利害によってではなく導かれるほどに道徳的になるならば、革命は到来するにちがいない。[44]」この人がここで述べることは、そうした楽観論の典型である。

実際に、都市にあって学生らの宣伝工作を受けて急進化した労働者が仲間内に同調者を見出せずに、農村へ向かったこともあった。例えば、チャイコフスキー団にとって期待された労働者活動家であったクルイローフ（Г. Ф. Крылов）の場合、その勤務先のマリツェフ繊維工場では同僚労働者を組織できず、一八七三年の夏に工場を辞めて農村へ本の行商をする道を選び、彼はその年の暮れまでに故郷のトヴェーリ県に入って宣伝を始めたのである。[45]この場合のように、人間関係が保たれている農村へ入るのは考えつくことであったろう。もうひとり、オブノルスキーの場合、一八七三年の暮れにオデッサを出てほぼ一年後にペテルブルグへ戻ったのだが、その時はすでにチャイコフスキー団は解体してなく、首都滞在は何かと危険なので、かつての労働者仲間であるモナーコフ（П. Монаков）および学生レヴァショーフ（Левашов）とモナーコフの故郷アルハンゲリスク県へ行き、農村で宣伝をすることになったのである。[46]このケースでは都市を回避するために農村が選択されたのであるが、ここでも人間関係が一定の作用をしている。因みに、この学生はペテルブルグ大学を学生運動で退学処分となった人で一八七三年にチャイコフスキー団に接近した経験を有し、この時は強く人民にたいする宣伝に従事することを望み、そのために実際に農婦と結婚までしている。

正確にいえば、都市労働者は宣伝媒体として肯定的にのみ受け入れられていたのではない。クラフチンスキーのように、都市労働者が都市生活にスポイルされていて学生たちの話を聞かないことを嘆く向きもあった[47]。話をもう一歩進めれば、オルローフ(М. А. Орлов)のように、人民のなかに入る者はいるにはいたが、概してザヴォツキエ(これも労働者の一部をさす用語。のちに詳しく触れる)はファブリーチヌィエほどにはその呼びかけに乗ることはなかったという論者もいるのである[48]。この場合は、都市労働者の工作に行き詰まり都市では打つ手がなくなって、農村に向かわざるをえないといった消極的な動機付けも想定しうることになる。かつてのマッキンゼイの「ヴ・ナロード」論はこうした側面を強調する立場にあった[49]。

モスクワを主たる活動領域としたフロレーンコ(М. Ф. Фроленко)の場合、農民に近づくには都市労働者の手を借りたほうがうまく行くと考えて労働者を宣伝した。しかしながら、その労働者たちは読み書きを習得し社会問題に関心を示すのだが、どうしても自らが宣伝のために村に行くとはいわないので、彼自身が出かける覚悟をして指物の技を習うまでしたのである[50]。このケースは労働者にたいする革命家の思い入れが見事に裏切られたことを示している。モスクワでのことであるから、彼が相手をしたのは繊維労働者であった可能性が高い。つまり、その後とくにマルクス派の思想家や革命家によって意識的に低く扱われることになる一群のファブリーチヌイエと一括されてしまうことが多かった部分であるが、フロレーンコの体験は、可能性の問題として、これら労働者のなかにも自律した精神を保持する部分が出現しつつあったことを示していると見なくてはならないだろう。このように、「ヴ・ナロード」の局面だけに限ってみても、工場労働者は革命派によって都市と農村の境界(あるいはその間に)存在する主体として強く認識されていたのである。

「言語の時代」における言語コミュニケーション

宣伝の方法について、もう一歩立ち入ってみたい。『処女地』からの引用を続ける。

「すっかりまいった！」猛烈な口調でマルケーロフはいった。「どんなにあの連中（農民たちをさす）に分かるように説明してやったって、何ひとつ理解できないんだ。――そして命令も実行しやしない。……ロシア語さえ分からないんだ。――「地所（участок）」という言葉はよく知っている。しかし、「参加（участие）」となると、……参加って何ですか？　分からないんだよ！　だって、これだってロシア語じゃないか、くそったれ。僕が地所を彼らにやりたがってると思い込んでいるのだ！」[51]

これはナロードニキが繰り出した都市の「進んだ」語彙がはじめての試練に出会う場面である。まず、誤解があってはならないのは、ここで見られたような言語コミュニケーションの不成立はただ単に農民側の無教養（暗愚）を告発するために例示されたのではないことである。改めて付言するまでもなく、農民は生活するに必要十分な語彙を駆使して独自な渡世を何世代にもわたって実践してきたのだから、それに不必要な用語にたいして無関心、拒否反応、さらには理解不能を示すのはなかば当然のことであった。この点で、フィグネルは引用する価値がある。彼女はいう――「口に出して言うのも恥ずかしいことだが、私たちにとっては当然のことと思われ、常識的と呼ばれるにちがいないような生活が、農村においては突拍子もない、耐えがたい不協和音だったのだ」[52]。このフィグネルは、ほとんど確実に、両者の間に横たわる価値観あるいは人生観の相違にまで気付いている。彼女は事態を相対化する能力を備えた人であった。

しかし、「ヴ・ナロード」の失敗因を「被抑圧者の未発達と当方の側の社会的な無為性（шалопайство）」にひたすら求め、それらを克服するために農村に居住して、「強固な組織を作り上げ」なくてはならないといった「反省の弁」を聞くとき[53]、そして運動に熱心であった人ほどこうした発言をする傾向にあることに思い至るとき、その頑なな対応にやはりある種の思い込みと同時に虚しさを感じざるをえないのではないか。近代ロシアの革命派一般が展望しようとした「ブルジョア民主主義」はこの局面を突き抜けた先に想定された世界であるが、そこに至る道程にはかくも超えがたき「良心的な」偏見が横たわっていたと考えられるのである。

民衆の言語に通じていることは、民衆なしには何もできないはずのナロードニキにとり、自らの革命家としての資質を問われかねない試金石のひとつとなった。それゆえに、自らはロガチョーフとともに最も勤勉に「ヴ・ナロード」したにもかかわらず、クラフチンスキーはクレーメンツにその才を認めて彼を「宣伝家の華」と高く評価したのである。外科医学アカデミー五年生のときに「ヴ・ナロード」を試みようとして、アプテークマンは自分がユダヤ人であることからそれを躊躇したのだが、ロシア人が民族および宗教の関係においてとても寛容であること、そして何よりも自分が人民との会話に長けていることを励みとしてそれに踏み切った経緯があったのである[54]。

さて、仮にナロードニキが考える社会体制の理想が人民のそれと一致することがあったとして、つぎにくる問題はこうした言語問題をはじめとする両者の関係の実際的な結び方にあったであろう。農民たちは教育ある人間が好む服装を「ドイツ人の身なり」などと呼んで、そうした恰好の者にたいする不信感を顕わにしていたのだから[55]、内面にまで及ぶ深い付き合いをするには当初から格段の困難が予想されたのである。

ひとまず宣伝の方法として確認されていたのは、例えば、一八七五年一月付の全ロシア社会革命組織規約(Устав Всероссийской социально-революционной организации)が示すつぎのようなものであった。この組織はモスクワで形成されたものので、カフカース人サークルや女性サークル「フリッチ」のメンバーらが中心になっていた(「五〇人裁判」にかけられたのが彼らである)が、前年の「ヴ・ナロード」運動の苦い体験を受けて作成されたものであるから、その内容はそれなりの見直しをともなう確信を得たものと判断してよいであろう。そこで触れられた「宣伝にさいしての最重要な一連の方法」とは、①平易な会話をするように努める、②宣伝家が必要と認める小冊子を朗読する、③〔問題の〕喚起（возбуждение）を行う、④緩い団結（сплачивание）をはかる、⑤組織本体の外部に組織的なサークルを創出する、⑥組織はその構成員がつくるサークルに金庫、文庫を設立する義務を負わす、⑦労働者の間で生活する構成員は彼らが組織したサークルの集会が居住地で行われるよう努めることであった[56]。これらの方法は必ずしも同じレベルのものが整理されているわけではない。宣伝のための手段と目的が混在している。組織的にはサークルが重視されているが、ここでまず問題としたいのは、①や②に示された情報伝達方法についてである。

人民はリテラシイを欠くのが通例であったから、「口頭の宣伝だけを私は人民の間では好適なものと考えていました[57]」とペテルブルグでサマーラ人サークルの中心人物として宣伝活動に熱心に従事したゴロデツキー（Л. С. Городецкий）がいうのは頷けるであろう。「ヴ・ナロード」運動の全面的展開の前夜に用意された、一八七四年三月一五日の日付がある「革命家＝宣伝家は人民と何についてどのように語らなければならないか」と題した匿名の文書には、указать, сказать, говорить, рассказывать, передать など語ることを含意する動詞がふんだんに踊っている[58]。それはツァーリの無制限な専横をはじめとする今の苦しみが由来する根源を説き起こして、ロシア農民の意識の奥深くに密かに伝承される〔はずの〕抑圧者にたいする抵抗と革命的伝統へ思いを馳せらせることを目標としている。整理してみると、宣伝の方法に関してここで注目すべきはさしあたりつぎの三点であろう。つまり、①人民にたいして説明可能であると考えること、②人民の中にそうした「伝統（традиция）」があると見なすこと、③それ以上の働きかけを追求しないことである。

これら三点は有機的な結びつきがあるのだが、とくに出発点の①について触れると、改めていうまでもなく、宣伝にあたって言語が最も重視された。クラフチンスキーは回想記でこう述べている。「この〔農民暴動の〕接近を予見している人たちにとっては、運動に自覚的な要素を注ぎ込むことができるような要員（кадры）を養成する仕事だけが残されている。それゆえ、われわれの時代のスローガンは言葉（слово）である。プロパガンダ――インテリゲンツィアの間でのプロパガンダ、都市労働者の間でのプロパガンダ、軍隊での、そして、すでに自分たちの知識階級を持つようになってきた農民たちの間でのプロパガンダ、等々である。[59]」（傍点強調＝引用者）

しかしながら、宣伝家が「語り」、「話す」ことが農民側に正確に伝わるにはそこで使用される用語を双方が一致して正しく理解しなくてはならない。その際、言い回しや表現法も大切な要素であろう。都市で高等教育を受け、外国語も理解できる人間たちが駆使する言語は、教育とは無縁の農村でいわゆる「方言」の世界に生きてきた人たちが使う言語とは自ずから多くの面で相違した。ヴレシコーフスカヤ（E. Врешковская）は一八七三年の夏、一〇〇日ほどであったが、人民のなかで暮らした体験をもつが、それを回想して、「ただの人（простой народ）」がやる通りの生活をしようとしたが、人民の言葉は到底真似ることはできず、時折「なまりのない人民的な表現（чисто народные выражения）」を利用しただけであったという。[60]

繰り返すが、クラフチンスキーはクレーメンツが宣伝家として最も卓越していたのは彼が「民衆の言葉をクルイローフ〔一九世紀前半の寓話作家〕のように素晴らしくよく知っていた」[61]からだというのである。また、すでに引用した回想記においてチホミーロフはモスクワの労働者アルテリを訪問した際に、そこの労働者が大層冷静に応対したこと、そしてかつてネチャーエフ派学生の宣伝を受けた労働者が「余りにも立派な標準文章語で」（прекрасным литературным языком）話したことを印象的に語っている。[62]彼はこのアルテリ体験はすべてが「普通でなかった（необычно）」というから、通例ならばモスクワの労働者は農民と等しいほどに無学であるはずなのに、どうしてこのような立ち居振舞いができるのか不思議に思ったということであろう。つまり、通じるはずがない話が通じたことに驚いたのである。このことは彼がインテリ特有の人民にたいする偏見をもち、農民とは本来、通信不可能であると信じていたことをよく示している。フロレーンコもこう回想している。「農民が理解しうる言葉で私たちは話すことはできない。おそらく、農民は赤の他人（чжой）のいうことなどを信じはしないであろう。しかし、労働者は別だ。彼らは村では〔農民にとって〕身内（свой человек）

なのだから」[63]。このように、運動論のレベルにおいては、そこで使用される言語が決定的な位置を占めたということである。このことがロシア史上はじめて公衆によって認識されたのである。先のクラフチンスキーの語法を借用すれば、「科学と文化」の時代はこの意味で「言語の時代」でもあったのである。後代の研究者などはこの側面にもっと配慮があってよいと思われるのである。

確かに、この問題は長い間、近代ロシアのインテリゲンツィアを悩まし続けたのであった。例えば、イヴァーノフ＝ラズームニク(Иванов-Разумник)の場合、一九〇六年に『ロシアの富』誌に掲載した「農村は何を考えているか？」と題した論考で、一九〇五年革命ではインテリゲンツィアがナロードのために語ってきた理論的命題が点検された。ナロードは一九世紀ロシア・インテリの言葉で語ったか？　双方は通じ合わぬ言葉で語っているではないか？　と改めて問題提起したのであった[64]。もっとも彼の場合(も)、ナロードの「創造的精神の力」がインテリゲンツィアを乗り越えうると倫理的側面を重視することで、この難題の「解決」を夢想したのであったが……。

このように、ロシアの革命的なインテリゲンツィアは使用する言語にたいして敏感にならざるをえなかったといえる。しかし、後日、クラフチンスキーは「「ヴ・ナロード」の巡礼は言葉の威力(могущесть слова)の経験であり、その英雄主義は驚嘆すべきものであった。いまや、これとは反対の道――すなわち実行の道(путь дела)を体験すべきであった」[65]といわなくてはならなかった。つまり、彼が推奨するのは、言語を用いないで済む農民間の煽動、蜂起をめざす反乱や広場へと出るデモである。彼によって「言語の威力」は期待した果実を何ら生み出さないものとして、総括されたのであった。直接行動が求められた背景には、このような言語問題が伏在していたのである。感想的な言い方を許していただくなら、この実に荒っぽい断定はその仕方と結果とにおいて、ロシア・ソヴィエト史に深い傷を負わせることになったと思われる。

さて、早くも一八七三年夏の段階で「ヴ・ナロード」を試みたいわゆるドルグーシン団(Кружок Долгушинцев)は『ロシア人民へ(К русскому народу)』と『インテリの人たちへ(К интеллигентным людям)』と題したふたつの檄文を出したが、これらは用語法で著しい差異を見せたことで印象的であった。前者は「かなり平易な言葉で(довольно простым языком)」で書かれており、革命綱領的な性格の諸要求(オブローク・徴兵・旅券の廃止、土地の総割替、学校改革、政府にたいする人民統制)を列挙しているが、全体としてはほとんど宗教的で福音書的なトーンで貫かれていた。そうすることが人民により理解しやすいと判断されたからであろう。一方、後者は「現在の秩序が極めて非正常であることをよく理解しているインテリの人たちよ、私たちはあなた方に向かって人民の中へ行くことを呼びかける。より良い社会制度のために人民を抵抗へと駆り立てよ」というが、その語り口は決して福音書的な調子ではなく、あたかも切断用ダイヤモンドによって切り開かれたように鋭く明晰であった。[66] 彼らがこのように檄文の用語法を意識的に相違させたことは、右に見たような言語問題の所在に気付いていたからであろうと考えられるのである。

パールは一八七〇年代末から八〇年代初頭にかけてペテルブルグで展開された「労働者教育」を論じるなかで、労働者向きに当時発刊された二紙(『穀物[Зерно]』と『労働者新聞[Рабочая Газета]』ただし、これらは新聞といっても名ばかりで小冊子と考えたほうがよい代物である)によく掲載された会話調の文体を問題として(四〇歳ほどのベテラン労働者と同郷から上京したばかりの二〇歳ほどの若者の会話などが多く見られる事例である)、そこで使用された「煽動的な語り(агитационный рассказ)」といわれた文語形態に注目している。[67] ここでいわれる「煽動的な語り」とは人民向けの物語に親しんでいた労働者の言語であったから、いってみればインテリと農民との「中間地帯」に独特な言語世界が生まれつつあったことがうかがわれるのである。

(1) 金子幸彦『ロシア小説論』岩波書店、一九七五年。

(2) B. M. Mironov, Peasant Polular Culture and the Origins of Soviet Authoritarianism, in S. P. Frank and M. D.

Steinberg (eds), *op. cit.*, 66–68.

(3) И. С. Тургенев, Полное собрание сочинений и писем в двадцати восьми томах, Сочинения, т. 12, М.-Л., 1966, 99. なお、『処女地』からの引用に際して、湯浅芳子訳（岩波文庫、一九七四年）を参照した。

(4) ヴェーラ・フィグネル（田坂昂訳）『遥かなる革命　ロシア・ナロードニキの回想』批評社、一九八〇年、一一三頁。

(5) И. С. Тургенев, Указ. соч., 28.

(6) Революционное народничество 70-х годов XIX века, сборник документов и материалов в двух томах, т. 1, М., 1964, 208. 前掲『人民のなかへ　ロシア・ナロードニキ運動資料集I』、一六三頁。

(7) Там же, 191. 同上、一三七頁。

(8) Там же, 321. 同上、二三七頁。

(9) Там же, 173. 同上、一二〇～一二一頁。

(10) Там же, 252-253. 同上、一九一、一九三頁。

(11) Там же, 356. 同上、二五六頁。

(12) Там же, 184. 同上、一二九頁。

(13) サヴィンコフ（川崎浹訳）『テロリスト群像』現代思潮社、一九六七年、訳者解説四三三頁。

(14) Революционное народничество 70-х годов XIX века, т. 1, 135-136.

(15) Там же, 121-122.

(16) П. Аксельрод, Указ. соч., 54.

(17) Н. А. Троцкий, Процесс «193-х», в кн.: Общественное движение в пореформенной России, М., 1965, 316-318. チホミーロフはその回想で、ネチャーエフの陰謀が失敗に終わり、そのために青年の間で革命にたいする信頼感は著しく失われ、彼らの間には「巨大な精神的空白(огромная душевная пустота)」が生じていたのだから、「ヴ・ナロード」に二〇〇〇人もの青年が登場するなどとは考えてもみなかったとその「意外性」を率直に述べている(Воспоминания Льва Тихомирова, 38, 46, 52.)。この裁判は一八七七年一〇月一八日から翌年一月二三日まで行われた。一〇月二一、二二日に読み上げられた起訴状の内容に特徴的なのは宣伝の「企て」レベルの話に終始して、その実行性や結果についての言及に欠けることである。Б. Базилевский (ред.), Государственные преступления в России в XIX века, т. 3 (2-ая половина 1877 года), Paris, 1905, 4-267.

(18) Н. И. Сидров, Статистические сведения о пропагандистах 70-х годов в обработке 3 отделения, Каторга и Ссылка, 1928, №. 38, 27-56.

(19) Там же, 30.

(20) Там же, 31.

(21) Там же.

(22) Там же, 32-3.

(23) Там же, 42.

(24) В. С. Антонов, К вопросу о социальном составе и численности революционеров 70-х годов, в кн.: Общественное движение в пореформенной России, 338, 340.

(25) Н. И. Сидров, Указ. статья, 36.

(26) Деятели революционного движения в России, т. 2, вып. 1, М., 1929, стол. 671-674.

(27) Stepniak, *Underground Russia, Revolutionary Profiles and Sketches from Life*, with a Preface by Peter Lavroff, London, 1883, 25-26, 30 ; С. М. Степняк-Кравчинский, Собрание сочинений, часть 2, Подпольная Россия, Птг., 1917, 12-13, 15. ステプニャーク＝クラフチンスキー（佐野努訳）『地下ロシア』三一書房、一九七〇年、五〇〜五一、五四頁。

(28) Samuel H. Baron, *Plekhanov, The Father of Russian Marxism*, L., 1963, 15. サミュエル・H・バロン（白石治朗他訳）『プレハーノフ　ロシア・マルクス主義の父』恒文社、一九七八年、三七頁。

(29) フィグネル、前掲書、九八頁。

(30) A.Walicki, *A History of Russian Thought from the enlightenment to Marxism*, Stanford University Press, 1979, 227-228.

(31) ロナルド・ヒングリー『ニヒリヒト』みすず書房、一九七二年、八〜九頁。

(32) R. E. Zelnik, "To the Unaccustomed Eye"; Religion and Irreligion in the experience of St. Petersburg Workers

in the 1870s, *The Russian History*, v. 16, No. 2/4, 1989, 297-326. さらに、つぎを見よ。 R. E. Zelnik, *Labor and Society in Tsarist Russia : the Factory Workers of St. Petersburg, 1855-1870*, Stanford University Press, 1971.

(33) Воспоминания Льва Тихомирова, 51, 53.

(34) И. С. Тургенев, Указ. соч., 227.

(35) С. А. Виктрова-Вальтер, Из жизни революционной молодежи 2-й половине 1870-х годов, Каторга и Ссылка, 1924, No. 11, 67.

(36) ヒングリー、前掲書、六〇頁。

(37) В. В. Берви-Флеровский, Азбука социальных наук, СПб., 1871 ; Его же, Три политические системы, London, 1897.

(38) Революционное народничество 70-х годов XIX века, т. 1, 226. 前掲『人民のなかへ　ロシア・ナロードニキ運動資料集Ｉ』、一八二頁。

(39) D. Field, Peasants and propagandists in the Russian Movement to the People of 1874, *Journal of Modern History*, v. 59, Sep. 1987.

(40) Б. С. Итенберг, Движение революционного народничества, М., 1965, 307 ; В. Н. Гинев, Революционная деятельность народников 70-х годов среди крестьян и рабочих среднего поволжья, Исторические Записки, т. 74, 1969, 220-244.

(41) И. С. Тургенев, Указ. соч., 115.

(42) Старик[С. Ф. Ковалик], Движение семидесятых годов по Большому процессу(193-х), Былое, 1906, No. 12, 67.

(43) 高田和夫「近代ロシアの労働者と農民――モスクワ地方の労働力移動をめぐって――」『法政研究』(九大)五七巻一号、一九九〇年を見てほしい。

(44) Революционное народничество 70-х годов XIX века, т. 1, 324. 前掲『人民のなかへ　ロシア・ナロードニキ運動資料集Ｉ』、二四〇頁。

(45) P. S. McKinsey, From City Workers to Peasantry : The Beginning of the Russian Movement "To the People", *Slavic Review*, v. 38, No. 4(Dec. 1979), 641.

(46) В. Невский, Виктор П. Обнорский, в кн.: Историко-Революционный Сборник, т. 3, М.-Л., 1926, 19.

(47) P. S. McKinsey, *op. cit.*, 648.

(48) Г. Голосов, К биографии одного из основателей “Северо-Русского Рабочего Союза”, И А. Бачин и его драма, Каторга и Ссылка, 1924, № 6, 51.

(49) P. S. Mckinsey, *op. cit.*, 648.

(50) Б. С. Итенберг, Движение революционного народничества, 281.

(51) И. С. Тургенев, Указ. соч., 83.

(52) フィグネル、前掲書、一二三頁。

(53) Старик[С. Ф. Ковалик], Указ. статья., 71.

(54) О. В. Аптекман, Указ. соч., 142.

(55) ヒングリー、前掲書、六五頁。

(56) Революционное народничество 70-х годов XIX века, т. 1, 121. 前掲『人民のなかへ　ロシア・ナロードニキ運動資料集Ⅰ』、一一四～五頁。訳を変えている。

(57) Там же, 309. 同上、一三一九頁。

(58) Революционное народничество 70-х годов XIX века, т. 1, 132-133.

(59) 前掲『人民のなかへ　ロシア・ナロードニキ運動資料集Ⅰ』、二七九頁。

(60) Е. Врешковская, Воспоминания пропагандистки (Из № 7, 8/9, Община, за 1878 г.), Былое (London edition) 1903, № 4, 31.

(61) Там же, 82.

(62) Воспоминания Льва Тихомирова, 66-67.

(63) М. Фроленко, Записки семидесятника, М., 1927, 43-44.

(64) 松原広志『ロシア・インテリゲンツィア史』ミネルヴァ書房、一九八九年、五二頁以下。

(65) Stepniak, *op. cit.*, 33 ; С. М. Степняк-Кравчинский, Указ. соч., 16. ステプニャーク＝クラフチンスキー、前掲書、五七頁。

(66) А. А. Кункуль, Кружок долгушинцев, М., 1927, 16-19 ; О. В. Аптекман, Указ. соч., 96-100.

(67) D. L. Pearl, Educating Workers For Revolution, *The Russian History*, v. 15, № 2/4, 276.

第三章　近代ロシアにおける都市の風景

1　ペテルブルグという都市空間

「約束の地」

本書の大きな課題のひとつは、この「科学と文化」の時代にロシアに本格的に登場した工場労働者のなかでインテリと区別することがむずかしいほどの知的能力を備えた部分が発生したことの意味合いを歴史的に理解することにある。そのための準備的な考察はこれまで幾分か行ったが、以下では工場労働者が主体的な活動を見せたペテルブルグという街の様相にこだわることから始めてみたい。ペテルブルグという都市空間こそが、進歩的と称されることが多かったザヴォッキエと呼称されることになる一群の労働者たちをはじめて生み出しえたと考えられるからである。そうした空間がなければ、かくも固有な社会集団がロシアにおいて生み出されることはなかったであろうとさえ思われる。本章では全国的な雰囲気をめぐる話からさらに一歩この街に立ち入ることにしよう。

ペテルブルグという都市空間が極めて人為的に創出されたことはよく知られる通りである。その背後に秘められたピョートル一世の意図についてこれまで歴史家によって多大な紙幅が割かれてきたこともその通りである。比喩的にいえば、ペテルブルグはロシアにあってヨーロッパを体現しようとした空間であった。なかば当然のことに、それはモスクワを中心とした真のロシアにとり必ずしも歓迎される存在ではなかった。これはペテルブルグのいわば宿命であった。つまり、地理的だけでなく、文化的にもこの街はロシア帝国の周縁ないしは辺境にまずは位置したのである。ペテルブルグがロシアの行政的中心であるとすれば、モスクワはその魂であるとか、さらにはそれぞれがロシア帝国とロシアの首都、あるいは権力のメトロポリスと情緒的伝統のメトロポリスなどと対比的に扱われることが多い。ペテルブルグをめぐるそうした数々の言説のなかで、市民的精神(いわば civic spirit)はペテルブルグがモスクワより旺盛で、そこではパブリック・イニシアチヴと市民的自由が顕著である、[1]といった主張に本書の著者はより多くの関心を抱くものである。

この都市空間がロシアの大地に向けて放出する一連の価値体系は、したがって、帝国各地で自動的に受容される自明な性格を有していたわけでは必ずしもない。ペテルブルグを窓口として西欧から移入されようとした数多くの文化情報はこの街に居住するインテリたちと出会って、まず取捨選択され、さらに解釈され直し、新しいイデオロギーとなってロシア社会に伝播されようとしたのである。明らかに、この過程で生じたことは外部からの異文化導入であり、それはロシア的に独自な仕方で行われ、さらに、その結果として複数のヴァリアントをともなうことになった。そのために死活的な闘争過程に突入した集団や個人の事例は枚挙にいとまないほどである。本書での議論は、この都市空間が単にヨーロッパとの親近性ないし親和性を有したことを強調するのではなく(それは単純化されすぎて、歴史的な検証に耐えない仮説であろう)、つまり、そのようにして繰り返されるヨーロッパ固有の歴史性の強靭さを一方的に指摘するのではなく、むしろその特殊ロシア的様相を析出するところにあるといってよい。[2]

確かに、帝国のなかにあってこの街には新規性を生み出す素地があったように思われる。周囲を森と湖水に取り囲まれたペテルブルグにはドイツ人やフィン人など多くの外国人たちがいて、国際色豊かな場所であった。現に、この都市空間に広大な解放感をもたらしながら、大きくゆったりと貫流する河川ネヴァの名称はフィン語で沼沢地を意味したのである。一八八一年市センサスによれば、住民は多い順にロシア人八三％、ドイツ人五・七％、ポーランド人二・五％、フィン人二％などである。少し下った一八九〇年では、言語別でロシア語八七・一％、ドイツ語四・六％、ポーランド語二・三％、フィン語一・八％、イディッシュ語一・〇％などであり、宗教別では正教八四・七％、プロテスタント九・〇％、カトリック三・八％、ユダヤ教一・六％などである。[3] 大雑把に見て、市人口の一五％が非ロシアであったと見なしてよいであろう。

こうした多民族性はこの都市における住人生活の多様性に対応するものであった。つまり、ペテルブルグは知的な能力と豊かな経験を求められる職業分野が多くあって、そこでは非ロシア人の比率がにわかに高まり、民族的に混淆された性格が顕著であった。医師、技師、教師あるいは官僚などでは非ロシア人ないしは外国人の比率が高く、なかでも医師、技師においてはロシア人は少数派にすらなる傾向があった。[4] このことは、金属工のような熟練を要する職種の労働者についてもいえた。彼らは少なくとも相対的にはより国際的あるいは民際的な環境にあったといえ、知見を広くする機会に相対的に恵まれていた。例えば、つぎのような記述に出会うことは珍しくないのである。――シャポワロフが見習で入った鉄道工場の職場にはいろいろの国の人がいた。生粋のロシア人までが朝、工場にくると、ドイツ語で「〔グーテン・〕モルゲン」といった。そこでは、ドイツ人やフィン人は飲むには飲んだが、ロシア人ほどではなく、彼らは西欧風の服装をして読み書きができ文化程度が高かったから、ロシア人たちを馬鹿にしていた。ロシア人は機械を製作できない、ここのものはみな外国製ではないかといった。[5]

さらに注目すべきことにペテルブルグは帝国の隅々から人を引きつける魅力を備えていた。多くの人にとり、ペテルブルグという街は「約束の地（земля обетованная）」であり、その名を聞くたびに、何故か心が躍るのであった。ゲールツェン（А. И. Герцен）は回想記にこう書いている。「彼〔スタンケーヴィチ〈Н. В. Станкевич〉をさす〕はペテルブルグに行きたいと思ったこともあるだろう。そこにはある種の活動が沸き立っていて、劇場とヨーロッパへの近さとが彼をそこへ招いたのである。(6)」

また、社会評論家シェルグーノフは、一九世紀後半のペテルブルグを回顧してつぎのように述べている。

ペテルブルグはすでに以前からその顕著な独自性を発揮して、思考したり学んだりしたい者を引きつけたのである。そうしたことは早くもベリンスキーの時代に始まり、彼はモスクワからペテルブルグへとやってきたのであった。しかし、特にそうしたペテルブルグの引きつける力が強くなったのはゼヴァストーポリ〔クリミア戦争をさす〕の後からである。今は元気のあるあらゆる人がペテルブルグに引き寄せられている。……実際のところ、当時のペテルブルグ以上に、学んだり、さらによく思考し、感じたり、試みたりすることができる場所はないのである。そうであるから、ペテルブルグへ引きつけられた者がロシアの様々な端から、つまり、サラートフから、ニジニ〔・ノヴゴロド〕から、トゥーラから、コストロマーから、シベリヤからやってくるのだ。そして、ペテルブルグはその著名な社会評論家、批評家、教授、学者を生み出すのである。(7)

代表的なナロードニキとされることが多い、すでに引用したフロレーンコの場合、一八四八年にカフカースのスタヴローポリに生まれたのだが、一八七〇年に当地のギムナジアを終えた際の進路選択で何よりも優先したことはとにもかくにもペテルブルグへ出ることであった。そこは大学、学問、教授、文学などにおいて他に比類なき存在であり、何よりも街自体が輝いて見えたのである。彼はペテルブルグに出れば、「真の知識」を獲得できると思ったと回想している。まさしく時代は知識に飢えていたのであり、それに最も対応しうる街がペテルブルグであった。もっとも、上京したフロレーンコが入学した軍事学校や高等技術専門学校の授業は全く彼の関心を引くところとはならず、その欲求は学外において開催された「文学の夕べ」や非合法的な文庫に出入りする日々を過ごし、検閲済み書籍の普及活動に精を出すことによって満たされたのであった。彼にとり「真の知識」の在り処は書籍にあったのであり、彼は活字による知識の伝播に何の疑いも差し挟むことはなかったであろう。[8]また、ある一般的な労働者(といってもこの人は一八八〇年代に「人民の意志」派労働者組織で活動した人であるが)は「ただ首都で暮らしたかった」がために一八七〇年代初頭に上京したのである。彼はそこでパンを食べられれば良かったというのである。[9]

ペテルブルグの吸引力

こうした吸引力がどの辺りから発しているかを正確に観察することは歴史家にとり至難の業であるが、この都市空間のあり方を考える際に、この論点はとりわけ重要であろう。おそらくそれは幾層にも歴史的に積み重ねられた諸条件によって自ずからもたらされたものに相違ないであろうが、それでも時代、時代で主たる作用を企てるものは変化したと考えるのが比較的に妥当なところであろう。むろんのことに、本書はその時代相を「科学と文化」によって規定し直してみようとする試論である。

「大改革」期、帝政ロシアは生産諸力の再編成の面でもやはりそれに特徴的な新しい近代工業(鉄鋼・機械など)の設置が進んだのであり、それにともない社会的諸関係は一定の変更を被ることになった。この点で明解な色調をこの国で随一に呈したのがペテルブルグであったと見てよいであろうが、ここではその重工業経済史の諸相に逐一、触れるまでもない。むしろ、ここではそうした一大変化がこの都市に歴史的に備わったいわば進取の気性によるところが大であったことに着目すればよいのである。例えば、日曜や祭日ともなれば、仕事に疲れて顔色が悪く到底豊かな様子には見えない者たち、つまり、重労働の店員や仕立て屋、あるいは安い賃金の事務員たちがこの街を代表する目抜き通りであるネフスキー大通りを冷やかして散歩し、流行のショー・ウインドーにしばし慰められ、贅沢な気分に浸ったりすることに[10]もそれが現れていたと見ることができるのである。この街はロシアにあって最も当世風な(西欧的な)生活がなされた中心なのであった。本書の用語でいえば、「科学と文化」の時代相をこの国で最も体現しえた都市がペテルブルグであった。

こうした雰囲気が醸し出されるためには、ペテルブルグの側にもその線にそって自己変革に努める必要があった。例えば、この時代、一八五五年、ペテルブルグ大学に全国唯一の東洋語学部が創設され、一八六一～九五年の間に同市だけで六〇種以上の新しい技術雑誌が創刊されたことなどからもうかがわれるように[11]、ここは明らかに文化的に新境地を拓き、その最先端を行こうとした。また、生産活動面では特徴的なことに、多くの西欧系外国人が工業化に直接、参加した。一八六六年の時点で、彼らは市内の工場の四分の一近くを所有していた。彼らのなかには、綿工業家クヌープ(Кноп)のように、ドイツ系で英語を話すロシア人であるようなコスモポリタン的人間が多い。ペテルブルグが彼らを通して受け入れた西欧流の経営と科学技術革新とが、ロシア帝国の工業化にたいして大きな影響を与えたのである[12]。一八七〇年にペテルブルグで開催された、「第一回全ロシア工業博覧会」と「第一回全ロシア祖国産業に関心ある工業家らの大会」に結集した工業家や専門家たちはロシア近代社会史に登場した新しい主体であった[13]。

農奴解放を契機にようやくして、ロシアで遂行され始めた近代化への歩みは多方面に及ぶ作用をともなったが、本書はその発現の様相を労働者の世界に求めて観察しようとする試みでもある。したがって、直接、対象とする局面は自ずから限定されるが、ここで取り上げるいくつかの論点はロシア近代のあり方全般を考察する際に重要な位置を占めるはずである。労働者と革命的なインテリとの関係論は非常な広がりを有するテーマであるが、ここでは何よりもまず、ペテルブルグ市であったからこそザヴォツキエとして括られることになった一群の労働主体が登場してくる環境がありえたことを示すことから始めてみたいと思う。

（1） H. W. Williams, *Russia of the Russians*, London, 1915, 389-390.

(2) ペテルブルグ市史研究において「文化空間(культурное пространство)」論はかなりの伝統がある。例えば、つぎを参照。П. Н. Столпянский, Петербург, Как возник, основался и рос Санкт-Петербург, СПб., 1995(これは一九一八年初版の再版である)。それは「ペテルブルグ文化」現象の解明をめざすものであるが、本書の問題関心とは微妙にずれているように思える。この論点は別に議論したい。

(3) Энциклопедический Словарь, т. XXVII, СПб., 1899, 311.

(4) Н. В. Юхнева, Этнический состав и этносоциальная структура населения Петербурга, Л., 1984, 24, 53.

(5) シャポワロフ(高山洋吉訳)『マルクス主義への道——ロシアの革命的一労働者の手記』恒文社、一九六五年、二七～三一頁。

(6) ゲルツェン(金子幸彦・長縄光男訳)『過去と思索1』筑摩書房、一九九八年、五一四頁。もっとも、ゲールツェンは「ペテルブルグかぶれ」には批判的であった。「制服と一様性は専制主義の情熱である。流行がペテルブルグほど尊敬をもって守られているところはない。これはわれわれの教養の未完成を証明するものだ」(同五二七頁)。

(7) Н. Шелгунов, Очерки русской жизни, М., 1895, 551.

(8) М. Ф. Фроленко, Записки семидесятника, М., 1927, 28, 30, 32, 41.

(9) Из рабочего движении за Невской заставой в 70-х и 80-х годах, из воспоминании старого рабочего, Женева, 1900, 3.

(10) H. W. Williams, *op. cit.*, 418.

(11) Очерки истории Ленинграда, т. 2, Л., 1955, 744, 776.

(12) J. H. Bater, *St. Petersburg, Industrialization and Change*, London, 1976, 114.

(13) R. E. Zelnik, *Labor and Society in Tsarist Russia, The Factory Workers of St. Petersburg 1855–1870*, Stanford University Press, 1971, 300.

2 都市の風景

二つの「近代」

まず、新しい主体の登場舞台となった「労働者地区」の市中における特徴的な所在に注目したい。そのために都市の全景を一瞥する必要があるだろう。ペテルブルグという街は何よりも水と一体である。ネヴァ川は、モスクワ川とは相違して、幅広く水量も多く、その河岸に立って風景を眺める者の心持ちを開放するほどである。しかし、それは同時に規則的に氾濫して(一七二一年から一八九九年の間に記録に残るほどのものは一三四回ある)[1]、不衛生な都市環境を生み出す厄介物でもあった。時期的に見て、本書の注目に値するのは一八六五年のチフス流行と一八七一年から翌年にかけてのコレラ流行である。後者はペテルブルグ市だけでも六〇〇〇人を超える死者を出し、それはロシア史上、最初のヨーロッパ的ストといわれることが多い、ペテルブルグ近郊、クレンゴリム綿紡績工場争議を引き起こす背景事情にもなった。[2]

もうひとつの水路は市中心部を縦横に走る都合三系統からなる運河であり、なかでもマリインスカヤ運河は沿ヴォルガ地方とつながって物流上重要であった。この都市が消費する物資はこれら二大水路(ネヴァ川と運河)のほか鉄路によって市外から搬入された。外部世界と結んだ鉄道路線は、一八三七年開設のツァールスコエ・セロー線、同じく五一年のニコラエフスカヤ線、五二年のワルシャワ線であったが、とくに、ロシア中央部と結ぶニコラエフスカヤ線は食糧輸送に大切な役割を果たした。さらに一八七〇年に開通したフィンランド鉄道は市周縁部のヴィボルグ区にフィン人やスウェーデン人を専ら労働力として運び入れたのである。[3]とくに、フィン人は民族的な習慣も持ち込んだから、ペテルブルグ全市で彼らは目立つ存在となった。[4]この国の鉄道建設の第一のブーム(一八六八～七八年)はヨーロッパ=ロシア部を商業的なネットワークでつなぎ、農村を工業製品にたいして開くことになった。[5]全体を見ると、この街に入る貨物輸送の六割が水路、四割が鉄道を経由するものであり、[6]ようやくこの「科学と文化」の時代に新たに鉄道を本格的に加えることでペテルブルグにおける近代的な輸送体系は整えられたのである。

ペテルブルグ都心部の風景を特徴づけたもうひとつの要素は、何よりも建造物が木ではなしに鉄細工の美しさで構成されたことであり、一八世紀初頭の創建当初からの都市計画が改訂されつつも放棄されずにあったことである。エレガントな宮殿、壮麗な劇場、厳かな正教会、立派な博物館などは帝国としての格式を示すほどに念入りにつくり上げられ、公園と庭園、大通りといった都市空間を仕切る道具立てはますます洗練されようとした。一七六二年につくられた「サンクト・ペテルブルグとモスクワの石造り建築委員会」が首都核心部の建設を厳しく統制してきた。[7]ペテルブルグでは一八四四年以来、冬宮の高さ(一一サージェン、つまり二三メートル余り)以上の建築が禁じられたことが、[8]この街にある種の重厚感さえ醸し出す作用を果たし、ネフスキー大通りに代表される幅広く力強く直線的に伸びる街路は近代的な計画性を見事に象徴したのである。一九世紀前半までに、市中心部のカザン広場(後出)を含む五つの広場のアンサンブルは規模と調和性とによってこの国の建築史上最も注目されるひとつとなった。[9]

しかしながら、近代化は必然的にこの都市に建造物を増やし、一八七〇年から一九〇〇年にかけて四〇〇〇増えて全体で二万四〇〇〇棟になった。[10]一九世紀後半にはペテルブルグにおける建設は役所や宮殿関係といった従来型のものから近代的な都市機能に資するための商工施設、公共施設、さらには市民住宅へと重点を移したので、街の相貌は変わり始めた。都心で賃貸アパート(доходный дом)の建設が盛んになり、周縁部ではより安価な住宅建設がなされるようになった。[11]アパートは普通つぎの三つの形態があった。つまり、複数の部屋から成り立つもの(квартира 以下、アパートとする)、一部屋だけのもの(комната 同様に部屋とする)、そして部屋の一部を借用するもの(угловая комната あるいは койка 隅部屋とする)である。アパート数は、建物の高層化も力があって、八万七七七九戸から一五万四八八二戸へと増加したが、一アパート当たりの住人数は一八六九年の七・〇人が一九〇〇年には七・四人にむしろ増加した。しかもこの間、家主は施設を改善しないでその賃貸料を上昇させたから、[12] 住環境は悪化の一途を辿ったのである。
ペテルブルグに公衆浴場が登場したのは一八七〇年代初めであったが、その数は少なく、それを見かねた特別市長トレーポフ(Ф. Т. Трепов)はわざわざ首都における浴場業の調査と整備に関わる委員会を立ち上げ、急増する都市下層民たちの健康の維持に気を掛けた。ようやく一八七九年七月にこの街に公衆浴場を開設することは義務であるとする決定が下されたが、慢性的な不足状態は続いたのであった。[13] このようなエピソードからもうかがえるように、この時代には、旧来の整えられた歴史的建造物に加えて、質量共に多様化する住民構成に対応するように、実に多様な機能と外観をともなう「近代的な」建物が出現したのである。ペテルブルグという都市が近代化するとはそういうことであった。そして、いわば、その代表格のひとつが工場であった。それらは基本的には街の風景のなかに渾然一体として溶け込んでしまうはずであったが、ベースとなる歴史伝統的な都市空間は当然のことに中心部に限られていたのだから、その周辺にはそうした「近代性」のみが突出する場所も現れたのである。いってみれば、全体としては「古く由緒ある」近代と「新しく粗野な」近代ともいいうる二つの近代が衝突しつつ共存する局面が登場したということである。

この街が整然とした区画で仕切られたのはその人為的な都市建設の成果であったが、とくにエカテリーナ二世は一〇からなる行政警察区分である区(часть)制度を導入して、それに完璧を期そうとした。区はさらにいくつかの街区(квартал あるいは участок)でもって区分された。一八六五年には行政警察区が改称されただけなく、その数が増えた。都心部のアドミラルテイスカヤ区が分割され、アドミラルテイスカヤ、カザンスカヤ、スパースカヤ、コローメンスカヤの四区になり、さらにカレトナヤ区はアレクサンドル＝ネフスカヤに改称された。[14] 一九世紀後半、都市生活は旧アドミラルテイスカヤ区を中心としてヴァシーリエフスキー島の東部およびネヴァ川左岸(オブヴォドヌイ運河とリゴフスカヤ通りまで)に集中する傾向を見せ、そこに全市民の過半(五〇数%)が居住した。[15] 一八八〇年五月にはレスノイ、ポリューストロフ、シリッセリブルグ、ペテルゴフといった郊外部分がペテルブルグ市に編入された。[16] ここで吸収されたのは都市中心部（ツェントル）に比して明らかに粗野で洗練されてはいなかったが、これこそが近代化と工業化がこの街に持ち込んだ部分であった。

こうして、この町は行政的文化的商業的機能を備えた中心的な地帯と「手工業的かつ商業的な」地帯の二つに大きく分けられることになった。さらに、生活水準からみれば、「設備が整って快適かつ洗練された」中心があって、それを「商工地帯」が取り巻き、さらにその外側に「周縁部分」（これは「労働者の場末」でもある）があるといった、少なくとも三層（重）社会をイメージすることが可能になったのである。ここで依拠することが多い資料集『医務警察の視点から見たペテルブルグ市』の序言を一九世紀末に執筆した、ペテルブルグ首都警察主席医務官エレメーノフ（И. Еленов）はつぎのように市経営の問題点を整理した。通りと広場の土壌の汚れ、川と運河の水質の汚れ、合理的な下水道設備の未整備、人口過密と住宅問題、下層階級にたいする給食不備、塵芥排出手段の不十分さ、子供病院の不足。[17]これら諸点は本書が対象とする「科学と文化」の時代に出揃ったのであり、なおかつそれらが未解決のまま据えおかれたということである。これらは近代化にともなうこの街の影の部分でもあった。

地区イメージの形成

都市の風景は、したがって、区により異なる様相を見せることになった。さらに、すでに触れたように真の都心部はともかくとして、都心に近い区でも少し細かく観察すれば、その内部にかなりの変化を見出せるようになった。例えば、アレクサンドル＝ネフスカヤ区では第一街区には三階から五階建ての石造りの建物が多く、第二街区は古びた石造りの一、二階建てがほとんどであり、さらにステクリャンヌイ工場周辺のように、古びて全く衛生的な配慮に欠ける木造建てばかりが目立つところというように建築物に少なくとも三つのカテゴリーを見ることができたのである。[18]この区の住人の稼業を粗く分類すると、第一街区ではようやく半数が何らかの「稼業をしていた」（ここでこのように訳す промысло-

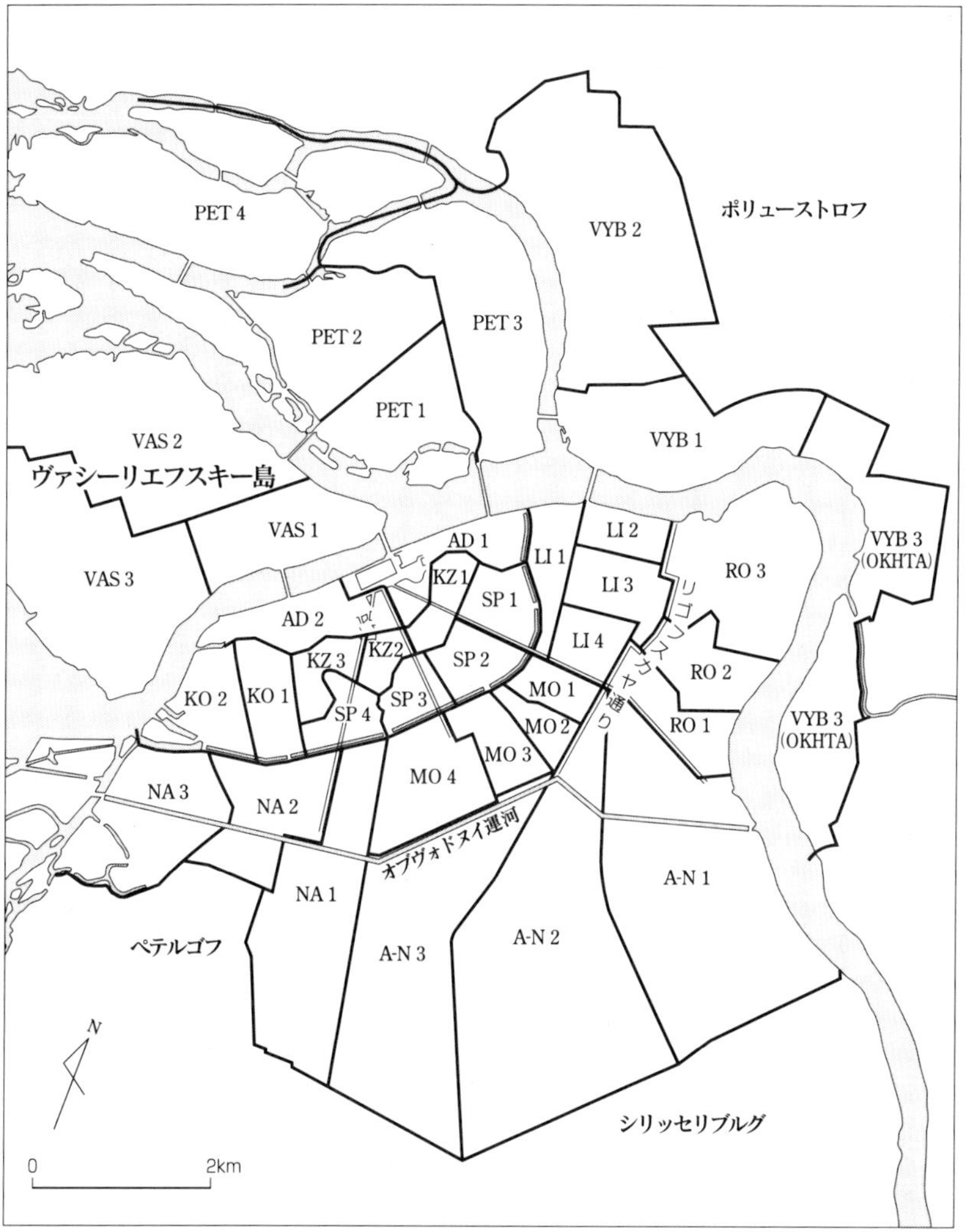

ペテルブルグ区分図（1869年）

区名略語：AD＝アドミラルテイスカヤ，KZ＝カザンスカヤ，SP＝スパースカヤ，KO＝コローメンスカヤ，NA＝ナールヴスカヤ，MO＝モスクワ，A-N＝アレルサンドル＝ネフスカヤ，RO＝ロジェストヴェンスカヤ，LI＝リテイナヤ，VAS＝ヴァシーリエフスカヤ，PET＝ペテルブルグ，VYB＝ヴィボルグ。

区名略語の次の数字は街区を示す。例えば，A-N1はアレクサンドル＝ネフスカヤ区第1街区。

出典：J. H. Bater, *St. Petersburug, Industrialization and Change*, London, 1976, 470. 加工している。

ВЫЙ は本来は農民の副業を示す用語であることに注意されたい)だけであったが、第二と第三街区ではそれは八割を占めたことからも容易に想像できるように、肉体労働住民が多くいるところでは背の低い木造建て(あるいは石造り)が多かったのである。こうしたことは中心部から遠く離れネヴァ川を挟んだ対岸のヴィボルグ区においてはさらに顕著であった。そこは圧倒的に木造家屋が多く、率にして建造物の八五%以上とほとんどを占めた。これにたいして、「鉄細工を施された」中心部は基本的に石造りであり、木造は二五%以下で、所によってはほとんどなかったのである[19](一八六九年現在)。

このように、建造物からうかがわれるこうした都市の風景の異同は、そこに住まう住民の社会的相貌の相違によって裏付けられたものであった。ナールヴスカヤ区ではとくに第三街区が他の二街区と大変に異なる様相を呈した。そこには二六もの工場が所在し、なかでも労働者四〇〇〇人を擁するゴム工場があった。そのうえ、夏季に港湾作業が開始されると労働者は二〇〇〇人から三〇〇〇人も増えたのである。工場労働者の一部は工場付設の宿舎に入っていたが、その大半は労働者だけが入る住居(例えば、スタロ＝ペテルゴフスキー大通りの第一四番館だけでも一〇〇もの隅部屋があった)に居住していた。この第三街区にはエカテリンゴフスキー公園があって、そこはとくに祝日に労働人民が野外遊楽(グリャーニエ гулянье 後出)をするお気に入りの場所であった[20]。

あるいは、スパースカヤ区第三街区も同区のほかの三つの街区とは異なり、営業活動に携わる住民で目立った。ここでいう営業とは金属加工、皮革、繊維、木工、食品、被服、印刷、商業、運輸、居酒屋などをさすのである。同街区の貧しく密集した非衛生的な環境にはクスターリ小営業者と日雇い下層労働者が多い。彼らは日給一五から二〇カペイカで、到底まともな生活はできない。靴屋、帽子屋、仕立て屋、毛皮職人などは、渡りをする鳥のように、春に故郷の村に戻り、秋になると首都へ出てくることを繰り返している。その逆に、早春にやってきて晩秋に戻るのが、石工、ペチカ据付修理工、大工、野菜づくり、土工などである。夏季に働く労働者の流入は二月末から始まり四月末まで続き、九月から一一月初めまでの間に戻っていく。他の労働者の一群は同じ期間に首都から農村へと逆の動きをする。こうした移動する労働者のほかに、街区に恒常的に住んでいる一群のクスターリがいる。彼らはようやく暮らしを立てており、しかも大半は酒びたりだ。このようにして、医務警察の用語を借用すれば、「流浪するプロレタリアート(бродячий пролетариат)」が生み出されている。この部分は道徳的に最低なまでに荒廃しており、自分の家族、家、村を捨て、街の通りで物乞いをしたり盗みを働いたりしている。とくにそうしたことをする連中の巣窟はザバイカルスキー大通りの第四号館で、それはヴャーゼムスキエ・カデトゥイ Вяземские кадеты の名で知られている。[21]

ここにわずかに紹介したことからだけでも明瞭なのは近代化や工業化が都市の風景を劇的に変容させる力量を備えていたことである。ここではペテルブルグの街を生み出したいわば「古典的な」近代がより現代的なそれによってあたかも駆逐されようとするプロセスを見出すことができる。あるいは「洗練された」近代に強引に「粗野な」部分が割り込んでいる光景を目にすることができるのである。これは複数の思考や生活様式が隣接し重層化する環境を生む。

一八六九年のセンサスでは市内に一万九四三二のアパートを数えたが、特徴的なことにそれらの多くはおおよそ九万二〇〇〇の部屋に分割されていた。全市平均で、一つのアパートに二七・七人が生活していた。この点で最悪であったのはセンナヤ広場の周辺であり、そこでは二四七人が入っていた。[22]こうした地点は市内に何箇所かあり、とくに「悪名高きスパースカヤ区第三街区」では一平方キロメートル当たり、七万二〇〇〇人が文字通りに蝟集しており、それに続くのが約一万人ほど少ない「カザンスカヤ区第二街区」であった。[23]これらにおける住環境は想像を絶するものであった。

ペテルブルグの住宅事情は全般的に厳しく、新参者はことのほかに苦労を強いられ、とくに彼らが多く集まる場所は貧民窟でさえあった。したがって、近代化と工業化の深化がこの街に貧困を招来する力があったことは多くの人の目に明示的に映ったはずであった。住民一〇〇〇人当たりの死亡率は市の周縁部にいくほど明らかに上昇する傾向にあった。一八七〇年の時点で市周縁部は倍近い高率で、その最大値は五五~五九・九であり、この水準は他と比べて格段に高い。

市全体の死亡率は一〇〇〇人当たりで一八七〇年の三三が一八九〇年には二六と下がる傾向にあったのである。出生率は、二九のまま変化なしである。つまり、周縁部にいくほどに生存のための環境は悪化していたといわなくてはならない。(24)

ペテルブルグでは公共交通手段の整備は遅れがちであった。馬車鉄道はようやく、一八六〇年代初頭からネフスキー＝サドーヴァヤ＝ヴァシーリエフスキー島馬車鉄道会社により建設された。しかし、夏季には、農民である乗り手は農村へ戻ってしまったから、運行本数はその間四割も減少した。路面電車が導入されたのは一九〇五年革命後の一九〇七年からである。モスクワ地方のように、工場主側が労働者宿舎を用意することはペテルブルグでは例外的なことであった。労働者の圧倒的部分は自らが探し当てた住宅に住んでいた。仕事場と住宅との往復に時間と何よりも金がかかることを嫌って、彼らはいわば職住近接を心がけたから、労働者たちが公共交通手段を利用することはもとより少なかったのである。平均すると一般労働者の毎日の移動距離は一〇〇〇メートル以下であったと推計されている。この職場＝住居関係は都市化と工業化によっても基本的に変わることはなかった。(25)

全体としてペテルブルグ労働者の都市内部での移動性（モビリティ）は大変限られていたのである。したがって、大袈裟にいえば、工場が相対的に少ない都心部に労働者が姿を現すだけで十分にひとつの話題となりえたのである。逆に、「労働者地区」に相応しくない装いの人物が出没することも同様の効果を周囲に及ぼしたはずであった。都心から離れた周縁部に工場の多くが所在したのであり、労働者と工場とは近い位置関係にあったのであるから、ある地名を聞けば、特定のイメージが思い浮かぶほどのことはあったであろうと想像されるのである。

（1）　Энциклопедический Словарь, т. XXVII, 300.

（2）　R. E. Zelnik, *Law and Disorder on the Narova River —— The Kreenholm Strike of 1872*, University of

California Press, 1995, 16, 48.

(3) Н. В. Юхнева, Указ. соч., 126.

(4) Н. В. Клейгельс(сост.), Город С.-Петербург с точки зрении медицинской полиции, СПб., 1897, 710.(以下、この資料集は Город С.-Петербург と略記する)

(5) T. S. Fedor, *Patterns of Urban Growth in the Russian Empire during the Nineteenth Century*, University of Chicago Press, 1975, 82ff.

(6) Очерки истории Ленинграда, 127.

(7) П. Я. Кан, Казанская Площадь, Л., 1988, 20.

(8) Очерки истории Ленинграда, 797.

(9) I. A. Egorov, *The Architectual Planning of St. Petersburug*, Ohio University Press, 1969, 85.

(10) J. H. Bater, *op. cit*., 324.

(11) 畠山禎「近代ロシアにおける都市化と建設業」『社会経済史学』六四巻五号、一九九八年、八八頁。

(12) J. H. Bater, *op. cit*., 327-328.

(13) Город С.-Петербург, 235.

(14) Очерки истории Ленинграда, 812.

(15) Н. В. Юхнева, Указ. соч., 108.

(16) Очерки истории Ленинграда, 8.

(17) Город С.-Петербург, iii.

(18) Там же, 544-545.

(19) J. H. Bater, *op. cit*., 156.

(20) Город С.-Петербург, 435.

(21) Там же, 273-274.

(22) R. E. Zelnik, *Labor and Society in Tsarist Russia*, 242.

(23) J. H. Bater, *op. cit.*, 166, 321.
(24) J. B. Bater, Modernization and Public Health in St. Petersburg, 1890-1914, *Forschungen zur osteuropaischen Geschichte*, 37(1984), 357-359.
(25) J. H. Bater, The Journey to work in St. Petersburg 1860-1914, *Journal of Transport History*, 1974, No. 4, 214-233.

3 都市の労働住民

「ペテルブルグ行き」=「出来る」農民

ペテルブルグはロシア帝国を近代的に経営するためにつくられた首都であり、そのために貴族をはじめとした諸身分人士が配置され、一九世紀末のセンサスでは数少ない「サービス・文化」型の都市として整理区分されたことはすでに本書の導入部で触れた通りである。しかし、ここでもほかの都市と同様に、経営のための基礎的労働力は内部からだけでなく、外部からも調達することを常とした。

まず、ペテルブルグ市住民の身分別構成を一瞥すると、表1の通りであった。

この表を一八六九年で見ると、貴族(世襲と一代)一四・二%、町人一八・五%、農民三一・〇%、軍人一八・四%がペテルブルグ住民の四大身分であったことが判明する。ここで最大数の農民身分は、農業ではなく基本的には工業あるいは商業を担当した部分と見なして基本的に誤りはない(近代ロシアでは労働者という身分は存在しない)。

農奴解放以前からペテルブルグは主に非黒土地帯のヤロスラヴリ、トヴェーリ、コストロマーの三県から多数の出稼ぎを受け入れていた。つまり、農民たちはモスクワより相対的に遠いこの街に引きつけられたのであるが、そうなるには旧来からの交易関係や地主および農村共同体の意思などが作用したであろう。なかには、ペテルブルグへ出ることに憧れを抱いていた者もあったであろう。近代ロシア社会では、普通、ペテルブルグへの出稼ぎは「ペテルブルグ行き（питерщики）」などと呼ばれ、しかも重要なことに、この言葉が出稼ぎ一般をさす用語としても流通していたのである。(1) これはすでに触れた、この街が有した人を引きつける力のうち基幹的なひとつであったと見てよい。

これら三県のうちトヴェーリ県は農業に適さない気候や土壌であったが、ペテルブルグと黒海とを結ぶ水運で好位置にあり中継地として物流に活路を見出していた。その一方で、クスターリ工業などの非農業的な職種は未発達で、農民たちは未熟練のまま、何の予備的な技能もなしに出稼ぎに出ることが多かったのである。これにたいして、ヤロスラブリ県の場合、一八七〇年代初めで国内旅券発行件数はノヴゴロド県につぎ全国第二位を誇り、それは同県農民数の一四%に相当するほどの出稼ぎ県であった。同県農民の出稼ぎ先は工場労働のほか、なかでも居酒屋稼業（трактирщики）が盛んで、ペテルブルグ（およびモスクワ）ではそれはみな、ヤロスラヴリ出身者であるといわれたほどであった（もっとも、一八九四年、政府による酒専売制の導入は彼らに大きなダメージを与え、その多くが帰村を強いられた。居酒屋についてはのちに詳しく触れる）。さらにはポシェホンスキー郡は仕立て屋稼業で有名であったように、県内各地は出稼ぎで地域的な特化まで見せていた。(2)

一九世紀後半になると各県からの出稼ぎが首都で特定職種に集中するパターンが確立するが、トヴェーリ県からの出稼ぎ農民たちの場合は手に職がないからなかなかそうはいかず、その動きは組織的ではなかった。しかしながら、おそらく彼らが出稼ぎ先の

表1　ペテルブルグ市住民の身分構成（人・%）

身　分	1865年		1869年	
世襲貴族	40,543	7.5	54,398	8.2
一代貴族	39,484	7.2	40,186	6.0
聖職者	5,258	0.9	6,113	0.9
名誉市民	7,702	1.4	6,990	1.0
商人	21,336	4.0	22,333	3.3
町人	97,198	18.0	123,267	18.5
職人	17,535	3.3	17,678	2.6
農民	145,370	27.0	207,002	31.0
軍人	83,970	15.5	123,126	18.4
外国人	15,948	3.0	21,335	3.2
フィン人	9,530	1.8	17,205	2.6
雑階級人	19,887	3.7	17,771	2.7
その他	35,641	6.6	9,798	1.6

出典：J. M. Bater, *St. Petersburg, Industrialization and Change*, London, 1976, 194.

表2　出身県別農民身分の識字率（1869年）

出身県	農民数	識字者数	識字率%
ヤロスラヴリ	45,180	16,056	35.5
トヴェーリ	34,402	21,133	61.4
ペテルブルグ	27,012	18,983	70.3
ノヴゴロド	18,254	13,388	73.3
コストロマー	12,530	5,960	47.6
プスコフ	8,168	6,164	75.5
リャザン	7,361	4,209	57.2
モスクワ	6,925	3,106	44.9
スモレンスク	6,314	4,254	67.4
ヴィテブスク	5,476	4,124	75.3

出典：R. E. Zelnik, *Labor and Society in Tsarist Russia, The Factory Workers of St. Petersburg 1855-1870*, Stanford University Press, 1971, 237.

ペテルブルグで有利な職にありつこうとして、識字能力をつけようと努めたことは表2からうかがわれるのである。この表によれば、一七万人余りの農民身分のうち、実に過半数(五六・七%)の九万七〇〇〇人ほどが読み書きできたことになる。容易に想像しうるように、識字者の割合は都市に高く、農村に低いこと、性別では男子が高く、女子が低いことは帝政ロシアについてもいえたのであり、九歳から四九歳の識字率について、かなり時代が下った一八九八年の時点で全国平均を見ると、都市部で五七・〇%(男子六六・一%、女子四五・七%)、農村部で二三・六%(三五・五%、一二・五%)、全国で二八・四%(四〇・三%、一六・六%)という数字があるくらいだから(3)、これらと比べてみても、ペテルブルグ在住者の識字率が高かったことが分かるのである。

トヴェーリ県出身者は平均を上回り、ヤロスラヴリ県出身者はむしろそれを下回っている。ペテルブルグでは識字能力なき者はわずかに「カペイカ分だけ飲む」ような惨めな生活を強いられることが多かったといわれる。つまり、都市生活は人々に識字を求める機会が多いのである。やがてトヴェーリ県はヤロスラヴリ県を抜いてペテルブルグへの出稼ぎ最大供給県になるのだが、農業は人口を養えないほどにわずかな生産力しかなく、しかも地元に職がなく諸税の納入が滞れば、彼らは出稼ぎに励むほかなかったであろう。いくら地理的に都合のよい位置にいたとしても、鉄道や蒸気船といった新しい輸送手段の導入を前にして農民たちは打つ手もなしにご用済みになった役畜を売却するほかなかったのである。こうした部分が出稼ぎを単なる「パートタイム」ではなく、むしろ本業とする予備軍となるであろう(4)。トヴェーリ県の場合とは対照的に何らかの技能を備えることが多かったヤロスラヴリ県の出稼ぎ人は識字能力を前面に押し出すまでもなかったとも思われるが、それでも彼らの識字率は県内に残る小営業従事者のそれよりも一・五倍から二倍は高かったのである。(5) 結局のところ、ペテルブルグはそれなりに「出来る」農民を全国各地から集めていたことになるのである。これは近代化にともない生じる社会的な変容のなかで特筆すべき事柄のひとつであろう。革命派が識字農民を歓迎したことはのちに見る通りである。

ペテルブルグでは一八四〇年代、市人口四五万のうち実に三分の一にあたる一五万人がオブローク(年貢)支払いのための出稼ぎ農民であった。(6) 彼らの到着が同市の死亡率を高める作用までともなうほど、流入の規模は大きかったのである。一八六〇年代、天候が出稼ぎ農民に与える影響は深刻であり、とくに夏期の過剰な死が公衆の間でたえず話題となった。一八九〇年センサスで市内生まれ(коренное население)と市外生まれ(пришлое население)の比率は一対二であったから、一九世紀末の時点でも、この町には外部から流入した「よそ者」が生粋のペテルブルグっ子の倍もいたのだし、その大半を占めたであろう農民身分は、一八六九年三一%、一八八一年四一・九%、一八九〇年五〇・三%、そして一八九七年五七・六%とその割合を絶えず増大させ、世紀末には過半を占めるに至ったのである。(7)

市人口の特徴的構成

農村と都市との間で観察された農民たちの大量移動は年間を通して一定のリズムをもって規則正しく繰り返された。彼らは流入したままになるのではなく、流出(帰村)もしたのである。一九世紀後半になると、ペテルブルグでは、夏季と冬季で市人口にはおよそ二〇万人の差が生じた。ある具体例をいえば、一八八八年六月一五日時点で七二万七〇〇〇人を数えた人口は同年一二月一五日には九〇万二〇〇〇人になり、一八八九年七月一五日の七一万九〇〇〇人は同年一二月一五日には九二万四〇〇〇人になり、一八九〇年七月一五日には七三万一〇〇〇人になったのである。時間の経過

表3　ペテルブルグ市の人口推移

年	総　数	男子%	女子%
1858	496,656	64.2	35.8
1862	532,297	60.5	39.5
1869	667,207	56.7	43.3
1881	861,303	54.6	45.4
1890	954.400	53.8	46.2

出典：Очерки истории Ленинграда, т. 2, Л., 1955, 173. 少し加工している。

とともに、市の総人口は増えるが、移住してくる者も増加し、その割合は変わらない。

このように、季節的移動(いわゆる seasonal exodus)が保たれる限り、都市化が進展する一方で、農村の習慣や価値観はこの都会から消え去ることはなかったと見ておくのがよい。一九一〇年になっても、この街の実に一二万五〇〇〇人が農作業に出ていたのである。(8) もちろん、業種によって、出稼ぎの季節性は変わった。建設業労働者は、大方の出稼ぎとは逆に、夏季にペテルブルグに来たからその数は冬季の約七割増になった。畠山禎によれば、一八八八年六月で、夏季流入就業者は約四万人でその半分が建設業関連であった。(9) このように、工業化にともなう社会変動のダイナミズムは季節的な住民移動をいくらかは和らげる作用を及ぼしたであろうが、全体としては社会的習慣や経済的な必要性は伝統的な移動リズムを基本的に維持したと考えられるのである。

ペテルブルグ市人口の増加は、一九世紀中頃までの一〇〇年間を平均して年四〇〇〇人以下の水準であったが、一八五〇〜七〇年には二倍以上になり、さらに一八七〇年代の経済成長期には加速され、一八八〇年代不況期に少し伸びは鈍化した。それでも一万五〇〇〇人水準である。こうした人口増は基本的に自然増ではなく、流入による増加に起因していた。しかも、一八八〇年代初めになって死亡率が急落を見せた。これは公衆衛生観念の発達や労働人民の物質的生活条件が改善されたことに拠ることが多いとされるから(10)(すでに見た公衆浴場の開設問題などもこれに関わる事項であろう)、時期的に見て遅くともこの辺りまでにペテルブルグ公衆一般が同市における「社会問題」や「労働問題」の発生を認知するようになったと推測されるのである。

ここでペテルブルグ市人口を一覧する表3を掲げよう。これは男女比を示していることにも注目されたい。この表から明瞭に観察できるのは歴然とした性差であるが、傾向的には徐々にその差は狭まっている。一九一〇年代になって、女子が四八％を占めてようやくほぼ半々になるのである。しかし、そうした趨勢があったとしても、働き手の年代だけを取り出せば、性差は相変わらず遥かに大きかったことにも同時に着目しなくてはならない。つまり、女子を一〇〇としたとき、一八六九年、一八八一年、一八九〇年の順で、男子は一〇〜二〇歳では一六五・〇、一五二・〇、一五二・三、二〇〜四〇歳は一五二・二、一三九・一、一三四・〇とそれぞれ推移した。(11) 四〇歳で切っているのは、当時の労働可能年齢がそのあたりまでであり、労働住民の大半は「一〇〜四〇歳カテゴリー」に落ち着いたからである。市中に流入したのは、二〇歳台から四〇歳台の男子が主体であり、しかも彼らの相当部分は工場がある市周縁部に集中した。ペテルブルグでは都心部から離れるほど住民に占める男子の比率が上昇する傾向があった。一八六九年現在、とくにヴィボルグ区は男子比率が最上位の六五から七〇％を示したのであるから、(12) この一角に足を踏み入れた者は明らかに別の場所にきた印象を抱いたはずである。

さらに、この街には既婚者が一貫して少なかったことにも注目する必要がある。男子の場合、既婚率は一八六三年で一九・二％であったが、一九〇〇年の時点でも二一％とほとんど変わりがない。(13) 国際的に見ても、この街は結婚数が少なかったのである。『ブロックガウス・エフロン百科事典』はわざわざヨーロッパの主要都市と比較する表を掲載しているほどであるが、(14) 一八八一〜八五年、住民一〇〇〇人当たりの婚姻数は、ロンドン八・八、パリ九・三、ウィーン八・七、ベルリン一〇・四であり、ペテルブルグは六・八とはるかに小さい数である。このことは、すでに見てきたような出稼ぎ＝農村との関係の維持が強固であったこと無関係ではない。この街は、こうした意味からも、都市と農村との相互作用を観察するのに適した場所なのであった。そこでは都市と農村がせめぎ合うような関係にあったのである。

（1）　高田和夫、前掲論文「近代ロシアの労働者と農民」、七七頁。
（2）　К. Воробьев, Отхожие промыслы крестьянского населения Ярославской губернии, Ярославль, 1903, 3, 5.

(3) Большая Советская Энциклопедия, М., 1972, т. 7, 245.
(4) E. G. Economakis, Patterns of Migration and Settlement in Prerevolutionary St. Petersburg : Peasants from Iaroslavl and Tver Provinces, *The Russian Review*, v. 56 (Jan. 1997), 8-24.
(5) К. Воробьев, Указ. соч., 24.
(6) J. H. Bater, *St. Petersburg, Industrialization and Change*, 65.
(7) Энциклопедический Словарь, т. XXVII, 307.
(8) J. H. Bater, *Urban Industrialization in the Provincial Towns of Late Imperial Russia*, University of Pittsburgh, 1986, 24-26.
(9) 畠山禎、前掲論文「近代ロシアにおける都市化と建設業」、八六、九四頁。
(10) J. H. Bater, *St. Petersburg, Industrialization and Change*, 309.
(11) Энциклопедический Словарь, т. XXVII, 306.
(12) J. H. Bater, *op. cit.*, 166.
(13) Очерки истории Ленинграда, 178.
(14) Энциклопедический Словарь, т. XXVII, 313.

4　都市の時間

「教育啓蒙都市」ペテルブルグ

ロシアにあってこの「科学と文化」の時代に人々の時間の使い方は農村と都市は際立つような相違を見せるようになった。いや、正確には、都市と農村では時間の流れ方が異なっていたはずなのだが、都市において近代化と工業化が強く作用して、この時代になって自由な時間を実体験する(可能性がある)人が飛躍的に増加したのである。[1] このことはロシア社会における余暇の発生として捉えることもできようが、それだけでなくペテルブルグ市民たちが積極的に何かに働きかけて主体的に時間を過ごすことが多くなったことに着目したい。この街ではこの時代に時間がそうした意味で選択的で複合的な性格を帯びるための装置を準備しえたと考えられるのである。そのいくつかの局面をつぎに見よう。まずは教育啓蒙に関してである。

全国的に見て、ペテルブルグ市は教育に熱心であったといえよう。一八七四年現在の同市における教育施設と生徒学生数はつぎのようであった。初等教育は全四六四施設(学校)で、男子一万五三四人、女子一万一八八人を数え、生徒数で男女差がなかった。中等教育は男子が三二施設七五〇一人、女子三八施設八〇一一人で、むしろ女子学生が数的に優勢であった。ペテルブルグ大学には歴史文献学部九八人、物理数学部四一二人、法学部五九四人、東洋語学部四六人と合計一一五〇人の学生が在籍していたが、さらに自由聴講生が七三人いた。このほか、高等教育施設には、正教会、教員養成、医学、軍事などの特別教育施設があったが、そのわずかな事例に触れれば、同じ一八七四年に、外科医学アカデミーが一三五五人、高等技術専門学校が六九八人(ただし、七二年は一一三五人)、さらに帝室芸術アカデミーが三五七人といったところであった。[2] 印象的なことをいえば、帝国随一を誇った高等教育は当然のこととしても、女子教育が盛んであることに象徴された教育熱がペテルブルグに独自な雰囲気をつくるのに貢献していたと思われるのである。

少し時代は下るが、一八九〇年になされた、五歳以上のペテルブルグ市民を対象とした識字率調べにしたがえば、男子七四%、女子五四%、全体平均六五%が読み書きができた。やはり同年の就学調査によれば、一五歳以上一〇〇〇人につき、初等学校修了が男子二三四人、女子一五三人であり、家庭教育だけの者が同様に一三一人、一四一人である。これとは別に(おそらくいかなる教育も受ける機会がなく独学で)「読み書きのみ」という選択肢があり、それも同様に二五三人、一二五人いる。したがって、男子で六〇〇人余り、女子で四〇〇人余りが、つまり、一五歳以上のペテルブルグ市民全体の半数余りが、いずれにせよ初歩的な言語運用能力をそなえていたと思われるのである。

これら二つの調査およびすでに取り上げた一七万人農民身分識字調査(一五〇頁を参照)などから、ペテルブルグでは大人になれば読み書きは少しはできるはずだとする社会通念が一九世紀後半期には成立していたであろうと推測されるのである。その通りであれば、帝政ロシア社会史にとり、これは注目すべき現象であろう。この街では読み書きできないことはむしろ目立つことなのであった。住民に占める労働者の割合が高い地区ほど識字率は低下する傾向が認められたから、(3) この街では場合によっては単に労働者であるだけで読み書きできないと思われて、蔑視の対象とさえなるおそれがありえたのである。逆にいえば、読み書きできる労働者は目立つ存在であり、そのようになりたいと願う人が登場しても不思議ではなかったであろう。ここで観察されることは識字が人に社会的上昇志向を喚起する局面である。

労働者に関して付言すれば、年齢が若い層ほど識字率が高くなる全体傾向があるなかで、この分野でも「エリート的な」扱いを受けることが多かった金属加工業よりも高率を示す業種が多数あったことは注目してよいであろう。木工、食品加工、印刷、商業、宿屋、酒販業、クリーニング業などはその事例の一部である。(4) 識字を必要とする業務が増えたこと、それが有利な職場を提供することなど、これらリテラシイをめぐる状況は「科学と文化」の時代としてこの時期を扱ってみたい理由のひとつにもなっている。

文化啓蒙のための仕掛け

一八七〇年、国民教育省ははじめて文化啓蒙のために資金を提供する決意をして、成人学校に約八〇〇〇ルーブリを支出したが、他の省庁もそれに倣って同様な試みを始めた。(5) この国では、従来、国家権力が人民教育の細部にまで直接、立ち入ることはせず、それは正教会やとくに人民自身に任せるとした、実に自由かつご都合主義的な観念が流通してきたのであったが、こうした動きはその流れを変換させるというのである。ペテルブルグ市では一八七二年に特別市長トレーポフが主導して「人民読書会整備常置委員会(Постоянная Комиссия по Устройству Народных Чтений)」が設置され、最初の三年に市内九カ所で読書会を計六六六回行い、それらには実に市民六万人が参加したといわれる。(6)

このように、俄然、「科学と文化」の時代に上からの文化啓蒙活動が盛んになった。この例からも容易にうかがわれるように、こうした上からの仕掛けにたいして敏感に反応する確かな部分が市中に存在したことに注目すべきである。一八五〇年代末から一八六〇年代初めにこの首都に限らず、全国の郡都レベルで公共図書館を建設する動きがすでに現れていたのだから、(7)そうした現象は人々に格段、突飛な印象を与えるものではなかった。

その一方で、いわば下からの文化啓蒙活動はやはり農奴解放に前後する時期から顕著になっていた。例えば、一八五九年から六二年にかけてこの街を中心にして展開された労働者を対象とした日曜学校運動がある。これは伝統的な博愛的活動あるいは後年しばらく盛んであった「小さな行為」的リベラリズムとも結びつく性格を有し、クリミア戦後から農奴解放に至る過程でしばしば認められた社会的自覚あるいは下層階級への同情をよく反映したものであった。つまり、この時期に教育こそが労働者に社会的な上昇をもたらす力になるであろうと考える人たちがロシアにも現れたのである。これは啓蒙することに社会的な認知を下すための経路のひとつとなった。一八六〇年末、ペテルブルグ市とキエフ市には合計して二三もの日曜学校があった。ペテルブルグにおける日曜学校運動の中心人物はスターソヴァ(Н. В. Стасова ロシア・リアリズム芸術の熱烈な提唱者であったスターソフ[В. В. Стасов]の姉妹)であり、彼女はペテルブルグ労働人民住宅改善協会に参加した折、そこで元キエフ大学教授であるパーヴロフ(В. Павлов)から日曜学校のことを知らされたのである。日曜学校ではペテルブルグ大学生が教師役をやって、読み書きを教えることを基本としたが、長続きせず、すぐに熱が冷めてしまい、一八六一年には出席者は激減した。しかも、当局はかような自由な学校が存在することを嫌って、カリキュラムの統制まではかろうとした。一八六二年五月、パーヴロフが革命家ゲールツェンとの関係を疑われて逮捕され、日曜学校自体がすべて潰されたのであった。(8)

しかし、この日曜学校運動の伝統はその後も維持され、例えば、一八七〇年三月には同市内のヴラジーミル都市学校校舎を使って、ヴラジーミルスカヤ・ニコリスカヤ女子日曜無料学校が開設された。生徒は読み書き能力にしたがってクラス分けされ、当初は二、三〇人で出発したが、やがて一〇〇人から一五〇人程度にまで増加した。彼らの多くは労働者の子弟であり、なかにはすでに工場などで労働する者もいた。市内各地から生徒たちは「学校好き」で通ってきたのであるが、ほとんどは何よりも読み書きの修得を目的としていた。彼らのなかの恵まれた者に四年から五年間も通学する者がいたのは、読み書き以上に何らかの知識を身に着けるためであったろう。ここには小さな図書室があり、そこではとくに教訓的物語（нравоучительные сказки）が好まれていたのである。(9) このように日曜学校をめぐって、私たちはペテルブルグの一般市民の間にあった学習意欲の明瞭な高まりを知るのである。

すでに触れたロシア技術協会は制度化された労働者教育をロシアに導入するために多大な精力を傾注したことでも有名である。とくに、そのための具体的な動きはペテルブルグ市において顕著であった。一八六八年に協会内部に技術教育常置委員会が設置され、そこで検討された構想がまず試験的な実施に移されたのが、協会中央が所在したこの街であった。協会が運営した労働者教育学校の中核的な存在であったのは労働者子弟向け学校であり、そこでは一般教育のほかに図画、手作業、賛美歌、博物学を教え、少女たちにはさらに手芸を必修にしたのである。

こうした技術協会系労働者学校の多くは地元の特定の工場と対応して存在した。例えば、第二ヴァシーリエフスキー島学校の生徒の多くはバルト工場労働者であり、第一ナールヴスカヤ学校は内閣印刷局から、プチーロフ工場から、第二ナールヴスカヤ学校はゴム製造所から、それぞれ生徒を集めたのである。さらにいえば、一八八二学年、第一ヴァシーリエフスキー島学校では、その夜間学級生一六四人のうち七九人を、またその子弟向け学級生六四人のうち五三人を薬莢工場のみから受け入れていた。つまり、ロシア技術協会が運営した労働者学校は実態的には工場から街に進出した工場学校であった。そこでは工場における人間関係がそのまま継続されることも多かったであろう。

こうしたわずかな事例からでも、ペテルブルグ市の労働者地区に数多くの労働者向け学校があり、それがある種の熱心さをともなって運営され、街の雰囲気づくりに貢献していたであろうことがうかがえるのである。[10] 外見の「粗野さ」とは別にそこには識字を通して堅実な社会生活を営もうと志す人たちが確かにいたのである。

このように、ペテルブルグ全市は教育啓蒙の雰囲気に覆われていた。すでに触れたように、各種の学術団体や学会がここを中心にこの時期に成立したこともこうした風潮を助長したであろう。図書館や博物館が「有益な知識」の普及をめざして整備されるようになったが、それだけでなく無料読書室、学生サークル、同郷人会の非合法(あるいは非公認)読書室まで含めて読書関係施設が充実を見せ始めたことは強調に値する史実である。「公共図書館」の入館証発行数が一八六〇年の三〇〇〇から一八九五年には一万四〇〇〇へ増加したことからもうかがわれるように、市中には読書を尊ぶ空気のなかで一定数の読書人が形成されたとさえ思われるのである。[11]

文化啓蒙のための仕掛けがロシアにおいてもこのようにかなりの実質をともなったことは正確に認識すべきであろう。近年のパルホメンコは文化啓蒙のための組織をつぎのように分類している。[12] ①社会教育的なもので、日曜学校、労働者コース、人民大学など、②社会啓蒙的な組織で、図書館、人民読書会、博物館、自習会など、③人々を固有の関心で集め、芸術能力を発展させるコーラス会や写真会のようなもの、④文化的娯楽組織で、人民劇場、映画会、クラブなど、さらに⑤多機能的な組織として、人民大学協会、人民の家など。ここで逐一、事例を挙げることはしないが、これらの多くがこの時代のペテルブルグに登場したとみて大きな誤りはないのである。

こうした状況が出現するためには政府による都市政策がそれなりに作用したのも無視しえないことであった。一八七〇年六月一〇日都市法が一八七二年にペテルブルグに導入され、市の権利義務関係が拡充された。一八七四年、政府はペテルブルグ市会に小学校運営を移管したから、[13] この機会を捉えて市は学校教育に精を出すようになった。移管時に市営小学校はわずかに一七でしかなかったのが、二〇年を経た一八九三年には実に三〇〇になったのである。[14] だが、市営の人民図書館が整えられてくるのは、本書が主たる対象とする時期よりも少し後からのことである。市は一九〇五年革命期までに少なくとも一六の無料人民図書室を開設したのであるが、最初の二つはようやく一八八七年につくられたのであった。(15)

さて、ペテルブルグの労働者の間で学校(школа)という言葉が特別な響きをもって流通し始めたのは、一八七〇年代初めの時期であったと考えてよいであろう。それは社会変革に身を投じようとする学生たちが「ヴ・ナロード」に備えて労働者の支持を得ようとしたことから始まった。彼らの間の諸関係が徐々に進化する過程で観察されたことである。労働者側が求めた知識、学生側が与えようとした変革思想、これらの受け渡しが行われるはずの中心的な(多くの場合、「地下の」)場が学校であった。(16)それは外見上は制度的に正真正銘の学校であったりもしたのだが、ここで注目すべきはこのような仕方で学校なるものが実際的に活用されたことであり、そうすることが自然なほどに学校が社会に広く認知されたことである。これは「科学と文化」の時代がもたらした顕著な現象のひとつであった。

飲酒の流行

つぎに視点を大きく転換して、余暇を無為に過ごす代表例として非難されることが多い飲酒を取り上げてみよう。ゼルニクは、農奴解放後に飲酒はさらに広まった。そのために、人民の間には道徳的変容(moral transformation)さえ起きた。とくに首都では飲酒が盛んに行われた。一八六五年、ペテルブルグ市内には一八四〇もの居酒屋(кабаки)、五六二の宿屋、三九九の酒販店、二二九のワイン・セラーがあった(合計すると、飲酒関係施設は三〇〇〇を超える)というのである。(17)あるいはペテルブルグ市史の専門家であるベイターは、飲酒と無秩序は一九世紀中頃までは警告の対象にもならなかったが、一八六〇年代に状況が一変した。飲酒施設が増え、一八六九年の二四〇〇が七二年には二七〇〇にまでなった。一八六九年には三万四六〇〇人もが飲酒が引き起こした事案で逮捕されたと指摘するほどである。(18)何故、農奴解放後に飲酒をめぐりかくも大きな変化が生じたのであろうか、それについてゼルニクもベイターも立ち入った議論をしていないが、「科学と文化」の時代に社会的に飲酒が大層盛んになり、当局がそれを問題視せざるをえないところまできたことは確かなようである。

この時期に飲酒が世間に流行していたことは、彼らに限らず比較的容易に具体例を示すことができる。大四旬斎の折、正教信者たちの間で教会からの帰途に酒場へ立ち寄り痛飲して騒ぐことが常態化した。それだけでなく、警察当局が辻々に「礼拝者は火酒やビールのビンを押収さるべし」と公示したほどだから、宗教儀礼以前の問題として人々の間で飲酒が盛行であったのはよくうかがわれるのである。さらに、礼拝のあとで空き瓶を集めそれを金に換えて、白パン、菓子、さらには本まで買ったという記述もあるくらいだから、その際の飲酒量はかなりのものであったろうと想像することもできる。ペテルブルグ警察当局は、こうした動きに対抗するために、正教会、修道院、墓地から二八〇フィート(約八五メートル)以内に飲食店を開くことを禁じた。[19] お参りに行くといっては、それを口実にして飲んでいた人々のなかで信仰と飲酒が区別されることなく重なり合っていた様子を想像できよう。

そして、飲酒問題が警察の管轄になったことも興味深い事実である。手短にいえば、一八六〇年代のペテルブルグは不摂生と不健康に終わった。市警察による逮捕件数は一八六一年の六万九〇〇〇件が一八六九年には一九万件と三倍近く急増したのであるが、[20] そのなかで飲酒による逮捕者は一八六九年で三万四六二二人を数えた。これは逮捕者総数の約二割に相当するほどであった。[21]

こうした惨憺たる状態であったから、早くも一八五七年に政府は首都住民の健康を気遣って、公衆衛生委員会(Комитет Общественного Здравия)を発足させた。これは一八六六年に廃止されて、翌年に市レベルの新しい委員会がつくられた。[22] ペテルブルグ市会は一八六八年にペテルブルグ公衆衛生保護協会を組織することを後援した。[23] 公衆各方面も座視し続けることができずに、有志が立ち現れて一八七七年、ロシア人民健康保護協会(Русское Общество Охранения Народного Здравия)を立ち上げた。アルコール中毒に関する記事で、各種医学雑誌の紙面は埋められるようになった。ロシア正教会は、アルコール中毒は犯罪を生むとしてそれを弾劾した。さらに、労働者の劣悪な住環境がアルコール中毒を生み出すとする見方まで登場した。因みに若きレーニンはアルコール中毒を労働者の貧困ではなしに、一八九四年の政府による酒専売導入に結びつけて考えようとした。これらそれぞれは事態の一面に触れるにすぎないが、明確なことは、一八六〇年代後半から、とくに一八七〇年代に入って、社会的行為としての飲酒が多方面から注目を浴び、非難されるようになったことである。(24)すでに見たように、警察は人民の道徳生活を問題として、人民の飲酒を制限しようとした。とくに休日、それも野外遊楽の際の(このとき、人々は精一杯、着飾って、都心の広場に向かう)酒類販売を完全に禁止しようとしたのである。(25)

居酒屋のあり方

かくも飲酒が問題となるについては、すでに触れたように、市内にそのための関連施設が充実してきたことがあった。シリッセリブルグ郊外区だけでも、一八九二年には六九の小さな酒販売屋があり、さらに住民六五二人に一つの居酒屋(кабак あるいは трактир)と一七の公衆食堂(столовая)あるいは喫茶店(чайная)があったように、(26)一八六五年、ヴィボルグ、アレクサンドル＝ネフスカヤ、ペテルブルグの三区では、住民二〇〇人当たり一つの居酒屋があった。(27)食堂などは、市内に一八六〇年代中頃には、九〇〇以上が存在した。その過半(五二九)は下級の飲食店あるいは居酒屋であった。(28)高級レストランが並んでいたのは、基本的にネフスキー大通り、大モルスカヤ通り、小モルスカヤ通りに限られ、リテイヌイ大通りなどいくつかの通りには部分的ではあったが、そうした施設が存在した。(29)一部の高級施設は市内で地域的に特徴的な分布(偏差)が見られたということである。注意してよいのは、労働者地区に飲酒関連施設がとりわけ高密度に存在したわけではなく、ただいわゆる高級店がそこには少なかったということである。

ここで、この街における居酒屋の具体例をみよう。都心部のアドミラルテイスカヤ区には一三の居酒屋があったが、それらは建物の一階ないし二階にあり、うち五つは一、二階両方を占めていた。大半のところでは、平民階級(простой класс)専用の空間が用意され、それはいわゆる庶民部屋(черная половина)を構成していた。もうひとつは賓客部屋(чистая половина)と呼ばれた。(30) 居酒屋によっては、両者の間は大理石の階段や小テーブルによってはっきりと仕切られていた。とくにそうした施設では庶民部屋は完全に軽視されていた。そこは調度品や家具などの趣味が悪く、全体に不潔で汚れていた。どこの居酒屋にもビュフェがあり、そこには各種のヴォトカやビールのほかに、さまざまな前菜類が五〇種もおいてあった。庶民部屋と賓客部屋の双方に共通する調理場があったが、そこで前者用につくる料理は後者用の三分の一か二分の一の価格であった。庶民部屋を利用するのは、御者、屋敷番、使い走り、職人、労働者たちである。居酒屋の従業員たちは居酒屋がもっている部屋を住居にしたが、それがない場合は外部の他人の部屋を借りたりして、朝の七時から夜一一時まで休みなしに働かされた。ある居酒屋では二〇人から二五人の召使が日に五〇〇人から六〇〇〇人、時には一〇〇〇人の客を相手にしたのである。全市的に、ほかの区でも同様な状況にあったとみてよい。(31)

これらの事例は居酒屋という場で明瞭に観察されたロシア近代社会における差別を示している。こうしたレベルにまで降りることではじめて社会通念の在り処を知ることができる。この場合、キー・ワードと見なされるのはチースタヤ чистая とチョールナヤ черная という形容詞であり、それらと並行して使われるプロストナロードヌイエ простонародные という形容詞は後者と同義的である。通常ならば、これら二つの社会層が「一緒に飲む」ような機会はなかなかなかったであろう。右に見た居酒屋の構造はそのことを物語り、暗示している。つぎに見るように、居酒屋が単に飲食だけの場所ではなく、交流と意見交換の場でもあったことを考えれば、このことはロシア社会史にとり無視しえない意味合いを有したのである。

居酒屋稼業として一括される範疇を見ると、興味深いことに気付く。このグループは四つに分けられており、以下の第一と第二は圧倒的に（九割以上）ロシア人が従事しているが、第三と第四になると、ロシア人の割合が七割台に低下して非ロシア人経営者が増えるのである。つまり、第一は「旅館、ホテル、カフェ、レストラン」で、従業員平均数は一七・六人である。第二は酒販店で同じく二・七人。第三が「旅籠屋、料理店、小料理・ビアホール、軽食堂、娯楽施設（ダンスホール、レストランシアター）、家具付貸室（меблированные комнаты）」で、二・一人。そして、第四が貸間に該当し、その八五％は従業員なしに女主人ひとりで切り盛りしている。(32)

このように、ロシア人が大掛かりな店と酒屋をおさえているが、中小の店と貸間業には非ロシア人がかなり進出しており、おそらくはそれらが非ロシア人の需要に応じていたのではないかとも想像される。(33)すでに触れたように、この稼業に多いのがヤロスラヴリ県からの出稼ぎであり、やはりペテルブルグでも彼らが関わっていたから、ロシア人とされた部分のほとんどはヤロスラヴリ出身の農民たちであったと推定できる。この仕事には少しばかりではあるが、読み書きが求められるから、農村学校などでそうした準備をしてくる場合もあったであろう。この稼業に愛着と自負心を抱いている彼らにいわせれば、これをやめて工場労働へ移ることなどは思いもよらないことであった。彼らによれば、出稼ぎ新参者ほど工場へ入ることになるのである。この時期、急速に発展しつつある資本主義工業はその内部に若い未経験な労働力を盛んに吸収していたのだから、そのような印象を殊さらに得たとしても不思議ではなかったであろう。(34)当時、人々の間に何の取り得もない人間が行う工場労働は卑しいものであるとする感覚があったろうことは否定しえないのである。

工場労働者と飲酒

さて、その工場労働者にとっても、飲酒は格段の意味合いをもった。労働者のロシア的世界には飲酒が付き物であった。普通、彼らは土曜日（ないし給料日）の夜に痛飲した。勤務後、労働者たちはまず公衆浴場へ行き、そのあとゆっくりと飲み始める。そして、結果的にいわゆる「ブルー・マンデー」、ロシア語で「パネデリニチャーニエ(понедельничанье)」になることが多い。[35]労働者は、決して一人では飲まない。彼らの間では飲むことは決定的に集団的かつ社会的な行為である。同じボトルから飲む、あるいは奢るといった行為は彼らの社会的諸関係を決定する重大要因であった。もし、工場のなかで隠れて飲むことになれば(工場外で飲酒するのが通例である)、それは月一回ないし二回の給料日であることが多い。それも土曜と重なれば、ほとんど確実に飲み、時に日曜と月曜の三日間飲み続け酔いつぶれることが多い。給料日に賃金がなかば自動的に酒代に化けてしまうのを何とか止めさせようと、労働者の妻たちは工場の門で夫を待ち構えることが常態化していた。もっとも、労働者のなかには妻帯者は少なかったから(妻を農村に残す場合が多い)、多くの者はそうした邪魔などなしに、酒の誘惑に身を委ねることができたのである。[36]

普通、酒を飲まない者、あるいは社会通念的に飲まないとみなされている者、つまり、婦女子と「労働者＝インテリ」(この人間類型については後段で触れるが、ここではこの点で彼らが一般労働者とは区別される存在であったことに注意されたい)は労働者としての十全な資格を認められない。これは「飲む・飲まない」の二分論であり、一般労働者は飲む世界にあり、「労働者＝インテリ」などは素面の世界にあるとみなす通俗的な対照が特徴的である。これにしたがえば、両者は飲酒をめぐって相互に向こう側を意識したであろうという話になるのだろうが、[37]実際の人間関係はこれほどすっきりと分けられるわけではない。一般労働者のなかにも飲まない(飲めない)者はおり、「労働者＝インテリ」のなかにも飲む者はいたのである。

労働者が飲酒するのは工場敷地内よりも外部の居酒屋であることが通例であったから、彼らの社交の場は自然、街へ広がっていたとみなくてはならない。昼食時に外へ出て飲んでくる習慣もある(これは革命前後でも変わらない)ほどに、全体としては社会的結合の場として工場の位置は小さくなる傾向にあった。[38]それゆえに、ロシア工場労働者の社会史を考察しようとする際には、どうしても彼らが生活をした街を取り上げなくてはならないのである。

関連資料を見た限りでは、労働者たちがわざわざ賓客部屋まである居酒屋などへ出かけて、そこの庶民部屋で飲食したという指摘や記事に出会わない。彼らは彼らだけの工場周辺の居酒屋に通っていたものと想像される。そうした労働者向きの典型的な居酒屋は二階建てで、一階には台所、便所などがあり、二階が基幹的な食堂であり、大体、ビリヤード室もついていた。二階ではギャンブルやときに売春まで行われた。[39] 毎日、あるいは給料日など特定の日に行きつけの居酒屋で同じ仲間たちと飲むのである。そこは情報交換の場であり、とくに男の娯楽にとり死活的な中心でもあった。小さな食堂などを選んで、内緒の話や非合法文献の受け渡しなどがなされたであろうことを想像すれば、社会生活や政治生活において居酒屋は彼らにとり肝要不可欠な拠点ですらあったといえよう。[40] すでに言及した一八七二年のクレンゴリム綿工場争議では、戦闘的になった織工たちはいつも集う居酒屋で酒を囲んで行動計画を立て、かなり酔った状態で、あたかも祭りに加わるがごとく運動に参加したことが判明している。彼らの一部はそれこそ「酔った勢いで」工場当局宛ての請願書に署名したのである。[41]

人の移動が飲酒をともなったことも確かである。周辺の村から人々が流入してくる時期になると飲酒はますます盛んになった。新米の労働者にとりこれから同僚となる者たちのために酒を用意するのはむしろ義務的な務めであり、それは労働者の間では「プリヴァーリナヤ（привальная）」（接岸の意）、「ヴィプルイスク（выпрыск）」（祝宴の意、本来は注射の意）、「マガルィチ（магарыч）」（宴会の意。賄賂、袖の下の意もあり）などと呼ばれていた。これは一種の通過儀礼に相当するが、新参者にとりここで支出を強いられる二〜三ルーブリは決して安いものではない。自覚的な人たちが金のより有効な使用を訴えたとしても、この局面では何の説得力ももたない。シャポワロフは一八八四年、一三歳で鉄道工場へ見習いに入ったのだが、労働者たちの飲酒についてこう書いている。吉凶、いずれの場合でも、労働者たちは酒を飲んだ。工場で礼拝が行われた日にはとくに飲んだ。そこには、アル中が一杯いた。「〔こうした環境も大いに手伝って〕私は粗野な人間になり、怠け者になり、もはや本も読まないで、タバコや酒の味も知るようになり、醜悪この上ない生粋のロシアの言葉づかいで罵ることを覚えたのである」[42]。村にいれば飲酒の機会は祝日などに限定されたが、都市では毎日でも可能であった。工場に入れば、信用買いできるヴォトカを置く特定の居酒屋が必ずその周辺にあった。しかし、酒場は労働者に堕落を強いる一方、そこは同時に「教育ある労働者(образованные рабочие)」が新聞を読む場でもあった。人との新しい出会いをともなう飲酒は新米にとっても大変に刺激的であったと思われるのである[43]。

一八七〇年代初めのペテルブルグにおける労働者と学生との出会いの場は多くの場合がこうした居酒屋であった。本来ならば、賓客部屋に入るべき学生たちは労働者を工作しようとして、労働者風の服装をして工場付近の居酒屋(庶民部屋)に出入りしその機会を待ったのである。この時、そうする学生たちは社会的な通念を意識するとしないとにかかわらず超えたのである。居酒屋での喧騒はむしろ「危険な話」をするには好都合であったし、酒が新しい人間関係をつくり上げる有力な手段であることを彼らはよく知っていた。場合によっては、酒につられて学生に近づこうとした労働者もいたであろう。労働者のなかには、逆に賓客部屋のほうへ出かけていって、学生たちと会話する人も生まれたであろう。この場合も、社会的な垣根は超えられたのである。

一八七三年春に薬莢工場の新しい施設がヴァシーリエフスキー島にも開設されるとヴィボルグ区などからそこに居を移す労働者活動家(ヴォールコフ[С. Волков]、オブノルスキー[В. Обнорский]、スミルノフ[Д. Смирнов]といったこの時期のペテルブルグ労働運動で中心的な人たち。彼らについては後述する)もいて、すぐに新しいサークルができた。彼らの集合場所は通称「風見鶏(Регушок)」と呼ばれた居酒屋であった。ここは雰囲気的に労働者クラブ風であって(これ以上、想像的な話をするのは本意ではないが、従来の居酒屋で庶民部屋は決して「労働者クラブ風」であったとは思われない。「労働者クラブ風」はむしろ、賓客部屋に近いのではないか。そうであるとすれば、こうした一部の労働者たちの集まり自体が社会的通念的な枠組みを壊し、旧来は考えることさえできなかったような越境的現象を生んでいるということである)、政治的な話はビリヤード室で行われた。さらに、より慎重を期す必要があると考えられる場合には、階上の部屋に移って会議が行われたのである。

スミルノフの回想記によれば、一八七二年か七三年の秋に、そこで、同工場工具製作所の労働者三〇人ほどが集まり、もはや学生に頼らずに、自己啓発、図書館と相互扶助基金の運営をやることを決めたのであった。[44] 彼自身はこれらはロシア最初の、労働者のためではなく、労働者による政治組織であったとまでいうのであるが、それはともかく、ここではこうした志向性をもつ労働者たちがペテルブルグにいて、彼らが居酒屋をよく活用した事実を見ればよいのである。

野外遊楽と大衆文化

余暇の過ごし方のいわば代表格は娯楽であろう。近代ロシアの都市(それも大都会)で代表的な娯楽といってよいのは、野外遊楽(グリャーニエ)であった。標準的な概説書は、都市文化は人民の休日を野外遊楽に変えた、と書くほどである。[45] ペテルブルグの休日で市民にとり代表的な娯楽であった野外遊楽は、その最大規模のものは四旬大斎前週(масленица あるいは масленая)と復活大祭(пасха あるいは пасхальная)の週に行われた。都心部の広場がお祭りと気晴らしの場になった。そこには芝居小屋などが林立した。

そもそもペテルブルグでは、一八世紀以来、野外遊楽は氷結したネヴァ川や街角で行われていたのであったが、徐々に広場に遊戯場所がつくられるようになり、やがて、市核心部にあたる海軍省前広場がその中心となって、そこに見世物小屋やメリーゴーランド、人形芝居などが集中してかけられるようになったのである。[46] ペテルブルグっ子たちはこれを出会いの場所として、風聞や噂に始まり各種情報の交換を行った。一九世紀中頃までに劇のような見世物が非常に盛んになり、芝居小屋めぐりをする野外遊楽の古典的なタイプが成立した。[47] つまり、それが野外遊楽のいわば顔になったのである。芝居小屋の所有者は最初は多くが外国人であったが、一八六〇年代からロシア人がそれに取り代わるようになった。

ペテルブルグ市会は一八八〇年二月、下層民の精神を発達させる名目で一般向きの劇場(общедоступный театр)をつくるよう提案した。このようにして、芝居小屋の性格は段々と変わる過程を辿った。その「人民劇場」を人民啓蒙のために使う話はすでに一八七〇年代からあったのであり[48]、当局が野外遊楽をそのために活用することを思いつくほどに、世の中は啓蒙の時代であったということである。一八八〇年代になると、プーシキンなどの「古典もの」もかけられるようになった[49]。セヴァストーポリの戦い〔クリミア戦争〕を絵にしたパノラマが評判になったように、多分に愛国心と民族意識をかき立てようとするものが流行り、しばらくのちの一八八七年には「我が祖国」と銘打ったパノラマが大評判をとったのである[50]。一八八四年には興行用の芝居小屋の大きさに関する新しい規則が制定され、広さは二一五サージェン(一サージェンは約二・一メートル)×八サージェンまでに制限され、小屋の間は一〇サージェン以上空けることが定められた[51]。このように、市当局が全面的に介入することで、一八八〇年代にペテルブルグにおける野外遊楽はその近代的な様相を整えられたということである。

ここで人民向けに用意されたドラマなどの催し物はいわばハイ・カルチャーとロー・カルチャーの混合物であった。都市の側が上から仕掛けたようとした啓蒙的な意図は伝統的な人民(農村農民)的生活習慣をいまだ色濃く帯びている労働人民を対象にして文化的には混合し、複雑化せざるをえない[52]。こうした混合性は啓蒙が娯楽に絡む局面においてはほとんど確実に発生したであろう。それは都市がもたらそうとするものと農村から持ち込まれたものとの衝突といった形をとることもありえたのである。すでに述べたように、ペテルブルグの新参者は、とくに出稼ぎ農民の場合、都市周縁の工場地区に集まる傾向があったから、スヴィフトは「工場労働者は都市社会(общество)の裏庭に住んでいた」などと表現するのである[53]。

ロシアの大都会では農村と工場の伝統が混ざり合う形で大衆文化は拡張し、充実したのである。シリッセリブルグ街道では農村の祝祭日が引き続き観察されたが、そこでは都会生活における娯楽と混ざり合う傾向が認められた。例えば、人民歌は長い間、口頭でなされる「工場労働者たち(ザヴォツキエ)」の娯楽文化であり、それは工場で働く季節労働者(農民)の間にも流行った。また、村から都会へ出てきた者の気晴らしの伝統的形態のひとつに殴り合いがあり、日曜や祝日に必ず隣の工場との間で起きた。それにはすべての「工場労働者たち」が参加したのであるから、工場世界において都市的なものと農村的なものとが並存し、混在しようとしたともいいうるのである。[54] ロシア社会が近代化することは、都市にあっては農村との境界がこのようにいわば薄くなるようなことに度々出会うことでもあった。

労働者が休日によく休まないとあとの仕事に差し支えることを深刻に認識した資本家たちは遅くとも一八八〇年代中頃から、労働者の休日のあり方を統制しにかかった。規則正しい生活をさせて労働生産性を高めようというのである。彼らは rational recreations を翻案した разумные развлечения を組織しだしたのである。そこでは教養的な講義などは体を使わず格段の疲労なしに済むから大いに推奨された。つまり、この時期は例外なしに工場も啓蒙的雰囲気に包まれたのである。政府は一八九〇年代にようやくこの動きに合流し、禁酒促進などを後援することになった。因みに、一九〇〇年にペテルブルグ人民禁酒慈善協会が開設した皇帝ニコライ二世人民会館(Народный Дом Императора Николая II)は食堂、喫茶室、図書館、劇場を備えた全三〇〇〇席を誇るロシア帝国最大級の文化施設であった。[55]

(1) ヨーロッパ中世史家はヨーロッパ史において「個人」が生まれた背景事情として、人に内面が生まれてきたこと(教会での告白義務化)とともに都市が職業選択の可能性を与えたことを指摘するであろう(例えば、阿部謹也『大学論』日本エディタースクール出版部、一九九九年、四七~四九頁)。ここで触れている事項はその延長線上にある話でもある。

(2) Статистический Временник Российской империи, серия II, выпуск 16, СПб., 1879, 16, 17 ,40, 118, 129, 133.

(3) С. Бернштейн-Коган, Численость, состав и положение петербургских рабочих, Опыт статистического изследования, СПб., 1910, 65.

(4) Там же, 70.

(5) Т. А. Парохоменко, Культура России и просвещения народа, М., 2001, 28.

(6) Там же, 59.

(7) К. И. Абрамов, Городские публичные библиотеки России: История становления 1830-начало 1860-х гг., М., 2001, 79, 83. しかし、ペテルブルグ市当局が無料の人民図書館(безплатные народные читальни-библиотеки)を最初に二館開設するのは一八八七年まで待たなくてはならなかった。Л. Хавкина-Гамбургер, Городские народные библиотеки в Петербурге, Вестник Воспитания, 1909, №. 8, 44.

(8) R. E. Zelnik, *Labor and Society in Tsarist Russia*, 173-189.

(9) この学校については、С. Старынкевич, Владимирская и Никольская женские воскресные бесплатные школы в Петербурге, Русская Школа, 1890, №. 5, 166-172.

(10) ロシア技術協会による労働者教育については、高田和夫、前掲論文「近代ロシアの労働者教育」、六節、とくに一四一、一四二頁を参照してほしい。

(11) Очерки истории Ленинграда, 703, 704.

(12) Т. А. Пархоменко, Указ. соч., 226 и сл.

(13) Очерки истории Ленинграда, 675は一八七七年とする。

(14) Энциклопедический Словарь, т. XXVII, 331.

(15) Л. Хавкина-Гамбургер, Указ. статья, 44.

(16) R. E. Zelnik, Workers and Intelligentsia in the 1870s : The Politics of Socilability, in R. E. Zelnik (ed.), *Workers and Intelligentsia in Late Imperial Russia : Realities, Representations, Reflections*, University of California Press, 1999, 19.

(17) R. E. Zelnik, *Labor and Society in Tsarist Russia*, 247.

(18) J. H. Bater, *St. Petersburug, Industrialization and Change*, 202.

(19) *R. E. Zelnik, Labor and Society in Tsarist Russia*, 256, シャポワロフ、前掲書、一二一～一二三頁。

(20) J. H. Bater, *op. cit.*, 208.

(21) R. E. Zelnik, *Labor and Society in Tsarist Russia*, 250–251.
(22) *Ibid*., 252.
(23) *Ibid*., 26.
(24) G. E. Snow, Socialism, Alcoholism, and the Russian Working Classes before 1917, in S. Barrows and R. Room (eds.), *Drinking, Behavior and Belief in Modern History*, University of California Press, 1991, 243–246.
(25) R. E. Zelnik, *Labor and Society in Tsarist Russia*, 255.
(26) Очерки истории Ленинграда, 207.
(27) R. E. Zelnik, *Labor and Society in Tsarist Russia*, 248.
(28) трактир は訳しにくい用語のひとつであるが、つぎは cheap eating establishment と言い換えている。P. Herlihy, *The Alcoholic Empire, Vodka and Politics in Late Imperial Russia*, Oxford University Press, 2002, 6. ここではとりあえず居酒屋としておく。語源的には車馬が通れるほどの街路を意味する тракт が元になっている。それは単に飲み食いするだけでなく、出会いの場としてあった。一八七〇年代になって人民の間にようやく普及しだしたのであり、レストランと相違してその民衆性 демократизм が特徴的であった(П. Романов, Застольная история государства российского, М.-СПб., 2002, 318-319)。もう一つ同類のものに кабак がある。これは一六世紀、公共の施設として官製の酒あるいは国の許可を受けた酒、とくにスピリッツを販売した。昔、オプリーチナの住民が火酒を飲むことを許されたときにつくられた特別施設であり、元来はタタール語である。一八世紀の中頃には кабак という用語から想像される不快感を払拭するためにその名称を変える命令が出されたともいう。R・E・E・スミス、D・クリスチャン(鈴木健夫ら訳)『パンと塩——ロシア食生活の社会経済史』平凡社、一九九九年、一二九、三〇一頁。
(29) Очерки истории Ленинграда, 152.
(30) この区分のほかに、раздевальня, каток, номер などのいわば非階級的(非階層的)な用語を使う区分法もあるが(П. Романов, Указ. соч., 320)、ここでは採用しない。
(31) Город С.-Петербург, 60. 例えば、カザンスカヤ区については、Там же, 186-189 を、スパースカヤ区については、Там же, 344-346を参照のこと。

(32) Н. В. Юхнева, Указ. соч., 68–69.
(33) Там же, 68–69.
(34) Там же, 156, 163.
(35) R. E. Zelnik, *Labor and Society in Tsarist Russia*, 250.
(36) L. L. Phillips, *Everyday life in revolutionary Russia : Working-class drinking and taverns in St. Petersburg, 1900–1929*. Ph. D. Thesis, University of Illinois, 1993, 86–97.
(37) L. L. Phillips の前掲論文は飲酒行為を社交性 sociability の基本要素とみなし、居酒屋が労働者階級の生活の中心点であることの意味合いを探ろうとしている。さらにつぎも参照。L. L. Phillips, Message in a Bottle : Working-Class Culture and the Struggle for Revolutionary Legitimacy, 1900–1929, *The Russian Review*, v. 56 (Jan. 1977), 25–43. 彼女の議論は近年のアルコール社会史研究とでもいいうる潮流にあるものである。一九八四年にはじめて開催された歴史学者と社会科学者のコンフェレンスに提出された論文を集めたつぎを見よ。S. Barrows and R. Room (eds.), *op. cit.*.
(38) L. L. Phillips, *Everyday life in revolutionary Russia*, 32–50.
(39) 通例、女性の飲酒と売春とは密接に結びつけられて考えられた。おそらく、実際にそうであったのであろう。とくに近代ロシアにおいて、それが問題とされたことについては、さしあたり、つぎの指摘を参照のこと。P. Herlihy, *op. cit.*, 93–94. 売春婦は医務警察委員会により管理されたが、大半はその目を逃れた「非登録者(нерегистрованные)」であった。登録売春婦の数を見ると一八六〇年代は二〇〇〇人ほどと変わらなかったが、一八七〇年になると四四〇〇人に急増した。Город С.-Петербург, 575 ; R. E. Zelnik, *Labor and Society in Tsarist Russia*, 251. このことのもつ意味合いについては別に検討したい。スミスたちは、「飲んだくれは、売春婦のいない居酒屋へは行かない」と書いている。スミスら、前掲書、一二九頁。
(40) L. L. Phillips, *Everyday life in revolutionary Russia*, 113–143.
(41) R. E. Zelnik, *Law and Disorder*, 94, 96.
(42) シャポワロフ、前掲書、一一五頁以下。
(43) Е. Свифт, Развлекательная культула городских рабочих конца XIX-начала XX века, в кн.: Развлекательная культура России

XVIII–XIX вв., Очерки истории и теории, СПб., 2000, 304.

(44) Д. Н. Смирнов, На Трубочном заводе в прошлом, Красная Летопись, 1928, № 2, 218.

(45) Е. Е. Келлер, Праздничная культура Петербурга, Очерки истории, СПб., 2001, 65.

(46) П. Н. Столпянский, Указ. соч., 116.

(47) А. М. Конечный, Петербургские народные гулянья на масленой и пасхальной неделях, в кн.: Н. В. Юхнева (ред.), Петербург и губерния, Историко-этнографические исследования, Л., 1989, 21–30.

(48) Там же, 39, 40.

(49) Е. Свифт, Указ. статья, 306.

(50) А. М. Конечный, Указ. статья, 42.

(51) Там же, 36, 37.

(52) これら二つの文章は著者なりの解釈を示しているから、スヴィフトの見解とは必ずしも一致するものではない。Е. Свифт, Указ. статья, 304–305. なお、現代ロシアの都市文化研究では、通例、ペテルブルグ文化の現象として「祝日空間(праздничное пространство)」概念が設定される。さらにいえば、それはフランス「アナール派」の影響を強く受け、「ペテルブルグ・メンタリティー(петербургская ментальность)」の解明をめざすものである。そのために、神話(миф)、神秘主義(мистика)、建築空間(архитектурное пространство)、首都性〔中心性〕(столичность)の四方面からの接近が試みられている(См. Е. Е. Келлер, Указ. соч., 25, 34.)。

(53) Е. Свифт, Указ. статья, 303.

(54) Там же, 304. これらスヴィフトから引用する二つの文章で使われている「工場労働者たち(ザヴォツキエ)」という用語法に注意されたい。ここでは「ザヴォツキエ」には一部の有資格労働者あるいは金属工などという含意はないであろう。つまり、労働者一般を示す用例であるといえる。

(55) Там же, 306–307.

第四章　工場地区と工場労働者

一八六一年の九月に、評論家シェルグーノフは急進的な詩人ミハイル・ミハーイロフ(M. Михайлов)とともに、後年、有名になる非合法な宣言文「若い世代へ(К молодому поколению)」を出した。そこで、彼らは農奴解放をロシアにとり将来の幸と不幸を分ける一里塚であると位置づけ、この機会を捉えてロシア人民の間にいわば内蔵されている自治原理の活性化とさらなるその発展を強く望んだ。シェルグーノフたちによれば、無論、「我が農村共同体は〔そのための〕基本的な組織単位であり」、政府がそれに触ることがあってはならないのであった。そして、「あらゆる身分の若い世代から成り立つ人民党はロシアの希望であ」り、「二三〇〇万の解放された人民〔農奴〕にたいして、一八六一年二月一九日〔農奴解放令の発布日〕にヨーロッパのプロレタリアートにつながる広い道が開かれた」と述べたのである。[1]

こうしたメッセージなどからもうかがい知ることができるが、農奴解放の結果、幸せな未来が約束されるか、それとも不幸、つまり、政治的経済的なプロレタリアートに成り果てるかを決するのはわれわれ自身なのだと檄を飛ばすほどに、当時の進歩的インテリは選択のための時間はいまだ残されていると考えていた。右にいう「人民党」は特別に労働者党ではありえないし、シェルグーノフらにとり、労働問題は本質的には農民問題と直結し、切り離されることなく、むしろそれに埋没していたと考えられる。おそらく、かような認識はこの時代の知識人一般にかなり共通していたと思われる。

そして、工場労働者はすべて無筆の農民以外の何ものでもないとする抜き差しならぬ先入観の存在を無視しては、この「科学と文化」の時代における工場労働者と知識人との間の緊張したやり取りがもった意味合いを理解することは困難になるであろう。つまり、そうでなければ、プレハーノフが「知的な」労働者に出会ったと興奮してわざわざ書き残すような事態は生じなかったであろうということである。[2] 明らかに、そこにあったのはロシアの工場労働者一般をひとまず農村共同体農民と区別しない(できない)基本的認識であり、例外的に見出したとする「進んだ」工場労働者にたいしてはそれを「近代的プロレタリアート」の華として顕彰しようとする思い入れをともなう理論武装によって飾り立てられた典型的な感情移入であった。

(1) この宣言文全文はつぎに収録されている。Н. В. Шелгунов, Воспоминания, М.-Л., 1923, 287-302.

(2) Г. В. Плеханов, Русский рабочий в революционном движении (по личным воспоминаниям), Собрание сочинений, т. 3, 122-207 は私的な回想の形をとって、ナロードニキに対抗して、ミトロファーノフ(С. В. Митрофанов)をはじめとして革命的な労働者たちがロシアにおいて(も)存在することを意図的にフレーム・アップしようとした作品である。

1 工業化と工場地区

「金属の時代」

改革派陸相として兵制改革に精を出したミリューチン(Д. А. Милютин)は兵器調達を海外に依存することを決して好ましく思わず、その依存度合いを引き下げてできるだけ自給する道を探った。そのために彼は鉄鋼はすべて国内生産すべ

ペテルブルグの金属工たち　1880年代，帽子，前垂，ハンマーなどから圧延工たちであろうか。
出典：Chloe Obolensky, *The Russian Empire*, London, 1979, 98.

きだと強調した。実際のところ、一八六六年の普墺戦争のあと、プロイセン軍のあり方に大いに刺激を受けたロシア政府および軍部は軍事的な自足性にたいする関心と共感を新たにしたのである。さらに、折からの鉄道建設の進展もロシア重工業の発展を促すところとなった(1)。しかし、ここでは、関連するロシア工業経済史の展開局面にさらに立ち入る必要はないであろう。この「科学と文化」の時代がその後、本格化した工業化(そして近代化)の端緒に位置したことをひとまず再確認すればよいのである。

ここでの問題はそうした工業化が「都市の顔」を変えたことにある。ペテルブルグ市における工場創設は時期的に見ると以下のような件数分布を見せた(2)。一八六一年以前に所在したのが一三七工場、一八六一〜七〇年に六七が開設されたが、つづく一八七一〜八〇年期から一〇五と増加が始まり、一八八一〜九〇年には一一三、そして一八九一〜一九〇〇年に二〇九に達したのである。全体からすれば、本書が主たる対象とする時期は陸続として工場が立ち上がる、経済的にはいわば上向きの時代であった。一八六二年、ヴィボルグ区にノーベリ(Л. Нобель)により機械製鋼工場がつくられ、翌年、オブーホフ(П. М. Обухов)らによって、オブーホフ工場が創設された。一八六八年、同じヴィボルグ区にフェニックス機械工場ができ、一八七三年にはヴァシーリエフスキー島に鉄圧延工場が、ナールヴスカヤ区に車輌製造工場がそれぞれ開業し、さらに、一八七七年、ペテルブルグ区に鉄圧延工場ができるといった具合であった(3)。いずれにせよ、こうした仕掛けはそれなりの規模をともない、都市の風景を十分に変えうるほどのものであったから、市民は新しい大きな工場から視覚的な刺激を受けると同時にそれへの関心を日々高めたと考えられるのである。

この間、一八六七年六月、プチーロフ(Н. И. Путилов)は鉄道局との間で国有鉄道用のレールを製造する工場を建設する契約に調印した。ツァーリが認可した法律「ロシアにおけるレール製造を発展させる方策について」が公布されたのはその一〇年後の一八七六年五月であった(4)。一八〇一年に創業したプチーロフ工場はちょうどこの期間に帝政ロシア随一の金属・機械製造工場になるのである。造船・造廠あるいは商業の中心地として、ペテルブルグの経済生活はかなり高度化されたのであるが、それだけにとどまらず、繊維、金属の順に発展を重ねた。なかでも金属工業がさらに優勢となり(これに続くのが繊維、食糧加工)、政府からの軍需がその発展に大きな保証を与えた。それに対応して、市内に金属工が急増した。一八六二年に彼らは市周辺部をあわせて一万人余りであったのが、一八八一年には三万一四〇〇人になった(5)。本書はこのような「金属の時代」を対象としているのである。

工場地区の出現

度々、依拠する医務警察資料集は市中に出現した工場地帯についておよそつぎのように書いている。

年々、オブヴォドヌイ運河沿いに何千人もの労働者を必要とする新しい工場が建てられている(新ネヴァ・マヌファクトゥーラ、ジューコフ工場、ニチャーナヤ・マヌファクトゥーラなど)。そのために周辺は労働人民であふれ、建物は屋根裏といわず地下室まで多くの部屋が労働者たちによって細かく分けられ、住居として塞がれている。その仕切られた隅部屋六〇〇程に合計すると一万人はいるのではないか。これらの衛生状態は「醜悪の極限」をいくものである。かくも住民が密集するので、ここでは工場労働者や御者、そして彼らの子弟の間に伝染病が非常に流行している。アレクサンドル＝ネフスカヤ区における伝染病の三分の二はこの一帯で起きているのである。水道施設はなく、住民たちは直接、ネヴァ川やオブヴォドヌイ運河の水を利用している。つまり、彼らは都心部の住人たち(центральные жители)が享受している便宜に一切、あずからないでいるのである。(6)

表4　区別工場数(1865，69年)と雇用労働者数(1865年)

区　　名	1865年	1869年	1865年
アレクサンドル＝ネフスカヤ	73	77	2843
ヴァシーリエフスカヤ	58	50	3422
ナールヴスカヤ	50	73	4192
ペテルブルグ	38	39	2117
ヴィボルグ	29	26	4040
モスクワ	31	41	1530
スパースカヤ	22	23	579
カザンスカヤ	24	15	255
ロジェストヴェンスカヤ	13	13	2316
アドミラルテイスカヤ	10	5	110
リテイナヤ	7	15	301
コローメンスカヤ	6	10	999

出典：R. E. Zelnik, *Labor and Society in Tsarist Russia, The Factory Workers of St.Petersburg 1855‐1870*, Stanford University Pess, 1971, 217, 218, 233.

このように、この観察者は何よりも工場進出にともなって出現した労働者の相貌に注意を向け、それを都心部の住人たちとは明らかに異なる範疇に入る新しい人たちと見なしているかのようである。それは気の毒ではあるが同時に厄介な存在であるとその目に映ったであろう。教育ある都市階級はこの時期にようやく始まった工業化によってもたらされる災厄に巻き込まれる気にはとてもなれない。一八七二年、市中に伝染病(天然痘、コレラ)が流行したのだが、それにたいしては、郊外から(つまり、工場のほうから)広まってきたとする風聞が立つほどであったから、(7) 明らかに、都心部の住人たちは新参者に近づきたくはなかったであろうとさえ思われる。そして彼らは何よりも警察の取り締まりの対象とされた。彼らが引き起こすであろう無秩序を警戒して、一八八一年にペテルブルグ警察本部長のもとに工場問題臨時委員会(Временная Комиссия по Фабричным Делом)が設置された。[8] つまり、ここでは、労働問題は治安問題に摩り替えられたのである。

ここで一八六〇年代の区別の工場と雇用労働者の分布を示すと、表4のようであった。

この表から明らかなように、ナールヴスカヤ、ヴィボルグ、アレクサンドル＝ネフスカヤの三区とヴァシーリエフスキー島をあわせると全労働者のほぼ三分の二、工場数は六割を占める。これらがペテルブルグの工場地区あるいは労働者地区といってよいであろうが、これら市周縁部のほかに都心部のスパースカヤ区には労働者密集地帯があり、その一帯などでも工場の影は濃かったのである(二四三頁に掲載した市区分図を参照されたい)。一八九〇年の市センサスによれば、労働者が住民の四〇％を超えた街区はスパースカヤ第三(五四・三％)、アレクサンドル＝ネフスカヤ第三(五二・一)、同第二(四七・五)、そしてナールヴスカヤ第三(四七・三)であり、三〇％以上では、スパースカヤ第四、ヴィボルグ第二、ロジェストヴェンスカヤ第二、ヴァシーリエフスカヤ第二、モスクワ第三であった。[9]

(1) R. E. Zelnik, *Labor and Society in Tsarist Russia*, 207, 212, 213.
(2) Очерки истории Ленинграда, 74.
(3) Там же, 99–100.
(4) Б. П. Усанов, Николай Иванович Путилов, Ученый, инженер, предприниматель, СПб., 2000, 56, 70, 73.
(5) Очерки истории Ленинграда, 184–185.
(6) Город С.-Петербург, 547–549.
(7) R. E. Zelnik, *Labor and Society in Tsarist Russia*, 254.
(8) Город С.-Петербург, 131. この委員会は一八八〇年代中頃に五二一工場調査を行い、何とか満足できる状態にあるものを一三五とし、残りは基本的な要求にさえ対応していないと評価した。Там же, 139. 本書の主たる問題関心は工場を取り巻く社会環境にあり、ここでは工場内部の諸様相に立ち入ることは控える。

（9） Там же, 142.

2　工場地区の生活

住宅問題

この時期、工場地区における生活で解決を迫られた最大級の課題は、住宅問題であった。ペテルブルグ市はネヴァ河畔の沼沢地を埋め立てて建設されたから、良好な住宅地は限られていた。都心部の快適な宅地は行政に従事などする貴族ら少数者が独占しており、家賃は非常に高額であった。人口増加はなかば自動的に住宅問題を発生させ、市内各地に過密地帯が無秩序に出現した。すでに触れたように、悪名高きスパースカヤ区第三街区では、一八六九年、一平方キロメートル当たり実に七万人が密集していた。急増した労働人民に住宅設備は公的にも私的にも対応していなかったが、それだけでなく、すでに述べたように、彼らは職住近接をはかる傾向にあり、そのため工場周辺に蝟集したことが問題をより深刻化させた。ペテルブルグ工場主たちは、モスクワ地方の経営者などとは大いに異なって、自らが労働者宿舎を建設するような習慣とは無縁であったから、労働者たちは独自に宿舎を手当てする必要があった。ペテルブルグではいわゆる食費の主人もち（хозяйские харчи）は未発達であり、工場食堂も同様に貧弱であった。例えば、バルト工場では昼食を全体のわずか一割ほどの労働者に提供しえただけであった(1)。

工場から遠くない地点に労働者向けの宿舎建築が開始されたが、全体から見ると、市の北方側に工場と労働者向き住宅が開発されたのは、そこでは商人(これが身分的には資本家であることが多い)が地主であったことが大きく作用したのである。さらに一帯はネヴァ川沿いで物資の流通に便利であったことも工場にとっては重要な要素であった。因みに南部の未開発地は市当局、皇室、正教会などが所有しており、工場建設にはあまり向いていないと考えられたが、後年にはそこでも工場の建設は進むようになった。(2)

さて、居住の仕方で労働者は二分された。つまり、私的に住居を賃借する部分と工場付設の寄宿舎に住む者とである。本論が多く依拠する資料集はこの論点をつぎのように展開している。

〔前者の〕賃借組は生活費がよりかかって、経済状態は後者より悪いのが一般的である。彼らは貸間でさえ得た賃金から少なくとも三ルーブリは払わなくてはならず、それが部屋ともなれば悪くても五から八ルーブリに跳ね上がったのである。しかし、ここには自由があり、相部屋の同僚などに誘われて最初は余り気乗りしないままに居酒屋などへ「お茶を少し飲みに」行くのである。そこにはビリヤードなどの娯楽もあるものだから、段々とそうすることが楽しみになる。そうなれば、アルコール中毒は目と鼻の先なのである。労働者たちの気晴らしのために、マールイ大通りにはかなりの数の居酒屋などがあり、歩道を行き来する売春婦たちもいる。これらは彼らにとり大きな誘惑である。特に、給料日には工場の門まで労働者の妻たちが出向いてきて、給料が良からぬ方向へ消え去ることを事前に阻止しようとする光景さえ見られるのである。(3)

このように、大半のペテルブルグ工場労働者は悪質な住環境といわば引き換えにして自由を得ていたと考えられる。例のスパースカヤ区第三街区にやってきた労働者は全部で五〇四の隅部屋に入ったのだが、それは第一街区には存在しなかった。同区の第二街区では五つの建物にある一〇のアパートに一四二人、第三街区で五〇の建物にある四五八のアパートに九五四五人、第四街区では一一の建物の三六のアパートに六七一人が住んでいた。合計すると、五〇四のアパートに(残念なことに、そこにある部屋数は不明である)一万三五八人であるから、一アパート当たり二一人である。彼らは極端に狭い住居でただ寝に帰るだけの生活をしていたであろうから、皮肉なことに、むしろ、そのために彼らの行動範囲が街へ広がることは大いにありえたのである。例えば、右の第三街区の場合、労働者たちはアプラクシン小路(サドーヴァヤ通りからフォンタンカ運河まで)、ムチノイ小路(グリボエドフ運河からサドーヴァヤ通りまで)、フォンタンカ河岸通りおよびセンナヤ広場周辺の通りなどに仕事明けになると三々五々集まってきたのである。[4]そうした彼らの「溜り場」が地域における人間関係を濃密にしたであろうことは大いに考えられるのである。

一方、工場付設の寄宿舎に住む者たちは相対的に高い賃金を得ており(月に一六から二八ルーブリ)、前者に比して「良い暮らし」をしていた。彼らの宿舎は照明、暖房、換気などは普通、兵営程度には配慮されていた。しかし、同時に彼らは工場当局から絶えず監視されていて、真に自由な時間はないにひとしいともいわれた。少数の工場では労働者は付属施設でアルテリによって生活しており、その状態は概して良好であった。[5]

『ブロックガウス・エフロン百科事典』によれば、少し時代が下がった一九世紀末に、ペテルブルグでは平均すると一つのアパートは四・五の部屋から成り立ち、うち三が台所やトイレではなしに寝起きなど居住に使う部屋(こうした部屋を чистые というが、先に居酒屋に触れた箇所との関わりでいえば、この用語は乱雑な空間(черная)と対比的であることが分かる)であった。一八九〇年センサスでは、平均して年間に一アパート代は四二六ルーブリ、台所と玄関がついた一部屋は七九ルーブリであった。これらの数字は一八八一年と比べるとむしろ低下しているが、一八九〇年からは上昇した。[6]

平均的な労働者は、無論、アパートを借りることはしない。彼らは部屋単位で賃借するのが通例であった。なかでも安価であったのは地下室の借用であったが、そこはすでに言及した通り、ネヴァ川氾濫の影響を最も直接的に受けて一カ月も水に浸かることは珍しくなく、伝染病が発生するなど最悪の環境であった。部屋代は区により大きく上下したが、全体傾向でいえば、都心を離れ周縁部へ行くほど低下した。一部屋代は、一八八〇年代、中心部のアドミラルテイスカヤ区で一三〇〜三〇〇、カザンスカヤ区、リテイナヤ区は一〇二〜二一七、スパースカヤ区は九〇〜二六六、ナールヴスカヤ区が六五〜一四四といったところであった(いずれも年額、ルーブリ)。最低ランクのスパースカヤ区で、一八六〇年代、二部屋からなるアパートの家賃が月に九〜一五ルーブリであったものが、一八九〇年代には二五〜三六ルーブリへ上昇した。(7) 世紀転換期に、ペテルブルグではベルリン、ウィーン、パリなどより一アパート当たり二倍もの数の人間が入っていたのである。(8) ペテルブルグが抱えたかような住宅問題にたいして、有志が無料宿泊施設をつくり、慈善団体が施しをするといったこともあったが、そうした善意が及ぶ範囲は自ずから極めて限られたものでしかなく、政府ないし市といった公的機関の対応はすべて後手に回ったのである。

つぎの表5は、一八六九年における一賃貸部屋当たりの区別居住者数を示しているが、とくにアレクサンドル゠ネフスカヤ区やヴィボルグ区では地下室に多くの人が入っていたことが分かる。

アルテリの活用

労働者たちはアルテリといった伝統的な結合体を活用することなどを通して、こうした困難な住宅事情に対応したことには注目すべきであろう。すでに触れたように、同郷人たちが形成することが多いアルテリは都会暮らしをする農民たちにとり助け合い(互助会)的な組織であった。時間の経過とともに、これはペテルブルグの街からは消えていく運命にあったと指摘されることがあるが(一八六〇年代末までにそうしたものは大変に少なくなり、それにしたがって、公衆道徳の水準は目に見えて低下したとする説がある)、(9) その一方で、例えば、『ブロックガウス・エフロン百科事典』などは、この首都にあるアルテリ住居(артельные помещения)は一八九七年一月八四三、九八年一月一一〇八、九九年一月一二五六とむしろ増加したというのである。(10) さらに、本書ではすでに工場付設の労働者宿舎がアルテリで運営されていることにも触れた。これらを見るだけでも、その確固たる存在を無視することはできない。当該資料集は、ナールヴスカヤ区だけで二六八のアルテリ住居があると指摘し、それらをつぎの二つのカテゴリーに分類している。共通のアパートをもち、構成員が個々に家主に家賃として月に一ルーブリを支払うアルテリとそのアパートが請負人により賃借されているものの二つである。後者はさらに家主との関係で(賄いの度合いで)三種に分けられ、それぞれどのような職種が多いかを示しているが、細部にわたるのでここでは紹介を省略する。[11] カザンスカヤ区におけるアルテリの事例としてつぎのような記述がある。

表5　区別賃貸部屋当たり居住者数（1869年）

区　名	地下室	1　階	3　階	5階以上
アドミラルテイスカヤ	5.0	3.6	3.4	5.2
カザンスカヤ	5.0	4.9	3.7	4.1
スパースカヤ	5.8	5.5	8.6	6.1
コローメンスカヤ	5.5	4.7	8.9	3.2
ナールヴスカヤ	6.0	6.4	6.2	5.2
モスクワ	6.5	6.1	5.2	6.5
アレクサンドル＝ネフスカヤ	9.4	7.4	5.8	6.3
ロジェストヴェンスカヤ	5.8	6.2	5.9	5.1
リテイナヤ	5.1	4.3	4.5	4.5
ヴァシーリエフスカヤ	4.7	4.8	4.0	4.2
ペテルブルグ	4.2	4.0	3.8	2.5
ヴィボルグ	8.2	5.4	10.9	3.0

出典：J. M. Bater, *St. Petersburg, Industrialization and Change*, London, 1976, 174.

そこのヴォトカ製造工場の労働者はアルテリで暮らし、家主の部屋だけを利用している。すべてのアルテリは自分たちに共通する食卓を備え、自腹を切って賄い婦を雇っている。朝、九時に彼らは茶を飲みパンを食べる。二時にシチーないしスープとカーシャで食事する。夜九時に同じような夕食をする。日に二度ヴォトカを小さなグラスで百分の一ヴェドロー(一ヴェドローは約一二・三リットル、約一二三ミリリットルに相当)ずつ貫っている。[12]

アルテリには政府が承認した規約に則った自立したものとそうでないものとがあった(これは分類のひとつ)。家具運搬人たちのアルテリは自立したものの事例であり、それは三〇人の構成員から成り、各自が大枚三〇〇ルーブリを出資して、事務室、台所、住居四室(そこでは一三人が生活する)を維持している。ここに住まない残りの一七人は自由に部屋を借り、家族持ち以外は料理店で食事をしている。概して、彼らの生活環境は良好である。非自立的なアルテリは七つを数えるが、うち六つは行政機関に、一つは経営者にそれぞれ依存している。二三人からなる掃除婦(夫)のアルテリは警察署長(городской комиссар)によって統制されている。それには市側から月に五五ルーブリの部屋および薪代が出ているのである。労働者は月に一三〜一五ルーブリの食費を出し、彼らの一人が食事をつくるなどしているが、部屋は一人当たりわずかに一立方サージェンの広さしかなく、「極度に汚らしい状態(неряшливо)」にある。[13]

もうひとつ、アレクサンドル＝ネフスカヤ区のアルテリは一時的なものと恒常的なそれとに二分されている(これも分類のひとつ)。前者は大工、石工などのアルテリであり、夏の初めにできて、一〇月の終わりにはなくなるものである。つまり、これは首都における修繕の時期が始まる前にやってくる職人や労働者たちがつくるもので、五〇ほどあり、なかには三〇〇人という大きなものもあるが、平均すると一つのアルテリは一二ないし一五人から八〇人ほどで成り立っているのである。後者は御者、屋根葺き職人や工場労働者(рабочие при заводах)などのそれが該当する。[14]

これらの事例からうかがえるのは、この都会でたとえ一時的にであれ生活しようとした労働人民たちが暮らしにさまざまな工夫を凝らしていた様子である。ここに観察されるアルテリの活用形態は農村共同体における生活様式をなかば想像させるものである。つまり、こうしたことは日常生活のレベルで「農村部分」が「都市部分」へ食い込んでいることをよく示している。明らかに、これは農村と都市との接触局面のひとつである。農的な知恵とでもいいうるものがあって、それによってはじめて労働者たちの都会生活は保証されたのである。

H・W・ウィリアムズの観察

さて、すでに引用したようにH・W・ウィリアムズという人が革命前に『ロシア人のロシア(*Russia of the Russians*)』という好著を出しているが、そのなかで彼はこの首都労働者の社会的相貌に関してつぎのような記事を書いている。少し長くなるが、その触りの部分をつぎに引用したい。

ここのほとんどの労働者は農民の出である。毎年毎年、彼らはリャザン、オリョール、ヤロスラヴリ、コストロマー、トヴェーリ、ノヴゴロド、ペルミなどの県から一団となって、鈍行列車の三等客車に乗るか、あるいはてくてく歩くかしてやってくる。そして、工場労働、辻馬車、門番、床磨き、使い走りなどの職にありつくのだ。女の多くは召使いになる。彼らは貧しいから、精々よくても大きな建物の裏庭にある〔日が当たらない〕暗くて狭いアパートに住むか、郊外にある今にも崩れそうな木造の建物に入るかするぐらいなのだが、悪くすると、一ルーブリ五〇カペイカから二ルーブリも支払って、隅〔原語は corners で、угол を訳している〕を借りて、すし詰めの中で黒パンとお茶だけで生活することになる。どう見ても、彼らは農民的容貌そのままを保っており、同郷人と仲良くし、日曜の朝には早くからまとまって教会へ行くのだ。そして、天気具合をみながら、「もう草を刈る頃だ」とか、「取り入れ時じゃないか」などと思ったりする。彼らは百姓言葉と農民的な作法を強固に維持しているのだ。当然なことに、彼らは都市では飲む機会が多い。特に日曜日と祝日には千鳥足の彼らと各所で出会うことになる。だが、街はそこに住む者を溶解して平準化する作用を彼らにも及ぼそうとしている。実際に、彼らは居酒屋〔traktirs という言い方〕に群れて、それほど強くはない酒を酌み交わしながら、何か大きな出来事の衝撃ですっかり混乱してしまった事柄や、日々の労働の中でしっかりと焼き付いた印象の数々を交換するのだ。そして、彼らは段々と都会の安っぽい娯楽に染まっていく。「人民の家」とか「人民宮殿」などに行って、非常に安い入場料でそこの劇やオペラを観賞し、夏の夜や日曜や祝日には公園を野外遊楽する。ペテルブルグ区のペトロフスキー公園ではアベックで歩き、ヒマワリの種を食べ、軍楽隊の音楽を聴き、野外劇場のメロドラマを立見したりする。また、市内各所にあるこれまた安い映画館で血も凍るような悲劇や世界七不思議ものを観たりする。安価な新聞や本が出回るようになり、夜学や人民向けの講義もあり、子供は学校へ通って真の都市民に成長する。そして、あらゆる種類の新しい知識がこの忙しい、可動的で、機敏な、そして休むことなしに話好きな群衆の間に急速に広まることになる。彼らはクロンシタットからやって来た神父の説教に熱狂するかと思えば、ややこしい問題や無謀な期待や苦い失望などから政治的に高揚したりする。そうすると、教会の平司祭がやおら自制するように説教する。すると、何百人かはその弛んだ生活から足を洗い、清い生活をするようになる。だが、民衆の中を悲観主義の波が通りすぎ、労働人民の自殺が報じられる。男は運河に飛び込み、女は酢酸を飲む。これは農村生活の隣人関係が急速に変容して大都市のそれになる過程で起きることであるが、そうなると混乱し不確かさから、多くの人間が再び悪行に染まり、都市的な俗化は避けられないことになるのである。(15)

この引用には本書ですでに言及した事柄を含め多くの事項がコンパクトにまとめられている。ここではさらにこれに逐一、解説を加えようとは思わないが、ウィリアムズがほとんど結論的な言い方をもってする、農民たちが段々と「都市的な俗化」に染まるということに関連して、もうひとつだけ引用を重ねることを許されたい。それはすでに取り上げているシャポワロフの回想の一節である。彼は一八七一年、ウクライナでペテルブルグ＝ワルシャワ鉄道従業員の家に生まれたのだが、ペテルブルグの子供時代に「当時、労働者の間で流行していた、いわゆる「ドン百姓」にたいする批判的侮辱的な態度を身に付けた」と自ら告白するような人である。彼の観察によれば、鉄道関係者のうち一番遅れていたのは稼ぎに出てきた火夫と未熟練労働者たちであった。彼らは「最低限の欲をもち、極度の抵抗力を備えた人間であった」が、そうした彼らも金を貯めると、都会風の服装一揃いと、長い、ピカピカする刺繍が施された長靴と、帯紐付きの真紅のシャツと、「イタリア物の」ハーモニカとを買って村へ帰っていったのである。その一方で、「錠前工、機関手やその助手」ら「労働貴族」の衣服はドイツ人やフィン人と同じようであり、「彼らは知らず知らずそれを真似ていたのである」[16]。このエピソードは鉄道労働者の間に普遍的に見られた「都市的な俗化」の事例をやはりよく示すであろう。このように、農村的な強《したた》かさと「都市的な俗化」とは裏腹の関係にあったのである。

「高賃金」金属工

すでに触れたようにペテルブルグにおいて金属工業が発展したので、その工場労働者の賃金は相対的に高い水準にあった。当地の主任工場監督官ミハイローフスキー(Я. Т. Михайловский)の一八九〇年における計算によれば、全国平均の労働者の年間賃金は一八七ルーブリ六〇カペイカであったが、ペテルブルグ県は二三二ルーブリと高く、中央工業地帯の一六七ルーブリを大きく引き離していた(これは年間二八八労働日、正味一二時間労働で計算しており、一八八〇年代中頃の全国平均の年間労働日数に等しい。なお、一九〇〇年のパリ万博で紹介された数字では、ペテルブルグ県が二九〇日から二九五日と多く、モスクワなどの中央工業地帯は二八〇日から二八五日である[17]。これらから想像されるのは、後者が農村部との繋がりがより強かったこと(夏季における労働者の農作業への離脱)、前者により「近代的な」経営主体が存在したことなどである)。また、一九〇一年で見ると、工場監督管区別ではペテルブルグは二七三ルーブリと全国一位で、モスクワの一七五ルーブリをやはりはるかに超えていた。こうしたペテルブルグの「高賃金」を支えた要因のひとつは金属加工業が高水準の賃金を誇っていたことにあった。それは、一八七九年で全体平均で二五六ルーブリ、一九〇〇年で三三八ルーブリであった。工場別では、一八八四~八六年、「プチーロフ」で年間三八〇、「ネヴァ」で三五七、「イジョーラ」で三四八、「ペテルブルグ金属」で三六七ルーブリと、これら大企業ではますます「高賃金」であった[18]。もっともそれは全体平均の話であって、このころ、金属加工業内部においては日給で有資格労働者の二ルーブリから雑役工の三〇カペイカまでかなりの開きがあった。[19] そして、農村から出てきたばかりの農民がすぐに有資格労働者になれるはずもなかった。

さて、農民のペテルブルグ労働への関与を中途半端にしたのは農村共同体の拘束力だけではなかった。首都での生活は何よりも現金を必要とし、高い生活費と住居の劣悪さからして、到底、家族を呼ぶ気持ちにはなれなかったであろう。この首都居住者の家族関係を瞥見すると、何よりも特徴的であったのは、すでに言及したように、既婚者が少ないということであった(例えば、労働者のなかで一人か家族と離れて住む男子はペテルブルグで八六・五%、帝国平均で五八・四%という世紀末の数字がある)。それも辻馬車の御者のようないわゆる非有資格的な業種で結婚率は高く、「典型的な都会人(типичные горожане)」が多いといわれた部門、例えば、印刷、金属などでその率が低い傾向があった。世紀末で、五〇〇からできれば六〇〇ルーブリの年収がないとペテルブルグでは子供をもち養育することは困難であり、その一方、農村では家族を遥かに安く養えるといわれたのである。[20] したがって、ゼルニクがいうように、当時はルーブリの使い出があったとしても、[21] いかさまそれは相対的なことであって、絶対的な不足は如何ともしがたかったのであり、少なくとも経済的に保障されてペテルブルグで家庭生活を営める労働者は限られた存在であったと見なくてはならないであろう。

(1) Ю. И. Кирьянов, Жизненный уровень рабочих России, М., 1979, 156-157.
(2) J. H. Bater, *St. Petersburg, Industrialization and Change*, 252.
(3) Город С.-Перербург, 631-632.
(4) Там же, 313.
(5) Там же, 700.
(6) Энциклопедический Словарь, т. XXVII, 319.
(7) Очерки истории Ленинграда, 202-203.

(8) M. F. Hamm, *The City in Late Imperial Russia*, Indiana University Press, 1986, 56.
(9) J. H. Bater, *op. cit.*, 201.
(10) Энциклопедический Словарь, т. XXVII, 323.
(11) Город С.-Петербург, 463.
(12) Там же, 219.
(13) Там же, 314-316.
(14) Там же, 588.
(15) H. W. Williams, *Russia of the Russians*, 420-422.
(16) シャポワロフ、前掲書、一七、二九頁。
(17) Ю. И. Кирьянов, Указ. соч., 72-73.
(18) Там же, 104, 108-109, 114, 124.
(19) История рабочих Ленинграда, т. 1, 136.
(20) С. Бернштейн-Коган, Численность, состав и положение петербургских рабочих, Опыт статистического изследования, СПб., 1910, 51-55.
(21) R. E. Zelnik, *Labor and Society in Tsarist Russia*, 56.

3 「ザヴォツキエ」の出現

労働者の回想記

ゲラシーモフ（В. Г. Герасимов）は急進的労働者として最初に回想を執筆したひとりである。それが刊行されたのは一九〇六年であるから、一八九二年に出たプレハーノフの有名な労働者(運動)に関わる回想記のほうがそれよりかなり前であるのだが、彼自身は労働者であったことはない。普通、労働者たちは自らの社会的相貌に関して進んで記録を残そうとはしない。彼らが回想を残すことがあったとしても、それは何らかの外部事情による場合が多い。このことはとくにロシア史に関してあてはまることかもしれない。殊のほかソヴィエト史は比類なき事例を提供するであろう。革命後にソヴィエト当局が行ったキャンペーンのなかに定まった書式によって労働者回想記を生み出そうとするものがあった。例えば、一八七〇年代ペテルブルグの代表的労働運動家であるスミルノフの回想は彼に向けられた質問に書面で回答する形(письменные ответы)を採っている。[1] 一九二〇年に組織された「十月革命史および共産党史に関わる資料の収集と研究委員会(略称イストパルト)」では、ネフスキー(В. И. Невский)が主導して一九二二年初頭より革命派労働者の自伝資料の収集に取りかかり、そのために各地で「回想の夕べ」を開催した。さらに、作家ゴーリキー(М. Горький)は精力的に『工場史叢書』の刊行に励んだ。このシリーズの工場史は労働者たちの革命過程への主体的参加を強調する編集方針の下におかれた。[2]

これらの試みはいずれも何らかの政治的目的があってのことであったが、やがて明らかになったことは「プチブル的幻想から革命運動が解放される過程の不可避性」と「革命的マルクス主義と労働運動の融合」を「論証」するためにこれら回想記が活用される傾向であった。これら括弧で括った文句はかつてソ連史学界においてこの時期の労働運動史研究で指導的立場にあったコロリチューク(Е. А. Корольчук)が使用したものである。[3] この点で、革命以前に刊行されたゲラシーモフの回想記は微妙な位置にあるが、ソヴィエト期に何回か重版されたのは、コロリチュークがいう「論証」にとり便利な面があったことを想像させるのである。[4]

さらにいえば、自伝を執筆する労働者の側には意識的に神話を生み出そうとするいわば「超人」志向が認められることも多いのである。この人たちのことを改めて「労働者=作家(worker-authors)」などと呼んで、彼らが多用した宗教

的なイメージがボリシェヴィズムの宗教的性格とよく照応していることに注意を喚起したのがスタインベルグであった。(5)

さて、ゲラシーモフの回想に注目した労働史家ゼルニクはそれをよく読んで解説するだけでなく、全文を英訳までしている。彼はそれを「急進的ないしは革命的な労働者のロシア的な文化的プロトタイプ」であるという。(6) 確かに、従来は、歴史家の多くはゲールツェンやラヴローフのような代表的なインテリ革命家たちを個別に取り上げる一方で、労働大衆を一絡げにして群集として扱う傾向にあったのだから、ゲラシーモフのようないわば中間的な、インテリ革命家と群衆との中間に位置する人物を個々に丁寧に取り上げるようなことはなかった。

この際、ゼルニクはおおよそつぎのような枠組みで考えていると推測される。労働大衆のなかからインテリのカテゴリーに入ろうとしている人間(ゲラシーモフはそのひとり)がロシア史においてはじめて登場した事実がまず着目される。彼らは境界領域の人間である。彼らには共通して何らかの考え、知識、つまりイデアにたいして格段に興味を引かれる性向があり、また、「書かれた言葉(the written word)」を殊のほか偏愛する向きが認められる。彼らが「労働者インテリゲンツィア(рабочая интеллигенция)」あるいは「インテリ的労働者(интеллигентный рабочий)」と称される所以でもある(のちに取り上げる「労働者＝インテリ」などといった用語も同様である)。いずれにせよ、彼らの多くは他の労働者たちと同様に農民(身分)を両親にしている。したがって、そうしたなかから「インテリ的労働者」などに変身するについては、各自の社会における活動と経験によるところが大であろうと考えられる。しかしながら、社会生活の諸相と当該労働者との緊張した関係のあり方はさまざまであろうから、予断をもってその特徴を把握し理解することはできない。まずは個別的事例を丁寧に読み解き、データを集積する必要がある。

確かに、こうした試行に異を差し挟めるほど私たちは信頼に足る情報を持ち合わせてはいないであろう。しかし、ここで触れたように「書かれた言葉」を偏愛するような性癖をもつ労働者の事例をこの時期に関して取り上げることはそれほど困難ではないであろう。すでに触れたM・オルローフの場合、彼はとくに「学生的」と仲間内でも評判であった人であるからなおさらであろうが、彼が兄へ書いた手紙の一節につぎのような箇所がある。

私はもはや農村労働者ではありえない。無論、農民でもありえない。それは私が彼らを愛さないからではなく、私自身がもはや農民でいることはできないからだ。〔その理由として、彼は、高い税金、不作などは小さいことであるといい、〕主としては勉学(наука)への愛情であり、私はそれが地上で何よりも好きになったのだ。(7)

右の引用で勉学とした「ナウーカ」は科学とも学問とも訳せる言葉である。労働者の間にかくも勉強好きな人物が登場する時代なのである。何度も繰り返すようであるが、本書はかような人間類型が出現したことをロシア社会史において解釈しようとするものである。

労働者の区分基準

オルローフのような人を「ザヴォツキエ(заводские)」という範疇で呼ぶことはできるし、歴史的にそうすることがよく行われてきたであろう。彼らは基本的に金属加工などの重工業工場(つまり、ザヴォード[завод])に従事する場合が多かったから、その言葉から派生した「ザヴォツキエ」という範疇用語は金属工などと置換されることも普通なされてきたのであろう。確かに、オルローフ自身はセミャンニコフ工場(これは創業者に因む通称であり、正式にはネヴァ造船機械製造工場である)に勤務した労働者であった(ただし、事務所の書記であったかもしれない)。しかしながら、ここで指摘しなくてはならないのは用語上の分類基準になった背景要因はこのような工場の業種ないしは労働者の職種ではなかったのではないかと考えられることである。むしろ、それは、結果的にそうなったといったほうが正確であるように思われる。

確かに、「ザヴォツキエ」という用語はロシア史にあっては近代に初出した社会的カテゴリーである。『ブロックガウス・エフロン百科事典』に「工場(заводы)」の項目を執筆したのはかのメンデレーエフであるが、彼は同じ工場でもファーブリカ фабрика のほうが発生史的に古いとしたうえで、それは紡績のように原材料を明らかに目に見えるように加工するが、ザヴォード завод(заводы は複数形)はそれを金属、ガラス、セメントなどのように人間の目には見えない化学変化をさせるとして製品の質的な変容度合いで両者を区分している。この分類基準はまさしく化学的であって、理論的には用語の適応範囲をすこぶる拡張しうるものである。さらにメンデレーエフは化学知識は現象面で新世界を切り開く力があり、それゆえに завод は新しい価値を生み出しうるのだとも力説している。彼の叙述には заводские は出てこないが、化学が新世界を切り開く場として завод を捉えていることから類推すれば、その延長線上に従来の勤労人民とは質的に相違する労働主体が出現することを予想し、それを期待していると読めないこともない(8)。

このように見れば、завод そして заводские という用語には新しい近代的な、あるいは革命的な価値観が込められており、それは文化(水準)の差別的分類基準に沿った用語であることは否定しがたい。つまり、本書の主題に照らしていえば、この用語法では「科学と文化」の時代における「文化性(культурность)」が何よりも問題とされていたと考えられる。この論点に関連して、外科医学アカデミー学生であったナロードニキ、ポポーフ(M. P. Попов)は一八七〇年代初めにペテルブルグで起きたトロントン工場爆発事故に関わってつぎのような興味深い記述を残している。

労働者のなかでもこの事故にたいする抗議に積極的であったのはファブリーチヌイエ・タイプの人たちであった。この点で、彼らはザヴォツキエよりも期待がもてた。前者はあまり文化的ではないのだが、ザヴォツキエよりは信用できた。それにザヴォツキエに多い家族持ち労働者はストライキには共感的ではなかった。ファブリーチヌイエは農村とは切れていないか、切れたとしても最近のことであり、古くからあった農村共同体において獲得した共同体的な感情と倫理(общественные чувства и этики)をいまだ失ってはいないのである。彼らは村ないし郷の同郷人たちとアルテリに住んでいた。現に、トロントン工場のすべての労働者たちはトヴェーリ県の農民出身なのである。これにたいして、ペテルブルグ市のザヴォッキエは多くが同市と郡市の町人(мещанин)の出であり、当該工場に共同体的な感情を持ち込むようなことはしないのである。しかも彼らは階級的な感情といったものをいまだ作りえていない。確かに、ザヴォッキエはファブリーチヌイエよりも文化的であるのだが、彼らは工場労働者の世界(заводская среда)だけが生み出したものではなく、それは全般的なロシア文化の産物(продукт общей русской культуры)なのである。(9)

著者はここでの区分法に着目したい。つまり、これは、ロシア社会全般を「科学と文化」の一大潮流がはじめて覆ったときに、労働分野で新規に出現した分類法であったともいえるであろう。したがって、別に金属工でなく繊維工であったとしても一定の条件のもとに当該人物は「ザヴォッキエ」として認知されることもありえたのである。用語法もそれぞれであり、いまだ定まってはいなかった印象すら抱くのである。もっとも、この際、著者は表面的には職種別の分類がなされていたことを隠そうとは思わない。例えば、シシコーはつぎのように書いている。

ザヴォッキエ労働者は……当時、すでにそれ自身の基金(касса)と図書館をもち、そのうえインテリからなる革命家たちとはファブリーチヌイエ労働者グループよりははるかに自立した関係を保っている、かなりよく組織されたグループを構成していた。……ザヴォッキエ労働者、つまり、機械工場労働者、組立工(слесари)、金属旋盤工(токари по металлу)、鋳造工(литейщики)などは全般的にファブリーチヌイエよりもはるかに高い地位にあって、彼らのために政治経済、歴史、西欧革命運動などに関する系統的な講義が用意されていたのである。(10)

この議論では彼はザヴォツキエを金属関係労働者として、その知的な水準と関心の高さ、そしてインテリゲンツィアにたいする自律性を強調し、さらに何よりももうひとつのファブリーチヌイエと差別する二分論を採用している。シシコーが指摘するような職種にザヴォツキエが多くいたことから、ザヴォツキエといえばそのような労働者をイメージすることが流通するようになったと考えられるが、当然のことに金属工であれば全員が自動的にザヴォツキエとなったわけではない。著者はペテルブルグという都市が有した、科学的文化的雰囲気をこの局面でも考慮することが必要であるという立場から議論を展開しようとしている。つまり、どこか別のところにペテルブルグ以上に重工業に特化したような場所があったとしても、そこでザヴォツキエが自動的に出現する保障は何もなかったであろうということである。「文化的な範疇としてのザヴォツキエ」扱いすることが可能であろう繊維工の例として、以下にアレクセーエフ(П. Алексеев)を取り上げてみたい。

アレクセーエフの場合

彼は現代ロシア出版史で著名な『偉人伝シリーズ』にも加えられるほどの有名人であり、「ロシア・プロレタリアートの代表者として、ナロードニキ運動にプロレタリア的な首尾一貫性を持ち込んだ」とする最大級の評価がなされた人である[11]。彼がかくも有名になったのは、モスクワ地方のナロードニキを裁いたいわゆる「五〇人裁判」で、一八七七年三月一〇日に目を見張るような弁論を法廷で展開したからであろう[12]。

彼は一八四九年にスモレンスク県の国有地貧農の息子に生まれ、九歳で出稼ぎ織工としてモスクワへ出た。容易に予想されるように、彼に関する資料は決定的に不足しているから、想像するほかないが、おそらく少年時代、彼は定められた織布工場と故郷の間を往復して過ごしたに相違ない。一九〇六年に「人民の意志」出版所から出された伝記によると、彼は一六歳から一七歳で教師の助けなしに独学で読み書きを修得したという。[13] しかし、作家たちがこのころから彼は読み書きの必要性を痛感していたと書くのは単なる思い込みにすぎないかもしれない。彼が帰郷する際に、本の行商人になったというのもおそらくは同様の感がする。[14] 彼に関する多くの記述の重大な欠陥は、何ゆえに一八七二年に彼がペテルブルグに移ったかを説明しえない点であるが、彼はトロントン工場に入ったのである(これもすでに触れたペテルブルグの「吸引力」の現れである)。これは本書でしばしば登場する工場であるが、念のためにいえば、羅紗工場であり、したがって、фабрика であって、завод ではない。

工場があったアレクサンドル＝ネフスカヤ区にはチャイコフスキー団のなかで労働者工作に最も熱心であったシネグープが居住しており、アレクセーエフのほうから彼の部屋へ出向いて無償の教授を求めたといわれる。[15] 彼はすでに読み書きはできるから、さらに地理と幾何を習いたいと申し出たそうである。団ではペロフスカヤやチホミーロフも彼に教えたが、やがて団が解体されると、アレクセーエフはラヴローフ派サークル(後出)に接近して、そこでラサールなどを読んだ。つまり、同派のイヴァノフスキー(В. Ивановский)などがモナトナヤ通りに組織したコムーナ(コミューン)がトロントン工場労働者を工作しようとし、さらに同工場の活動家スミルノフ(И. Смирнов)がインテリたちに働きかけて、労働者学校を開き、それにアレクセーエフが参加したのである。[16] そこでは、ロシア語、フランス革命史、ラサールとチェルヌィシェフスキーの政治経済学、算数と物理、ロシア史、文学の六種目が教授された。[17] この時、アレクセーエフはナロードニキのツヴィレーネフ(Н. Цвиленев)と出会っている。[18] 後者は一八七三年秋に外科医学アカデミーに入学してから、イヴァノフスキーを通じて彼と近づきになったのである。イヴァノフスキーはその年末にアレクセーエフが『あるフランス農民史』を読んでいたと証言しているから、彼はやはり相当な読書家であったのであろう。[19]

後世の伝記作家がアレクセーエフがモスクワは「ファブリーチヌイエの地域」で〔人的〕構成において〔農民的に〕均質であり、より発達してその多くが他者にたいして傲慢なペテルブルグの「ザヴォツキエ分子」よりも宣伝しやすいと考えていたと想像しながら書く場合[20]、その通りであるならば、アレクセーエフが一般的なザヴォツキエから労働者＝革命家の方向へとさらに一歩、転進したことを示している。おそらく、彼がそうした感想を吐露したとしても、工業種目による労働者区分は念頭においていないはずである。

一八七四年一〇月、アレクセーエフはグルジア出身のナロードニキ、ジャバダリ(И. С. Джабадари)のカフカース人サークル(кружок кавказцев)に接近し、彼ら二人は意気投合して年末にモスクワへ移動し労働者への宣伝活動を本格化しようとして「全ロシア社会革命組織」の結成をめざしたが、弾圧されて「五〇人裁判」にかけられた。ジャバダリはアレクセーエフの印象をこう語っている。——アレクセーエフはペテルブルグのザヴォツキエは余りに自己本位的で自分を労働貴族のように思っており、革命的宣伝を受け付けはしない。それにたいして、モスクワのファブリーチヌイエは感受性に優れていると考えていたようだ。彼はむしろインテリを軽蔑さえしているのではないかと感じた[21]。

ここで改めて注意してよいのは、アレクセーエフが問題としたのは、ザヴォツキエとファブリーチヌイエの文化的あるいは社会的位相の対比なのであって、別にそれらの職種別などではない。繰り返すが、もし、職種別が考慮すべき要素に加わるとすれば、それはそうした類型の人がその分野に比較的に多い、少ないといった非本質的な話においてであるはずなのである。

この論点に関連して、つぎに言及するのも無駄ではあるまい。この時代のロシアでは「プロレタリア」、「労働者階級」といった用語はしばしば貧者、下層民一般をさし、必ずしも工場労働者をさす訳ではなかったし、さらにいえば、労働者階級関係用語はしばしば警察の報告書で病気(伝染病)の主要な犠牲者をさす場合に使われていたということである[22]。新たに登場した用語はそれを利用する主体によって適当な使われ方をすることが多い。ファブリーチヌイエやザヴォツキエなどもそうした事例のひとつであると見てよいであろう。

カナトチコフの場合

さらに、もうひとりの労働者に触れたい。ゼルニクは、「帝政末期ロシアの都市下層階級の生活について最も豊かな自伝」としてカナトチコフ(С. И. Канатчиков)のそれを取り上げ、やはり丁寧に英訳するまでして、当時の工場労働者としての社会心理の発達過程を跡づけようとしている。モスクワ県の典型的な農家に生まれたカナトチコフの都市労働者としての自己形成期は一八九〇年代であるから、本書が直接対象とする時期とは少しずれるのだが、彼の回想記を通して農村から大都会へ入った多くの労働者に備わっていた近代ロシア期に共通する社会的相貌のいくつかの面を観察することはできるであろう。カナトチコフをはじめとしてこの時期に出現した自覚的な労働者の間で顕著であった、人間関係や読書などを通じた知的な視野の拡大は同時にその社交性(sociability)を増大させたのであり、こうしたことは全体として世紀転換期ロシア社会が有した「極度の可塑性(extreme plasticity)」をも暗示しているというのが、ゼルニク自らが英訳に付した、社会論に傾斜した「解説」の結論なのである。[23]

カナトチコフは、ペテルブルグで給仕として働き五〇歳ほどで体を壊して帰郷した、少しだけ読み書きができた「中農」を父として、一八七九年にモスクワ県ヴォロコラムスク郡に生まれた。県最西端に位置した同郡ではほとんどの農民は地元小営業に吸収されていたが、そこで働き場を見出せない人たちはやおら遠方への出稼ぎを強いられていた。[24]カナトチコフは九歳で最寄りの大村に所在した学校へ通ったが、そこには毎週金曜に司祭がきて宗教教師を務めた。彼は帰宅するとその日に習ったウシンスキー(К. Д. Ушинский)の子供向け読本『母語(Родное Слово)』を父親の前で朗読した。この父は本好きで、「安い新聞」まで取っていた人であった。こうした家庭環境が彼をして文字に向かわせるのに大いに作用したことはありうるであろう。一三歳で学校を終えたが、父は息子をすぐにモスクワへ働き出すことに躊躇したので、カナトチコフは農作業の手伝いになった。その間に母親が死に、そのとき彼は詩篇を大声で読み上げたのである(回想記や解説にはこれ以上の言及はないが、そうすることは司祭への支払いを節約するから、これは農民にとり読み書きの実利的な効用のひとつであった[25]。

一八九五年春、一六歳の時、父親はカナトチコフをモスクワへ連れて行き、グスタフ・リスト機械工場の徒弟にした。これはクレムリンに近く、モスクワ川の右岸に所在し、労働者約八〇〇人を擁していた。回想は「大都会モスクワ」の第一印象を率直に語る。まず驚いたのは、店舗の多さ、周囲の冷たさと無関心さ、そして外見の華美さ。これらにカナトチコフはいわれがたき恐怖心を抱く。敵の只中にいる感じさえする。孤独を感じ、見捨てられ、誰にも相手されないと思う。「私は典型的な農村の若者の身なりをしていた」から工場の熟練工たちは「私を見下し、「青二才の田舎カボチャ野郎」などと呼んだ」。彼をとりあえず救ったのは同郷人たちで構成したアルテリであった。この工場の仕事を用意したのも同郷人であったし、一五人ほどが共同で宿舎を借りたのもそうであった。カナトチコフはそのなかに入り、一緒になって「同じ皿から木のスプーンで」食事したのである。

たまにはその何人かと連れ立って美術館や博物館へも出かけたというが(このような文化的なことは生まれてはじめてであろう)、このアルテリは工場外の時間のすべてが流れる場所であったといえる。そこでは通例、代表的な通俗新聞とされることが多い『モスクワ新聞(Московский Листок)[26]』を購読していたから、カナトチコフは文字通り、文化や文字に取り囲まれてモスクワ生活をスタートしたことになる。

工場では、彼は鋳型製作部門で未熟練工の下働きとなったが、やがて指物師作業台へ配置換えになり旋盤を修得する機会を得て、日給は二五カペイカから四〇カペイカへと増額された。一年間働いたときに、彼は「自信が出てきて、私はもはや毎日のことや月並みな道徳には批判的な態度をとるようになった」という[27]。この鋳型製作部門は世上、「貴族的な」部門とみられていたが、確かにそこで働く労働者の多くは「都会的」であり、小奇麗にしていて、長靴にかかる長さのズボンを穿いてそのシャツは「ファンタジア」スタイルでズボンに挟み込まれ、ネクタイ代わりに色つきのレースがついたカラーを絞めていた。休日には彼らの何人かは山高帽さえ被ったのである。彼らは髪を「ポーランド型」にしていた。つまり、この一団は見た目にもはっきり分かるように、「洒落者」だったのである。[28] カナトチコフがのちに知り合うことになるモスクワのズバートフ運動活動家であったアファナーセフ(М. Афанасев)もやはり鋳型製作労働者であったが、彼はいつも小奇麗な服装をして、新聞『ロシア報知(Русские Ведомости)』を小脇に抱えていたといわれるのである。[29] 外見からも他と区別がつく、ロシア社会に初登場したこの「洒落者」集団が労働者の世界に新風を吹き込む可能性を秘めていたのである。

カナトチコフが運動の洗礼を受けたのはそこにおいてであった。当時、モスクワ市セルプホフ区に所在したゴペル(Гопер)工場労働者は先進的な運動で知られていた。労働者の世界ではそこの鋳型製作労働者は学生(студент)と呼ばれていたが、当時、この用語には確実に革命的という含意があった。少なくとも労働者側には学生にたいしてそうしたイメージが確立していた。その工場からひとりの鋳型製作労働者がカナトチコフの所属した部門に移ってきて、彼はその人から影響を受けることになった。[30]

回想記は、その後、「猛烈な」読書などを通して外部からもたらされた影響について言及している。彼はハウプトマンの『織工(Die Weber)』(一八九二年刊)の露訳(一八九五年に非合法裏に二種類が出た)やポーランドのアナルコ・サンジカリストであるアブラモフスキ(E. Abramowski)の『個々の労働者は何を知り、理解する必要があるのか』(一八九五年、ジュネーヴの「ロシア社会民主主義者同盟」が刊行)から強い印象を受けたし、さらにプレハーノフの「革命運動におけるロシア労働者」も読んだという。この時期に「手当たり次第に」関連書をその思想的位相を考えることもなく(実際にはそれをできずに)、濫読したことが、カナトチコフを自覚的な労働者へと変身させることになった。これは文字がそうした力量をもちえた「科学と文化」の時代性を確認できる好例である。ここにきて、彼は都会生活の入り口で支援を受けたアルテリを見捨てることで、ようやくその「個」を確立して自立しようとする。それは共同体的秩序観からの離脱をも意味しており、農村から都市へと生活基盤を文字通りに本格的に変換することでもあった。つぎに彼が「一人の同志とともに」住んだのは個室であり、もはや司祭のもとへ告白に行くことは止め、四旬斎の断食日にも「禁ぜられた食べ物」を口にするようになった。しかし、「休日で故郷に戻ったときに、十字を切る習慣を捨てることはなかった」と正直にいうのであるから、この変身にあたって、正教が格闘すべき要素として大きかったことが、少なくとも文言のうえからは、判明するのである。[31]

カナトチコフは工場生活が長引くにつれて、それに溶け込んでいく感覚にとらわれるようになった。そして、眠気を催す農村生活の静かで長閑で怠惰でさえある詩情よりも工場労働の仮借のないきびきびとした雰囲気のほうに親しみが湧いてくるようになったと述べる。[32]工場ではクリスマスと復活祭のときに労働者が大量に帰村して休業になる慣習が維持されていたが、彼はその時に帰郷することも止めてしまう。都市生活の世俗的な楽しみのほうにより強く引きつけられたからだという。[33]彼が志したのは、自立した生活をして、火酒で身を持ち崩していない若い金属労働者のような服装をすることであった。[34]したがって、まず第一にカナトチコフを「変えた」のは都市空間であり、予測されるような特定の思想などでは決してなかったのである。

モスクワでの工場生活に専心することにしたカナトチコフは世紀末に創業したばかりのムイシチェンスク鉄道車輛工場に就職した。それは市内から北西に二〇キロ余りのところにあり、一九〇三年時点で労働者一三〇〇人を数えた中堅工場であった。彼は工場から歩いて三〇分ほどの村に部屋を借りたが、その家主は以前にゴペル工場で働いただけでなく、ストライキも体験した男で、教会には行かず、大衆誌『ニーバ』を定期購読していた。さらに、工場では一、二の者が「進歩的な」新聞や「傾向的な」本を購読していることに気付いた(括弧書きはカナトチコフによる)。しかし、彼らは現実の政治からは距離をとっていた。[35]家主は一八六〇年代の最も知られていた急進的作家にして社会評論家で、「禁止されている」シェルグーノフをカナトチコフに薦めた。暫くの間、彼はその著作を入手しようと捜し歩き、ついにスレテンカ通りの古本屋で大枚二ルーブリと五〇カペイカを支払って大きな二巻本を入手したのである。[36]

さらに彼はクレストフスク門付近の機械工場で働いた際に知り合った友人からは詩人ネクラーソフの存在を教えられた。ごくわずかな料金で都市下層民に読書を提供した人民図書館（народная библиотека）ではネクラーソフは禁書であったから、彼はわざわざそれをツルゲーネフ図書館へ読みに行った。ネクラーソフの詩はその目を開き始めたばかりの労働者にとり力強い宣伝のための武器であったというのが彼の評価である。[37] このように、すでに明らかなように、回想者は見聞などした出版物を例示し、書き留めることに格段の配慮を払っている。これは彼が情報伝達手段として文字資料が第一級の価値を有すると認識しえた時代にいたことと無関係ではありえない。

カナトチコフにとっても労働者＝革命家とインテリ＝革命家の対比的な存在をめぐる問題は大きな関心事項であった。おそらく実体験として、一旦、運動から身を引いたインテリたちの多くは二度と運動に戻ってこないのにたいして、労働者のほうは「同志」に囲まれて資本の抑圧と闘い続けなければならない厳しく真剣な環境にあることを身に沁みて悟ったのであった。[38]「労働運動」ではなく、「労働者運動」の独自性といった彼の主張は、おそらくはこうした体験を経ることによって、次第に形を整え、労働者の「成長」とともに確立された志向性であろう。両者の間に横たわるのは、場合によっては逆に働く可能性を秘めたベクトルであり、緊張した関係である。

モスクワで食い詰めて、カナトチコフは一八九八年秋、ペテルブルグへ移った。そこは多くの労働者にとっても「約束の地」と思われていたのである（著者の言葉でいえば、これがペテルブルグの「吸引力」である）。そこで叔母の家を捜し当て、セミャンニコフ工場への就職を頼んだ。彼は新しい首都で金属工として生きようとしたのである。実際に就職できたのは、ヴィボルグ区にある一〇〇人ほどの小さな金属工場であったが、そこにはフィン人、エストニア人、ラトビア人などの非ロシア人が多数働いていた。カナトチコフは同僚となったリトアニア人と部屋を借りたが、このカトリック信者はトマス・アキナス、ソクラテス、プラトンなどをよく知る人物であった。その後、彼はヴァシーリエフスキー島のジーメンス・ハルスケ工場に転職した。そこでも働く労働者の多くはドイツ人、スウェーデン人などの外国人やエストニア人などで、しかも彼らは高度な資格を有していた。人々は彼らを一括して「ドイツ人」と呼んでいた(これはドイツがロシアの工業化に多大な影響力を有していたことの表現でもある)。労働条件は良好であった。カナトチコフの時給は一四カペイカで、日給にすると二ルーブリほどになった。外国人たちは糊のついたカラーと帽子を着用して出勤してきた。何人かは自転車で通勤していた。[39]

そこで学生たちとの交流が本格化した。同居した機械工のスミルノフ(П. Смирнов)がイリヤ・シェンドリコフなど学生たちを連れてきて政治を話題とした。これがカナトチコフにとり学生とのはじめての出会いであった。

彼らは〔学生たち〕は異様な人たちで、何でも知っており、すべてのことにたいして回答をもっていた。私はそうした彼らを羨んだが、同時に何か疑いというか、不安のようなものを抱いたのである。同僚の労働者たちの間で感じられるような自然さが彼らからは伝わってこなかったのである。[40]

これが彼の偽らざる印象であった。別にも述べるように、労働者と学生とが一つのサークルを形成することは、当時、格段に珍しいことではなかった。学生ダニーロフ(この人はのちにボリシェヴィキ党中央委員になるポストロフスキーである)がリーダーとなって、一六、七人から成るサークル(学生と労働者それぞれの数は不明)がつくられた。ダニーロフが日曜の朝の学習会で西欧労働運動について講義した。学生の一人がサークルに相互扶助基金を導入するよう提案し、労働者側はあまり関心を寄せないまま、たいした議論もなしにそれが決定された。[41] 学生たちはクラフチンスキー『地下ロシア』を持ってきたが、労働者側にはそれはほとんど理解不能であった。

カナトチコフによれば、アレクサンドル＝ネフスカヤ区は労働者階級の地区であり、六万人がほとんど何の文化的施設もなしに放置されていた。そこでは、金属工場で最下層の労働に従事する無知で無筆の集団は Pskopsies(プスコフ県出身者の意)といわれてその無法さが恐れられていた。[42] 彼は、労働者大衆は政治的に未発達であるから、彼らの間では社会主義的宣伝は注意深く行われなくてはならなかったというのである。この回想記全体を通してうかがえるのは、教養を身につけた労働者が何の疑念も抱かずにそうした大衆に奉仕しようとする強い意思であり、それゆえの苦悩である。

カナトチコフは冬季、休日や非番の日に一五人から二〇人ほどの信頼できる若い労働者を招待して「夕べの集い」を開き、会食しながら談話した。そこでは詩が朗読され、革命歌が歌われ、アコーデオンを奏でてフォークダンスが踊られた。さらに、「文化的な楽しみ」として、リベラルで聞こえる家を訪問することもあった。しかし、その場合、そこの主人が労働者の生活を何も理解していないことを発見することもあった。カナトチコフはいわゆる経済主義者(экономист)たちが出していた新聞『労働者思想(Рабочая Мысль)』を大変な関心をもって読んだが、それが労働者のニーズに対応していないという印象を抱いた。[43] さらに、彼はフリーメーソンの会合にまで顔を出したが、そこでの哲学者の話は抽象的で理解できなかったと述べている。彼自身は近くのコルニーロフ夜間学校に熱心に通った。これは一八八三年に慈善家たちが創設したもので、一八九〇年代初頭で通学者は一〇〇〇人を数えたといわれるから、人々の間にあった学習熱の高さを推し量ることができるであろう。[44]

クロポートキン

一八七三年はロシアの革命運動にとり記憶すべき年となった。当時、影響力を有していた革命諸派がそれぞれ綱領的文書を公表したのである。それは単なる偶然ではありえず、相互に相手を意識して運動の主導権をとろうとした結果でもあったろう。ここではそれらが工場労働者たちをどのように捉えようとしていたのかだけを問題にしてみたい。

地理学が科学全般の理解にとり基準的な位置を占めることを信じたクロポートキンは地理学者としてロシア地理学協会から高い評価を受けた前途有望な人であったが、彼がチャイコフスキー団員でやはり地理学者であったクレーメンツの誘いに応じて革命運動の世界に身を投じるのにさして時間は要らなかった。彼は科学の仕事自体は重要であるが、それよりも緊急を要する課題として社会変革があると考えたのであった。シベリアでの実際的な科学調査が彼を社会変革の道へ入ることを強く促したのである。一八七一年、彼は同協会から求められていた事務局長就任を断った。クロポートキンは社会経済的諸関係と地理学の双方に関して、二つの革命を追及しようとしたといってよいであろう[45]。これが彼にとって「科学と文化」の時代的な意味合いであった。

クロポートキンが求められてチャイコフスキー団のために実質的な綱領的文書「我々は将来の体制の理想を検討する必要があるのか？」を執筆したのは、一八七三年の一一月であった。運動実践を扱う第二部で、彼は団の見解を広め、同志を掘り起こす基本テーゼを実現するには「農民階級と工場労働者(крестьянство и фабричные рабочие)」をほとんど専ら対象としなくてはならないと述べた[46]。彼はここではファブリーチヌイエを使っているが、この文書では、むしろ、「農民階級と都市労働者(крестьянство и городские рабочие)」とか単に「農民と労働者の層(крестьянская и рабочая среда)」といった表現が多い。その一方で、クロポートキンは「農民ないしファブリーチヌイエ労働者とザヴォツキエ労働者の状態(положение крестьянина или фабричного и заводского рабочего)」などと述べて都市労働者を二分することもしている[47]。

彼はロシアの都市労働者に西欧のそれと比べて「いくつかの本質的な相違」を見出し、それに都市労働者の間で活動することの重大な意味合いを付与しようとした。彼は、何らかの定職をもち、恒常的に都市に居住するザヴォツキエ労働者のほかに、はるかに広大な労働者階級としてすべてが農民から成っていて、ほとんどが若者で、格段の技能もなしに織工として繊維工場に入り込んでいるファブリーチヌイエ労働者がいるという[48]。クロポートキンは明らかにその農民的相貌から強烈な印象を受けている。ファブリーチヌイエは故郷に分与地を保有し、同村人といまだ強く結びついている。彼らすべては都市に恒常的に住まず、ロシアの端から一時的にやってきて、一年か二年あるいはよりしばしば仕事が切れたりすると帰村し農作業をするのである。彼らは農民層のなかの「移動分子(подвижный элемент)」であり、家族の保守的な影響から逃れているだけでなく、種々の実生活にも慣れており、社会思想の普及にとり感受性の強い基盤であり、手段でもある。将来、彼らのなかから煽動家やインテリを労働者に引き合わす手助けをする者が出るであろうし、農村においては農民サークルの核となりもするであろう。

このように、クロポートキンはファブリーチヌイエを評価し、それに期待したのである(したがって、彼は職種などではなく、むしろ技能と定住を労働者区分基準とした)。チャイコフスキー団のなかで彼は例外的に農村に顔を向けた、いわばバクーニン派ともいえた。[49] 彼はペテルブルグの機械工たちはジュネーヴの時計熟練工のように普通の工場職工たちを軽蔑してなかなか社会主義を主張する殉教者にはならないといって嘆いたのである。[50]

クロポートキンは都市から農村を遥かに見据えて、都市の革命思想を農村へ運搬する者の発見に努め、その部分の活動に未来の夢をかけたのであった。さらにこの際、特徴的であったのは、彼が農村から都市へ共同体精神(мирской дух)を持ち込む役割をもファブリーチヌイエに期待していたことである。[51] 彼は都市と農村を往復するこのような主体がいまだ、丁度よく存在していることを大いに喜んだに相違ない。歴史的にみてロシアにおいて人の移動は、さまざまな制約を受けつつも、顕著であったと見なされるであろうが、この時期にはそれがとくに工場という近代的組織と結びついたのである。しかしながら、クロポートキンはこのことが、つまり、農民の工場との接触が新しい人間類型を生み出すかもしれないということについてはひたすら無関心を装っているかのように見える。

ラヴローフとバクーニン

結論的なことを先にいえば、ともに国外にいたラヴローフとバクーニンにはロシアの工場労働者に関する特記事項はないにひとしかった。一八七三年八月、ラヴローフは『前進』創刊号の巻頭に「前進――われわれの綱領」を発表した。よく知られるように、これはインテリの文化的な役割に信をおいて社会問題の解決のために科学と準備を強調する基調で書かれたものである。彼は「特殊ロシア的な目的」として農村共同体を発展させて新しい社会体制の基礎にすることは人民の参加なしにはなしえないことを認める立場にあった。彼にあっては、対象は人民一般であった。ラヴローフは「文明化された階級に属する人間」にたいして人民と交信してそれ自らが自らの福祉の向上を果たすためのいわば「触媒」たらんとすることを求めたのである。その際、そのための補助者としてファブリーチヌイエに期待するようなことはなかった。(52)

しかし、ロシア国内ラヴローフ派のひとりであったクリャプコ゠コレツキー(Н. Г. Клябко-Корецкий)は、ファブリーチヌイエの大半は無学で野蛮な偏見に満ちており、革命的な宣伝などは受付けはしないとする偏見をもつ一方で、ザヴォツキエは農村との関係を断っており、家族を都市へ移して、真のプロレタリア階級になっている。その階級意識は高く、多くは読み書きができ、宣伝家の話を聞く耳をもつと思い込んでいた人であった。(53) このように、ザヴォツキエを高く評価する彼の立場は都市的なものに注目して、その意味で西欧的であった。いってみれば、それは、知識の普及を、クロポートキンのように横(ファブリーチヌイエ)にではなく、縦(ザヴォツキエ)へとますます掘り下げようとするものであった。ここでは、この時代には人民との関係における知識の扱われ方が革命諸派の立場を分ける重要なメルクマールになっていたことが確認されればよいであろう。

バクーニンの場合、彼は人民にたいしてこともあろうに説教を垂れるような教師を生み出そうとするラヴローフ派の風潮がロシア国内に広まることに重大な疑念を表した人であった。「ラヴローフの綱領には、革命家にとり真剣な学問上の準備教育が必要であることが余りに強調され過ぎている。我々は国外に大学でもつくるとでもいうのか」とまで述べた人である。彼が『国家制度とアナーキー』を書き、ロシア国内の革命家たちのためにその初版(一八七三年刊)にわざわざ「付録A」をつけたのは、ネチャーエフ事件、普仏戦争、そしてパリ・コミューンなどが終わったあとのことであった。この過程で、彼はネチャーエフの独裁概念と自己の無政府主義との根本的な相違に気付くなかで、こう述べたといわれるのである。

全人民の全人類解放という、一切を呑み込む一つの情熱を彼らの中に意識的に起させ、彼らの頭に、心に、その情熱を強化していくのです。これは新しい唯一の宗教であり、その力は人の心を揺り動かし、強力な集団の力を生み出すのです。われわれのこれからのプロパガンダはこういった方向に限ります。プロパガンダの近い将来の目的は秘密結社を組織することです。この秘密結社は、人民の外郭的勢力をつくり、全メンバーの道徳教育の実践の場となることを同時に行う組織であらねばなりません。(54)

さらに、バクーニンはいう。

ロシア国内のロシア農民にたいする家父長制、共同体による個人の併呑、ツァーリ信仰のいわば三点セットの存在が社会革命を困難にしている。ネチャーエフ事件以来、穏健に「準備」しようとする者もいるが、それは革命の可能性を本当に信じられないからだ。戦闘的反乱以外に信頼できるものはなにもない。ロシア農民は無学であっても、愚か者ではないのだ。第一、インテリ側の文化は農民には伝達不能なのだ。(55)

こうした立場は、革命家と人民との一大関係をいわば異文化コミュニケーション的に捉えようとしたものであった。バクーニンはパリ・コミューンなどを通して、社会革命において労働者が指導的役割を果たすべきこと、そして労働者と農民の同盟が必要であることを感じ取り、農民を啓蒙して社会革命の意味合いを知らしめることを主張したのだが、この部分はロシアに関しては明らかに異なっていた。彼の立論は、ロシアの労働の現場において展開される、「知」にまつわる環境変化が実際に人間の生き方に及ぼす作用を認めることにはやはり恐ろしいほどに慎重であったといわなくてはならないであろう。

（1） Д. Н. Смирнов, Указ. статья; Е. А. Корольчук (сост.), В начале пути, воспоминания петербургских рабочих 1872–1897 гг., Л., 1975, 381.

（2） 高田和夫「M・ゴーリキーと『工場史叢書』」、和田春樹編『ロシア史の新しい世界』山川出版社、一九八六年所収。С. В. Журавлев, Феномен "Истори фабрик и заводов", Горьковское начнание в контексте эпохи 1930-х годов, М., 1997.

（3） Е. А. Корольчук (ред.), Первая рабочая демонстрация в России, М.-Л., 1927, 4, 13.

（4） В. Г. Герасимов, Жизнь русского рабочего полвека тому назад, Записки социалиста-рабочего Василия Герасимова, М., 1924; Его же, Жизнь русского рабочего, Воспоминания, М., 1959.

（5） M. D. Steingerg, Worker-authors and the Cult of the Person, in S. P. Frank and M. D. Steinberg (eds.), *op. cit.* さらにこの議論に批判的なつぎも参照のこと。R. L. Hernandes, The Confessions of Semen Kanatchikov: A Bolishevik Memoir as Spititual Autobiography, *The Russian Review*, v. 60 (Janunary 2001), 13–35.

（6） R. E. Zelnik, *Law and Disorder*, 224.

（7） R. E. Zelnik, Workers and Intelligentsia in the 1870s, 35.

（8） Энциклопедический Словарь, т. XII, СПб., 1897, 476.

（9） Революционная роль различных групп петербургских рабочих, Каторга и Ссылка, 1923, No. 6, 41–42.

（10） Л. Э. Шишко, Указ. соч., 146, 209.

（11） Н. С. Каржанский, Московский ткач Петр Алексеев, М., 1954, 14.

（12） 法廷弁論は、Речь П. А. Алексеева, Женева, 1889を見よ。

（13） この話は初期パンフレットの類では必ず触れられる、数少ない「事実関係」のひとつとされるものである。つぎのようなものを見よ。Русский Ткач Петр Алексеевич Алексеев, Типография "Рабочего Знамени", 1900, 8; Ф. Волховский, Ткач

Петр Алексеевич Алексеев, СПб., 1906, 3.
(14) Н. С. Каржанский, Указ. соч., 27. しかし、この時期の本の行商人の社会的な意味合いについて、高田和夫、前掲論文「ロシア農民とリテラシイ」七節を見れば、ここでそれをいうのが格段に突飛ではないことが分かるであろう。
(15) С. С. Синегуб, Воспоминание чайковца, Былое, 1906, № 9, 109–110.
(16) R. Otto, A Note on the speech of Peter Alekseev, *Slavic Review*, v. 38, № 4, 1979, 651.
(17) Письма Петра Алексеева из ссылки, Каторга и Ссылка, 1924, № 13, 168.
(18) Деятели революционного движения в России, Био-библиографический словарь, т. 2, вып. 1, М., 1929, 347–349.
(19) Н. Цвиленев, Революционер-рабочий Петр Алексеев, М., 1928, 6.
(20) Там же, 6–7.
(21) И. С. Джабадари, Процесс “50”, Былое, 1907, № 9, 168, 188.
(22) この問題に正当な配慮をしている一例として、つぎを参照のこと。R. E. Zelnik, *Labor and Society in Tsarist Russia*, 246, 253.
(23) *A Radical Worker in Tsarist Russia ; the autobiography of Semen Ivanovich Kanatchikov*, translated and edited by Reginald E. Zelnik, Stanford University Press, 1986. これはつぎを訳している。С. И. Канатчиков, Из истории моего бытия, М.-Л., 1929 および Его же, История моего бытия, М., 1932 を併せて、一九三四年に二九年版と同じタイトルで刊行されたもの。
(24) 高田和夫、前掲論文「近代ロシアの労働者と農民」、四六〜四八頁。
(25) *A Radical Worker in Tsarist Russia*, 1–6(なお、農民が抱いていた読み書きの効用観については、とりあえず、高田和夫、前掲論文「ロシア農民とリテラシイ」、五節を参照されたい)。
(26) *Ibid*., 6–13.
(27) *Ibid*., 19.
(28) *Ibid*., 14–20.
(29) *Ibid*., 38.

(30) *Ibid*., 27.
(31) *Ibid*., 34.
(32) *Ibid*., 51.
(33) *Ibid*., 60.
(34) *Ibid*., 71.
(35) *Ibid*., 66-67.
(36) *Ibid*., 69.
(37) *Ibid*., 75-76.
(38) *Ibid*., 68.
(39) *Ibid*., 83-90.
(40) *Ibid*., 91.
(41) *Ibid*., 91-92, 100.
(42) *Ibid*., 415. こうした名称とプスコフ県民の識字率が帝国最下位であったことは何らかの関係があったと見たほうがよい。一八九七年センサスによれば、エストランド七七・九%、ペテルブルグ五五・一%などに対して、プスコフは一四・六%でしかないのである。
(43) *Ibid*., 98.
(44) *Ibid*., 102-120. 一九〇〇年一月末、カナトチコフらのサークルは逮捕される。この後、回想記は首都を離れ、流刑の日々を扱うことになる。彼が最も活躍するのはサラートフ市においてである。
(45) M. M. Breitbart, Peter Kropotkin, the Anarchist Geographer, in R. Stoddart (ed.), *Geography, Ideology and Social Concern*, Oxford, 1981, 135-136.
(46) Революционное народничество 70-х годов XIX века, т. 1, 93.
(47) Там же, 96.
(48) Там же, 102.

(49) G. Woodsock and I. Avakumovic, *The Anarchist Prince, A Biographical Study of Peter Kropotkin*, London, 1950, 122, 127.

(50) P・クロポトキン（藤本良造訳）『一革命家の思い出』筑摩書房、一九六二年、二六五頁。

(51) П. Кропоткин, Записки, т. 1, 1929, 351.

(52) Передовая статья, т. 1, журнала “Вперед !”, в кн.: Революционное народничество 70-х годов XIX века, т. 1, 20-37. ラヴロフ「前進――われわれの綱領」一八七三年八月、『前進』第一号、前掲『人民のなかへ　ロシア・ナロードニキ運動資料集I』、六～二七頁。

(53) Н. Г. Кулябко-Корецкий, Указ. соч., 131-132.

(54) H・M・ピルーモヴァ（佐野努訳）『バクーニン伝（下）』三一書房、一九七三年、一三五頁。

(55) Прибавление “А” к книге М. А. Бакунина “Государственность и анархия», в кн.: Революционное народничество 70-х годов XIX века, т. 1, 38-54. バクーニン『国家制度とアナーキー』付録A（左近毅訳）、『バクーニン著作集』6、白水社、一九七三年、二九八、三〇四頁。

第五章　一八七〇年代ペテルブルグ労働運動

1　サークル運動における労働者

「サークルの時代」

すでに著者は近代ロシア社会におけるサークルの存在に読者の注意を喚起したのだが、そうしたことの背景には、「科学と文化」が人間の結合関係一般に強く作用するようになったとする基本的な認識があった。サークルなどを拠点とした社会的結合はとくに労働者の世界に限らず多方面に及んだが、とくに労働者サークルの登場はこの「サークルの時代」におけるひとつの特徴的な現象であった。この時代のサークルは学習サークルなど自発的な結社の動きによく示されるように、何よりも啓蒙教育活動にその本領を発揮しようとした。(1) ここでは、本書で再々触れるアルテリのような結合体をサークルとして扱うことはしない。それは農村共同体的な人間関係を都市においても再現するための装置であり、多くの労働者がそれに多分の恩恵を受けたとしても、ここで問題にしたい近代的なサークルとは性格を大きく違えるものであった。

一八七〇年代初頭、ヨーロッパ＝ロシアの大都会に居住した青年たちの間で「サークルする(кружковаться)」動きは最盛期を迎えた。とくに一八七三年末から翌年初めにかけて、ペテルブルグでは小集会(сходки)が大衆的な現象になった。アプテークマンはそれらを「当時の若者のミーティング(митинги молодежи того времени)」と呼んだことがある。(2) この時期、構成員間の相互扶助にとどまらず、部外者にたいする知的精神的な、つまり文化的な支援を目的として私的な有志の集まりであるサークルが多数生まれたのである。そのなかには、社会問題、なかんずく労働問題を取り扱い、社会変革を志向するものもあった。従来、歴史家はこうした部分にその関心を集中させる嫌いがあったのであるが、科学的な諸団体が同人的サークルとしてその組織化を開始する時期にあったことについてはすでに触れたし、さらに、専門を違えた者たちの横断的な組織化もそうした流れのなかで発生したこと、場合によって「知的統一体(the intellectual unity)」とまでも命名する者がいるほどに彼らの交流ネットワークが急速に整備されたことについても言及した。(3) これは陸相ミリューチンがペテルブルグの改革派諸サークルによく顔を出すような時代であったのである。碩学イーテンベルグはこの時期における革命的サークル網の全国的な形成さえ指摘するのであるが、しかしながら、明らかにそれは過大評価の誇りを免れえない。(4) そうした全国的なサークル網の存在を指摘したいのならば、すでに見たように、科学的諸団体のそれ(学会)を指摘するほうがより適切である。

ペテルブルグ市の場合に限ってみても、社会変革をめざすサークル参加者の多くは地方出身者であり、この大学都市へ出てきてまずは同郷人たちがつくるサークルに参加したりしたのである。高等教育機関は図書館、学生食堂などの学生用施設をそのための場所として提供した。学生たちはサークル中心の生活、つまり、ルサーノフがいう「サークル的学生生活(5)(кружовая студенческая жизнь)」を送った。アプテークマンによれば、とくに図書館は「公然たる政治的アリーナ」(6)と化し、学生運動が極めて盛んであった外科医学アカデミーの図書館ではチャイコフスキー団の書籍普及運動が正々堂々と展開されたほどであった。(7) 市内各所に学生やインテリたちの溜り場がつくられた。ペテルブルグに限らず、この時期にとくに大都会がその雰囲気を変えて建造物などをはじめとして新しい顔をもつようになったこともサークル活動の活性化に大きく寄与したはずなのである。

サークルには画一的な組織原理があったわけではないが、現象的に顕著であったのはまず同郷関係(землячество)がそれに作用したことである。ここでも農村との関係が第一歩におかれたのである。それは一義的には不慣れな都市生活の便宜をはかるために機能するはずであったが、必ずしもそのためだけではなく、偶然的な要素として働くこともあったのである。(8) ペテルブルグの同郷人サークルで知られるのはオレンブルグ人サークル(кружок оренбуржцев)やサマーラ人サークル(кружок самарцев)などである。後者で中心になったゴロデーツキーの供述によれば、それは元来は一八七〇年代初頭にサマーラ市で中学校の級友たちが読書会と思想の交換を通じて知力の増進をはかることを「唯一の目的」としたのであったが、このグループが一八七三年夏にペテルブルグへ出て共同生活を始めたのである。(9) この年から翌年にかけての飢饉がこの単なる自習サークルに何らかの進化を促したであろうことは容易に想像されるところであるが、ここに見出せるペテルブルグの「吸引力」が具体的にどの辺にあったかは、今のところ、不明である。

さて、下里俊行はカラコーゾフ事件に関する論考において、サークルをまずは人間関係のネットワークとして把握すべきことを正当に主張しているが、さらにその性格が一時的で日常的なものから二次的特定なものへと発展したと述べるのは整理が過ぎている印象を受ける。下里は「血縁・同窓関係」と「公務関係」の「二重構造の狭間」でサークルを捉えようとしている。(10) 普通、この時期のサークルは構成員の相互信頼と平等を旨として何の規約も作成しないことを常態とした。それは彼らの間に顕著であった形式主義への嫌悪感から手続き的な約束事を軽視するか軽蔑して、内面的で実質的な全人格的結び付きがより重視された結果でもあろう。彼らは自らのサークルを理想社会のミニアチュールと見なしていたとも思われる。いずれにせよ、一八七三年秋までにヨーロッパ＝ロシア各地にサークルがつくられたのであり、これは引き続く「ヴ・ナロード」現象を理解するためにも大切なことである。

革命的なサークルは帝政ロシアで大都市を中心に個別分散的に存在したが、ペテルブルグでは第一次「土地と自由」

が消滅したあともそれは存続した。一八六〇年代中頃には参謀本部の士官の間にもチェルヌイシェフスキーの信奉者たちがいたように、若い士官クラスがサークルをつくり世の中の改革について議論するだけでなく、社会的行動を起したのはこの時代に目立つことであった。一八七二年、薬莢工場の装薬部門長補佐であった陸軍中尉エメリヤーノフ(E. E. Емельянов)は工場に図書室をつくったが、その蔵書が部外者であるミハイロフ砲兵学校の士官たちによっても利用されるなどした。そして、彼らの生徒たちが一八七三年に砲兵サークル(кружок артиллеристов)を結成したことはよく知られている。サークル・メンバーがエメリヤーノフの部屋に出入りして、そこで砲兵士官であったクラフチンスキー、シシコー、ロガチョーフといったチャイコフスキー団員たちとの交流が生まれた。また、エメリヤーノフは工業高専学生の図書室づくりにも大いに協力した。このように、サークルがとかく書物中心に存在し、その管理能力ある者が重要な役回りを果たす傾向が認められた。エメリヤーノフが逮捕されて薬莢工場の図書室が壊滅的状態に陥ったのはそれが有力な社会的絆を喪失したからであった。(11)

さて、一八七三年一一月一八日付けの第三部調書につぎのような記述がある。

〔ペテルブルグの〕シリッセリブルグ関門付近に居住するスモレンスコエ村〔出身の〕労働者のところへ読み書きを教えようとする部外者が現れた。その一人は貴族身分のセルゲイ・シネグープ(二二歳)であり、もう一人が元モスクワ大学生レフ・チホミーロフ(同)である。彼らは逮捕され、家宅捜索により〔宣伝文書〕「労働者人民へ」などが発見された。さらに彼らとともに活動している司祭の息子ヴァシーリイ・スタホフスキー(二三歳)と医学生コンスタンチン・ボリセーヴィチ(一九歳)も逮捕された。彼らは夜半一〇時から早暁三時まで労働者教育に励んでいるのだ。機械工場で働くマリノフスキー(二三歳)を労働者間にラサールの著作を普及した廉で捕らえた。(12)

さらに同年一一月二三日付けの別の調書は「シネグープの夕べ」に参加した労働者の証言を掲載しているが、それによるとマクスウェル工場で働く農民六人の「学校」があり、その「教師」は右に触れたスタホフスキーとボリセーヴィチらであったが、そこではまず読み書きを教え、つぎにこの世の不公平について話し、唄を歌った。その唄とは例えば、「我等がツァーリは酔い潰れ、この世を苦境に陥れ(Царь наш пьяный, затащил нарку на мель)」といったものである。学習は労働後の夜半一一時、時には一二時まで行われ、『ステンカ・ラージン』、『エゴールお爺さん』、『工場生活概説』といった本が読み聞かされた(13)。

これら二つの当局文書は一八七〇年代初頭のペテルブルグに所在した「シネグープ＝チホミーロフ・サークル」とも呼ばれた青年学徒と労働者たちの交流物語の一齣をよく映している。実際に読み書きを革命的知識人から学習する労働者たちのサークルが存在したことが分かる。

先に触れたクレンゴリム争議に参加したゲラシーモフは、その後、一八七三年にペテルブルグへ移り、グック紡績工場やチェシール織布工場(ヴィボルグ区)で働いた。彼はアレクサンドル＝ネフスカヤ区にあった繊維工を対象とした秘密の「学校」へ行ってから急進化したのである。彼がいう「学校」とは労働者サークルのひとつであろう。そこで彼はSという教師役の急進的なインテリゲンツィアと出会ったのである。Sがチャイコフスキー団のセルゲイ・シネグープであることは確かである。しかしながら、Sはやがて逮捕されてしまい、ここでの学習は停止する。ゲラシーモフは一八七四年から翌年にかけての冬に六人の労働者たちとアルテリ生活に入り、その環境のなかで彼はチェシール織布工場の織工アレクサンドロフ(Д. Александров)と出会い、彼はまだ二〇歳であった学生ディヤーコフ(В. Дьяков)と引き合わされたのである。今度は彼らの住まいが新しいサークルになり、そこで夜間と日曜に労働者と学生の出会いがなされるようになった。これが契機となって、ゲラシーモフは専従の宣伝家(生活費は学生側の負担)になったのである(14)。彼はそのアパートや居酒屋で一般労働者にたいして、文書を大声で読んで、それにコメントした(15)。

「独学と実践活動サークル規約」

一八七一年にチャイコフスキー団のモスクワ・グループ員であったカールポフ(В. П. Карпов)は自分の部屋で「独学と実践活動サークル(Кружок самообразования и практической деятельности)」を始めた。この人は貴族身分でトゥーラ県に一八四九年頃に生まれ、ギムナジアを中退していた。ここでこのサークルに注目するのはこれが例外的に詳細な内容の規約を残したからである。[16] それはペテルブルグのチャイコフスキー団で作成されたとする説[17]や同じくペテルブルグのナタンソーン・サークルの作とする説[18]などがあるが、いずれも推測の域を出ない。この規約作成者に関して定説はないが、一読して明らかなように実際にサークル運動に深く関わった当事者(たち)やこの分野の「専門家(たち)」でなければ執筆しえないであろうと思われるほどの出来栄えなのである。執筆者を特定する手立てはもたないが、ここでは当時のサークル運動の理論的想定を知るための有力な手がかりとして、この規約を取り上げてみたい。サークルが裏切りにより壊滅させられたときにこの文書が当局の手に渡ったのである。

この規約は全体的には構成に不均衡があって、必ずしも体裁をよく整えたものではない。その「序」は「われわれの目的はロシア社会のために進歩の条件を実現することにある」と述べ、社会進歩を課題としている。そこには個人(личность)の発達が肉体的知的精神的に遅れていることを強調したラヴローフ思想の影響を認めることができよう。そして、民主的社会主義を掲げる連邦共和国という新しい社会の設立をめざすには、「禁書」の普及、教育、そして国家体制の根本的変革が必至であるとする知識偏重の社会変革論が展開される。[19]

書物を通じた知識教育と体制変換との間には自ずから大変な距離があるはずだが、当時のロシア社会にはこうしたことを気後れせずに正面切って論じ、かつそうすることで周囲の共感が得られるとする思いや雰囲気があったのであろう。宣伝啓蒙活動にはそれらをつなぐ重大かつ困難な役割が与えられたはずだが、端的にいえば、知識教育と革命事業の安易な連結が結果的にはこの活動にいわば予定調和的な楽観性の不用意な侵入を許すことになったのではないのかという印象を拭いきれない。同時に、こうしたことはこの時期の「科学と文化」の時代的制約のひとつの現れであったのではないのかというのが本書を貫くモチーフなのである。

その「知識と連帯」と題された段落では独自なサークル論が展開されている。[20] 周知のラヴローフの用語をそのまま援用して、「批判的に思考する個人」であるロシアの進歩主義者(прогрессист)は社会のあらゆる階層にたいし自治の原則(начало самоуправления)にとり有用な知識と条件を普及するが、その社会は大きく、①教育ある(образованный)部分、②労働(рабочий)部分、③農村(сельский)部分の三つから成り立つと想定されている。別の箇所をみれば、部分は身分(сословие)と言い換えが可能であろう。①は物質的に恵まれた層であるが、②は肉体労働者(мускульные работники)の一部を構成して狭い空間で働かされ、逆に③は広く閑散としたところで勤労している。ともに肉体労働者である②と③を一括して全体を二分することもできるであろうが、積極的にそうしないこの三分法は独特である。しかし、「肉体労働者」は空間的分散性で分類され、労働者と農民、あるいは都市と農村といった近代的な類型区分論には立っていない。二分された両者の間に架橋することが絶望的に困難であるとするロシア二重社会論もここでは無縁である。都市労働者と農村農民が平等かつ対等に扱われている。[21] 乱暴に印象的なことをいえば、①が②と③とを「教育的に」嵩上げしさえすれば、所期の目標は達成されるであろうと考えられていたふしがある。

このサークルへの参加希望者は事前に地域サークル(территориальный кружок)で審査と予備的訓練を受けなくてはならず、そこでは直接役立つ科学を学び、本など教育教材を供給し、文庫・読書室をつくり、当該地の統計資料を収集したりするのである。[22] これら想定された活動内容はあたかも学術研究的であって、規約の知識偏重傾向がよく現れている。「独学と実践活動サークル」は部分ごとに存在した(であろう)三サークルの総称である。三サークル連絡のために、「進歩的実践活動家総会」の結成が予定されていた。以下、部分ごとにみよう。

教育ある部分を対象としたサークルに関しては、基金(касса)運営に多くの言及がなされ、この分野での活動が重視されていたようである。[23] それは相互扶助的、組合主義的であって、決して戦闘的でなく、ましてや階級的ではありえない。そうしたものは知的に発達したそれなりに均質な市民たちの成熟した関係の存在を前提にしてはじめて実現の可能性が云々されうるはずであろうから、彼らは西欧を理想化してこれを夢想したに相違なく、ロシア社会にその到来を望んでいたとさえ思われるのである。ここにうかがえるのは、すこぶる穏健な改良思想である。

労働部分に関する箇所が質的にも量的にも最も充実しており、最重視分野であったらしい。[24] ここではいきなり「労働者階級から成る人民党の集まり（собрание народной партии из рабочего класса）」という表現が登場する。この用語法は全体を通してここだけであり、規約全体の調子からすれば階級論や政党論はむしろ異質であって、他との調和に乏しく無視しうる書き込みでしかない印象を受ける。この分野で肝要な組織として、①「最も傑出した労働者イニシアチヴ・サークル」、②「小さな学校」、③「文庫」、④「貸出基金・相互扶助」、⑤「消費者・生産者アルテリ」などが挙げられている。①は工場など各地点につくられ西欧の労働問題の理論的実践的研究を行うのだから、別に革命的なものを想定しているわけではない。②は五人から一〇人ほどの読み書き教育を主とする非公式なものであるが、併記された日曜学校はさらに「知り合うこと（знакомство）」を目的としており、学校が出会いの場所としても重視されていたことがよく分かる。③は①と②に付属して、人民向けの本を備える場所である。④は小規模なものから出発して徐々に大きく結合することが予定された。⑤はいかなる分野の労働者を対象とするか明示されてないが、それはアルテリという組織形態で彼らのほとんどを包摂しうると見なしていたためであろうとも思われる。①と②以下の関係は具体的な言及がないので想像するほかないが、おそらく①が頭脳的役割を担って、その「研究成果」を②以下に還元することが予定されていたのではないか。仮にそうだとすれば、ここで志向されたサークル活動の基本線は啓蒙的生活防衛的でスマートな西欧化あるいは近代化路線であり、これがロシアにおける「科学と文化」の時代性の社会運動レベルにおける表現形式であったということになろう。

ついで、宣伝の成功のために教育ある部分が人民と知り合う方法が触れられている。工場・印刷所などで働くこと、部屋を労働者たちへ貸し出すこと、教育・医療・弁護などを通して個人的に知り合うこと、居酒屋など労働者がよく行くところへ出掛けることが挙げられている。おそらく当時としてはこれらが出会いの主たる契機であったのであろう。さらに、宣伝のための準備として、人民向けの本を書くために「人民の言語(народный язык)」を学ぶことがいわれている。これらは、すでに部分的に触れたように、彼らが労働者と異なる世界にいて交際する機会をもちえないできたこと、そのために異なる言語世界に生活していることの告白でもある。彼らは人民とのコミュニケーションに自信をもてないはずであるが、興味深いことに、「人民の言語」で書かれた本をつくりさえすれば、人民によってそれは受け入れられて交流は自ずから可能になるであろうと考えていたようである。この希望的発想は右に見た独自なロシア社会三分法に正確に対応している。

宣伝は漸進性(постепенность)、つまり段階をおって少しずつ進むことが求められた。一揆や蜂起とは違って、宣伝とは本来そうしたものであろう。つぎのように宣伝で取り上げられるべき内容が述べられている。高利貸への従属と担保不能(その打開策や対案として示されたのは基金。以下、括弧内は同様な対策)、小売店主や家主への従属(消費組合)、経営者や親方への従属(無償信用、協同組合[ассоциация]。密約、裏取引などのいわば前近代的な語感をともなうストライキ[стачка]は一時凌ぎとして退けられる)、政府が行う資本全般への保護と政府自体による略奪(西欧労働運動を知ること、国内的かつ国際的な労働組合[рабочие союзы])、無筆(невежество 学校と図書館)。このように、ここに示された宣伝内容は主に都市労働者が強いられている従属的な環境に関してであるが、全体としてはストライキなどの直接的運動よりは労働諸団体による穏健的合法的で手続き的な啓蒙活動が想定されており、しかも西欧型労働運動を理想とした様子がうかがえる。これらに関してもラヴローフの影響を指摘することは可能であろう。

労働部分の力をどのように引き出そうとするのか。規約はそのためにつぎを列挙している。貸出組合、小営業アルテリ、移動アルテリ（подвижные артели）、人材派遣協会（общество доставления труда 職業紹介所のようなものであろう）、身を隠すための基金と場所（касса и место скрывания）、学校、書籍普及、本と新聞の発行、政治経済知識の普及、農村教師との結合、農村教師大会・同セミナーへの影響力の行使など。かように列挙項目はさまざまであるが、全体としては貸出組合から学校に至る諸組織を活用して、主に活字をメディアとして社会科学的知識の普及をはかることでこの部分の力を引き出すことを構想していたようである。こうした発想も極めて啓蒙主義的なものである。

さらに、労働部分を扱って、工場ではなく、むしろアルテリや人材派遣協会が登場している点も改めて注目されよう。端的にいって、この一八七〇年代初頭のロシアで案出された社会変革構想においては、工場の占める位置は小さかったのである。これはロシア社会史研究において大切な論点であり、今後とも多面的で慎重な検討が求められるであろう。また、代わるべきメディアがさほど考えられないとしても、これほどまでの活字信仰と知識偏重はやはり当時の一大特徴としてはっきりと認識すべきことであろう。

農村教師が取り上げられていて、この規約が農村にも関心を抱いていたことは分かる。おそらく、それを通して農民へ働きかけるのであろう。しかし、農村農民を正面から相手にしようとはしていない。こうしたことはここだけの話ではなく、この時期に試みられた宣伝活動一般はまずは多分に都市労働者相互のものであって、農村農民はかろうじてその対象になっても決して主体とはならないのであった。この規約では農村住民は最後に触れられている。(25)「農村住民の間で人民の力を形成する」ことが課題とされ、そのためにつぎのような戦略が考えられた。――何よりも小工場などへの出稼ぎ者に注目し、そこから優れた人材を選び、その者にできる限り系統的に現状を批判する自然・社会科学の知識を伝授する。こうして農村住民の進歩的部分から宣伝家を生み出す。出稼ぎをアルテリ原理で組織する。これらの人々の間に日曜学校と本とによって、読み書きと教育を普及する。工業中心地に人材派遣協会と流入者保護所（приюта новоприбывающим）をつくる。

これらのことから明らかなように、農村にいる農民はやはり宣伝の直接的な対象にはされていない。農村から都市へ出てきた出稼ぎ者にたいする啓蒙的な工作については明示的に述べられているが、帰村した彼らが農民を宣伝して農村の変革を促進する見通しについては触れられてはいない。かろうじて言及されているのは、一般的な理論教育を修了したあと、農民生活を「研究」するために「人民主義者たちの特別なサークル」をつくることである。

農村農民を相手に宣伝しようとして、知識一般以前に何よりも「当地の農民の言葉(крестьянский язык по местностям)」の修得が不可欠であることを認識せざるをえないほどであったのだから、客観的に見れば、農村変革などは遥かに手の届かぬ夢のまた夢であったのであろう。このサークル派が選んだ道はまずは農民を研究することでしかなかったのである。かくして、彼らの宣伝はひとまずは都市にいて主として都市住民を相手にするものとして想定されていたと見なくてはならない。こうしたことは当時の都市サークルにほとんどひとしく観察されたといっても格段の誤謬はないであろうと思われる。

さて、この規約が宣伝活動家に求めたのは自然や社会科学に関する理論的知識、実践性、精神的忍耐力、堅忍不抜、沈着、連帯にたいする無条件的な服従などであった(26)。繰り返して確認するまでもなく、明瞭なのは知識重視であり、それを一身に装備した活動家が献身的に努力することが求められているのである。こうした「頭でっかちの」活動家は運動上の倫理性までも求められて、彼(女)は個別分散的なサークルに身を投じたのである。

ラヴローフ派サークル

何かにつけて「準備」することを重視したラヴローフが文化啓蒙活動に熱心になったのは自然である。彼はそのためにサークルが外部に知的精神的に働きかけることに「文化活動(культурная деятельность)」という用語を当て、それを奨励したのである(27)。ペテルブルグでラヴローフ派サークルの穏健な科学的文化的な啓蒙路線が社会的に評価を高め、ある程度実践されたのは、本書が強調してきた「科学と文化」の時代相が基底でその力を発揮した結果であるとまずは考えられるのであって、すでに多くの論者が一致して指摘するように[28]、これをネチャーエフ事件が与えたネガティヴな衝撃にたいする反作用とするだけでは十分な説明がおぼつかない事柄なのである。

当時の社会的雰囲気を思えば、ここでサークルの存在理由とその機能に関してラヴローフの言説を無視することは到底できないであろう。それは、「進歩主義者の目的は合理的な科学知識を読み書きできる公衆(грамотное общество)へ、読み書き(грамотность)を人民へそれぞれ普及することにある」といった文書が、家宅捜索を受けたペテルブルグ高等技術専門学校生のところから発見されるような時代であったのである[29]。ロシア史にあって、読み書きがこれほどまでに社会的な注目を浴びた時代はいまだかつてなかったであろうといわなくてはならない。

ペテルブルグに所在したサークルのうちラヴローフ派のそれについて残された、ほとんど唯一のまとまった文献は自身がそのメンバーであったクリャプコ＝コレツキーの回想記であるが[30]、それを見ると、このサークルもいかなる規約ももたず、ただラヴローフの「前進――われわれの綱領」をその活動指針としていたことがわかる。当該文書の練り上げ過程ではアナーキズム的色調を強めてバクーニン派の協力を取り付けようとしたこともあったのだが、ラヴローフは一貫して知識と準備を重視する姿勢を崩さなかったのである。人民と革命家がそれぞれ知識と準備を尊重することが革命の実現をもたらすであろうとする強い信念は終生「学問の人」であったラヴローフの真骨頂であった[31]。右の「前進」は、「ロシア社会の改造は、人民の福祉を目的とするだけでなく、また人民のためばかりになされるのではなく、人民自身によって行われるべきである」とまさしく人民主義的に宣言している。

さて、この回想者はラヴローフ派サークルの構成員を約三〇人としているが、特徴的なことに、そのほとんどはウクライナ(キエフ)出身の学生であった。その医学生部分を代表したのがギンズブルグ(И. С. Гинзбург)である。彼は一八五一年生まれで、最も学生運動が盛んであった外科医学アカデミーの学生であり、一八七一年にはベルヴィ＝フレローフスキーの『社会科学入門』の普及をはかった廉で取調べを受け、また、雑誌『前進』の創刊にも関わった経験があった。一八七四年に医師資格を得てチェルニゴフ県でゼムストヴォ医師となったのが本人にとっての「ヴ・ナロード」であった。[32] さらに、このサークルの高等技術専門学校生のリーダーがタクシス(А. Ф. Таксис)であった。彼は一八五二年頃にポルターヴァにフランス語教師を父に生まれた。同校の化学学科の学生であったが、一八七四年の夏には穀物の刈り取り手としてすぐあとで触れるヴァルザールとともにドン地方に「ヴ・ナロード」したことがあった。もうひとりの代表格はペテルブルグ帝大生の中心にいたセミャノフスキー(Е. С. Семяновский)であったが、この人はキエフ市の資産家の家に一八五〇年に生まれ、一八七三年にそこの大学法学部を卒業して所有権法の専門家たらんとしていた。

この三人がサークルの代表的な顔であったが、さらに、のちに著名な統計家になるヴァルザール(В. Е. Варзар)も目立つ存在であった。彼は一八五一年生まれで、キエフ大学を中退して上京し、高等技術専門学校に入り直したのである。一八七三年に同校からウィーン万博に派遣された際に、彼はラヴローフと接触している。その年にこのサークルの協力を得て、彼は、すでに触れたように、代表的な宣伝用文献のひとつとなった『巧妙な仕掛け(Хитрая механика)』を執筆した。それをジュネーヴの『前進』編集部が出版したのである。ヴァルザールは一八七五年にチェルニゴフ県ゼムストヴォの統計局に入り、統計家人生を歩み出したのだが、彼の回想記によれば、このサークルは労働者間にサークルを組織すること、労働者や若いインテリ・サークルに合法・非合法の文献を普及すること、雑誌『前進』に寄稿すること、密輸入した非合法文献を翻訳し国内に流布すること、そして「ヴ・ナロード」を試みることなどをめざしたが、これらの実践活動にもまして彼らが精力を使ったのは、年間少なくとも六〇〇〇ルーブリはかかった雑誌『前進』の費用捻出であったというのである。[33]

このサークルは都市とその労働者に関心の過半を払ったのであるが、それをヴァリツキのように、「農民に失望して労働者へ向かった」とするのは整理が過ぎているように思われる。[34] そうではなくて、このサークルは終始、農村農民をその視野から外すことはなかった。ヴァルザールたちは「ヴ・ナロード」を試みて「探検旅行(экспедиция)」に出かけたのである。[35] このサークルの労働者工作でめだったのは、一八七四、五年の段階で、ブテッツ工場労働者にたいして宣伝活動を行ったことである。その際、中心となったチーホノフ(Я. Тихонов)はすでにトロントン工場労働者スミルノフと親交があり、造兵廠工場労働者のサークル形成にも関わった人であった。[36] このように、ラヴローフ派サークルは首都の労働者グループとも何らかの関わりがあったのであり、このことはラヴローフの思想を彼らにひろめるためのよい機会になったであろうと考えられるのである。

全体として同時代人を含め彼らの実践活動にたいする評価は低いのであるが、何よりも部外者にとり印象的であったことは、他のサークルの場合と比べて、このメンバーたちが人民のなかへ行く前に学問的な予備知識を周到に仕入れるのに熱心であったことであるといわれる。[37] 彼らは政治革命に強い不信を抱き、革命における知識と準備の必要性を唱えるラヴリズムに忠実であったのである。そして、日曜学校運動もキエフからもたらされたように、このラヴローフ派の人びともキエフ出身が多かったことは単なる符合であるとは思われない。このことを含めていわば「キエフ＝ペテルブルグ枢軸」が近代ロシア社会史に占めた位置については今後、慎重に検討するに値するであろう。

(1) ロシアにおいて、サークルはかなり古い伝統を有する。ゲールツェンは、一八三〇年代のそれ、つまり、スタンケーヴィチたちのもの、スラヴ主義者のもの、それに彼ら自身のものなどについてこう特徴づけている。「官製のロシアから、また、まわりの環境からの深い疎外感であり、それと同時にその環境から抜け出ようとする志である」(前掲のゲルツェン『過去と思索I』、五〇八頁)。明らかにこれらは本書で扱うものとは異なり、一部インテリたちの閉じられて内向きの性格をもつものである。ゲールツェンはこれらにグループという名称をあてるが、著者は歴史的な連続性が気になる。E・H・カーはそのバクーニン論のなかでこれらにたいして正当にもサークルを使っており、なおかつ、彼はそれが当時の学生用語であったことにも触れている。E・H・カー(大沢正道訳)『バクーニン(上)』現代思想社、一九六五年、四五頁。

(2) О. В. Аптекман, Указ. соч., 128.

(3) R. E. Zelnik, *Labor and Society in Tsarist Russia*, 89.

(4) Б. С. Итенберг, Движение революционного народничества, 172.

(5) Н. С. Русанов, Из моих воспоминании, книга первая, Berlin, 1923, 137.

(6) О. В. Аптекман, Указ. соч., 61.

(7) Там же, 63.

(8) ルサーノフはオリョール市の事例を挙げて、それが中央部ロシアで宣伝家たちの集合に資したことを指摘している。Н. С. Русанов, Указ. соч., 84.

(9) Революционное народничество 70-х годов XIX века, т. 1. 252-3, 297-8. 前掲『人民のなかへ　ロシア・ナロードニキ運動資料集I』、一九二、二一三頁。

(10) 下里俊行「カラコーゾフ事件とロシアの社会運動(一八六六年)」『一橋論叢』一一三巻二号、一九九五年。ここでは著者はサークルに「公務」を出すと、それはサークルではなくなるという立場をとっている。これは、例えば、つぎのような鶴見俊輔の見方に近いと思う。「サークルの価値観はむしろ、過程でいろいろの力がたがいに会うことであり、ちがう価値観が結びついて全体の総和がゼロになるようないくらか虚無的な極相をつねに心にもって動いているように思える」。「サークルの独自の活力は、書かれた理論のせまさをつきぬけて、縦横に動き回る精神のための社会的空間を用意することにあると思う」。思想の科学研究会編『共同研究　集団　サークルの戦後思想史』平凡社、一九七六年、一〇、一七頁。

(11) [М. Бортник.] В 70-е и 80-е годы на Трубочном заводе, Красная Летопись, 1928, No. 2, 178-179.

(12) Рабочее движение в России в XIX века, т. 2, ч. 1, М., 1950, 423-424.

(13) Там же, 425.

(14) ディヤーコフ・サークルとその綱領については、F. Venturi, *Roots of Revolution*, London, 1960, 536-538.

(15) В. Г. Герасимов, Жизнь русского рабочего, воспоминания, М., 1959, 46-49. サークルに関してその後の展開にわずかに触れ

れば、一八八〇年代の主要な革命党派である「人民の意志」派もサークルを重視した。その労働者向け綱領(一八八〇年一一月)は諸サークルの結びつきを強調したし、一八八一年末、ペテルブルグにおける同派系の労働者革命組織が八五人事件として訴追されたときに検察により明らかにされたのは、「第一級サークル」、「第二級サークル」、「革命教育サークル」、そして「中央煽動グループ」といった諸サークルを中心とした組織論であった。(前掲『人民の中へ　ロシア・ナロードニキ運動資料集II』、一二三頁以下)。これにはサークルから政党へ至る道がひとつの可能性として考えられていたふしがある。

(16) 規約はつぎを参照。[Я. Д. Б.,] Программа для кружков самообразования и практической деятельности, Каторга и Ссылка, 1930, No. 67, 89–100.

(17) Там же, 95.

(18) Н. А. Троицкий, О первой программе революционного народничества 1870-х годов, Вопросы Истории, 1961, No. 6, 208–210.

(19) Программа для кружков самообразования и практической деятельности, 95–97.

(20) Там же, 98–100.

(21) 因みに、のちにアクセリロートは当時の余り進んでいない学生たちは都市労働者と農民をひとまとめにする傾向にあった、などと悪口をいっている。П. Аксельрод, Указ. соч., 72.

(22) Программа для кружков самообразования и практической деятельности, 100–101.

(23) Там же, 101–103.

(24) Там же, 103–105.

(25) Там же, 105–106.

(26) Там же, 105.

(27) П. Л. Лавров, Народники-пропагандисты 1873–78 годов, СПб., 1907, 33.

(28) 例えば、つぎを見よ。F. Venturi, *Roots of Revolution*, 354 ; A. Walicki, *A History of Russian Thought*, 177.

(29) Б. С. Итенберг, Движение революционного народничества, 155.

(30) Н. Г. Кулябко-Корецкий, Из давных лет, Воспоминания лавриста, М., 1931.

（31）佐々木照央『ラヴローフのナロードニキ主義歴史哲学』彩流社、二〇〇一年、八、一三、一五、一七四、二七九、二九一頁などを参照。
（32）Деятели революционного движения в России, т. 2, вып. 1, М., 1929, стол. 264.
（33）В. Е. Варзар, Воспоминания старого статистика, Ростов-на-Дону, 1924, 114.
（34）A. Walicki, *op. cit.*, 236.
（35）В. Е. Варзар, Указ. соч., 131.
（36）Е. А. Корольчук, "Северный Союз Русских Рабочих" и революционное рабочее движение 70-х годох XIX в. в Петербурге, Л., 1946, 71.
（37）Революционное народничество 70-х годов XIX века, т. 1, 305-306. 前掲『人民のなかへ　ロシア・ナロードニキ運動資料集Ｉ』、一二四頁。

2　「労働者＝インテリ」をめぐって

「オブノルスキー・パラドックス」

チャイコフスキー団とそれが宣伝工作した労働者たちとの関係が決裂に至る過程では、ニーゾフキン(А. В. Низовкин)という外科医学アカデミー学生が重要な役割を果たす一方で、インテリたちの後見を排除しようとする労働者側の自立志向が顕著になった。初期ソヴィエトの優れた歴史家ネフスキーの表現を借用すれば、首都労働者のなかから「労働者反対派」をつくろうとする動きが出現したのである。(1) 労働者たちはニーゾフキン個人というよりも、インテリ宣伝家全般を信用しようとはせずに、それに独自な世界をもとうとする動きをますます強めるようになった。(2) この時期のペテルブルグ労働運動で主要な働きを演じた、薬莢工場(さらにネヴァ機械工場の)仕上工であったバーチン(И. А. Бачин)は、クロポ

薬莢工場　1873年，ヴァシーリエフスキー島に開設された薬莢工場は有資格労働者を集めた。
出典：Mikhail P. Iroshnikov, *Before the Revolution*, Leningrad, 1991, 170-171.

ートキン公爵を嘲笑しながら、学生からは本を取り上げるべきだ、もし彼らが戯言を教えようとすれば、彼らをぶちのめすほかないと語るほどであった。(3) ニーゾフキンにいわせれば、労働者たちはいわば「中立層(нейтральная среда)」を形成して、彼らは自分たちだけの結合を秘密裏に試みている、これは前例がないことであった。(4)

そうした労働者に結集核を提供したのは、広くはサークルであったが、なかでもまずは労働者文庫(рабочая библиотека)であった。その切っかけをつくったのは、皮肉なことに、ニーゾフキンとやはり同じ外科医学アカデミー学生のセルジューコフ(5)(А. Сердюков)であった。セルジューコフは一八六九年にアレクサンドロフ(В. Александров)とナタンソーンが中心となった医学生サークルに参加した経験をもつ人である。一八七三年の春以降、労働者の手によってそれは管理運営されることになった。薬莢工場にあった文庫は全市的なものに発展する勢いを見せ、そこを拠点としてヴァシーリエフスカヤ、アレクサンドル＝ネフスカヤ、ヴィボルグの三区とコルピノ村を対象とするものが別途にすぐ立ち上がった。重要な役回りをする文庫会計係にはすでに触れたオブノルスキーのほか、彼と同居していた仕上工のクードロフ(П. Кудров)、そしてレスネル工場労働者でニーゾフキンと同居したことがあるヴィノグラード(С. Виноград)が順番に就任した。当初、蔵書は専ら寄贈に頼ったが、やがて労働者が給与の二%を充てて購入するよう制度化された。文庫管理にはその他数名の労働者たちが参加した。(6) もう一つ、労働者たちは失業基金にも結集したが、薬莢工場のそれは貸付によって多くの労働者を引きつけたといわれる。(7)

そもそもこうした文庫や基金は相応の準備と環境があってはじめて成り立つ組織であり、従来はインテリが得意とした分野であったが、労働者たちもそれを自己のものにしようとする動きを見せ始めたのである。「科学と文化」の時代の特徴のひとつは労働人民をもそうした組織的世界へ誘うところにあった。これは「労働者＝インテリ」という新しい概念が社会に実態をともなって登場する際の背景事情のひとつとなった。

さて、労働史家ゼルニクが革命的インテリと労働者との間の関係を探るその研究の主たる関心を両者間のイデオロギー的な作用と反作用にではなく、むしろその前提条件とでもいいうる人間的な交際論レベルにおくようになったことに著者は共感する。彼は一八七〇年代ペテルブルグの学生たちと金属労働者たちのともに若い世代が相手をそれぞれどのように思っていたのか、人間的で心理的な「従来忘れられてきた局面」を扱おうとしているが、なかでも注目されるのがオブノルスキー個人に係るつぎのような場面である。一八七三年三月、ヴァシーリエフスキー島に支部をつくろうと薬莢工場労働者サークルがヴィボルグ区から転居したなかにオブノルスキーも入っていて、彼の新しい部屋が拠点(支部)になった。(8) ヴィボルグ区では、ニーゾフキンなどインテリとの緊張した関係があったが、ここはその意味でも新天地であり、活動は基本的に労働者自身の自由な手に帰したのである。

さて、ゼルニクはその八月にそこで起きた「鋭い衝突」に注目する。労働者仲間で信望があったオブノルスキーが何の予告もなしに当地を立ち去るという「事件」が起きたのである。ペテルブルグ高等技術専門学校学生でチャイコフスキー団員のリソフスキー(A. Лисовский)が労働者工作のために彼を連れてオデッサへ向けて出発したのだが、オブノルスキーはこのことを同志労働者たちに事前に通告することなしに姿を消したのである。ゼルニクは、このことが労働者たちに衝撃を与え、「極めて否定的でシンボリックな意味合い」をもち、その後の労働者とインテリとの関係展開にとり広い意味で象徴的な出来事になったというのである。[9]

この「事件」はいくつかのレベルで理解が可能であろうが、ここでは、ゼルニクがするように、オブノルスキーの人間性に関わる局面を取り上げてみよう。この人は一八五二年、ヴォゴロド県に下士官を父に生まれたとされ、身分的にはクロンシタットの町人である。当地の郡学校を卒業して、一八六九年からペテルブルグへ出てノーベリ工場や薬莢工場で組立工として働き、一八七二年には、すでに一八六二年から金属工としてペテルブルグに居住し一八六〇年代の労働運動を七〇年代につなぐ貴重な役割を担ったラヴローフ派のミトロファーノフ(С. В. Митрофанов 一八四八年頃、ヴラジーミル県生まれ)を通じてチャイコフスキー団と一連の関わりをもつようになったのである。彼が一八七一年末から翌年初頭にかけてリソフスキーやニーゾフキンと知り合ったのはこのミトロファーノフを通じてであった。[10] 彼は書籍普及運動に熱心に関わり、非合法文庫の最初の労働者指導者であるという評もあるほどであるから、[11] その知的な活動で周囲の目を引いていたのであろう。彼には自分を労働者ではなく、むしろ学生とみなす傾向が時にあったといわれることも否定できないように思われる。

ところで、宣伝家たちを裁いた「一九三人裁判」でニーゾフキンはつぎのような証言をしている。

　無学で文字を読めないファブリーチヌイエはいとも容易に全体がチャイコフスキー団員たちの影響に屈してしまった。煽動家のいうことを聞いて、ファブリーチヌイエは彼らの間に広まっている空想的な企みを実現できると完全に信じ切ってしまった。彼らは極めて無分別な計画に何の疑いを抱くでもなしに、むしろそれに有頂天になったのである。実際の所、この一方で知り合いの熟練工(мастеровые)たちは革命的で強制的な方策を信じないだけでなく、煽動家たちを公然と嘲笑して、「彼らによって秩序が保たれるなどとはとても思われず、むしろ彼らが無秩序を生み出すということだ」と確言しているのである。無学なファブリーチヌイエは何も確かな世界観などもっているわけではない。彼らのところではただ空想のみが機能しており、煽動家たちはそれにのみ作用することで粗野な大衆を煽り立てるのである。だが、読むことができる熟練工は思考することに慣れており、国家や社会関係に関して確りとした見解を有し、彼らの内では空想が理性を超えることはないのである。革命的な妄想やペトロパブロフスク要塞を奪取するといった計画に簡単に惑わされることはない。検閲された本によって労働者は決して革命家などになることはない。もしも何人かの熟練工、例えば、オブノルスキーやオルローフが革命思想を受容したとすれば、それは検閲本の読書が原因なのではなくて、彼らの周辺にいる人物の影響からなのである。(12)

この証言では、ニーゾフキンも労働者に単純な二分法をあてはめ、ファブリーチヌイエを無学者として蔑視する一方で、熟練工(ここではマステロヴイエ мастеровые といって、ザヴォツキエ заводские という用語ではないことに注意されたい)にたいして盲目的とも思われる信頼感を寄せている。道を踏み外したとでもいいたいかのような熟練工の代表例として、オブノルスキーらが登場している。さらに、読み書きが果たす機能を信じ、検閲本を用いるなどすれば、それがあたかも操作可能であるかのように見なしていたふしがある。全体的には文化啓蒙を第一として、しかもそれを実現かつ操作可能とする楽観論とでもいいうるものであろう。

ゼルニクはニーゾフキンが右の証言でいう「〔オブノルスキーらの〕周囲にいる人物の影響」論をあたかもなぞるようにして、オブノルスキーが長期間、学生たちと附き合いがあり、労働者の間で「最も学生的」といわれたオルローフやヴィノグラードフとも仲が良かったことから、彼自身は労働者の世界から足を洗おうとしていたとさえいうのである。(13)

つまり、人民(この場合は労働者)の世界から学生・インテリのそれへ実質的に入り込んだ人間としてオブノルスキーを見ようというのである。オブノルスキーは容易には架橋しえない(はずの)「向こう岸」へ行ってしまった、そうした意味で彼の無言の出発は労働者側にとりショックであったと見るのであろう。別言すれば、ゼルニクは欧米史学に伝統的なロシア二重社会論を労働史の世界にも適応しようとしていることになる。

ゼルニクがオブノルスキーの個人的な環境や資質に注目するのは研究史上明らかに新味ではあるが、この主張の難点のひとつは一旦は労働者を「裏切る」ようにして外国へ出たオブノルスキーが帰国して今一度、労働者の世界で影響力を行使し、新しい労働者組織「ロシア労働者北部同盟」の代表格的な存在となったパラドックスをよく説明しえないことである。おそらく、これは固定的な二重論の枠組みでは理解が困難であろう。オブノルスキーのような新しい人間類型は彼だけでなく、いわば「労働者＝インテリ」として、たとえ数的には少なかったとしても、一定の位置を都市社会内部に確保するようになったこと、さらに公衆(の一部)がその存在を評価するようになったこと、こうした全般的な社会状況(時代性)の出現を抜きにして、オブノルスキー個人だけを取り出して考えることはむしろ危ういであろうとさえ思われるのである。ゼルニクに欠けるのは、本格的な「労働者＝インテリ」論であろう。「労働者＝インテリ」といった概念に注目し、敢えて採用することに積極的な意味合いがあるとしたら、それがこのようにして「科学と文化」の時代相をよく反映したからである。つまり、二重論に即していえば、この時代は旧来はどうにもならないと思われてきた両岸を身をもって架橋する可能性を有する人間や組織が生み出されたのであり、このことの社会史的な重要性は強調に値するであろう。

労働者集会と労働者組織

一八七三年末、薬莢工場労働者スミルノフの部屋でヨールカ(クリスマス)の集会が行われた。その主導権をとったのは、やはり労働者のヴィノグラードフであった。彼は一八五〇年頃にヤロスラヴリ県に生まれ、ペテルブルグへ出てきて新造兵廠やレスネルで工場労働するなかでチャイコフスキー団による宣伝を受けた人である。一八七二、三年にニーゾフキンのサークルに入り、ヴィボルグ区の部屋で彼と同居するまでした経験をもつ。その集会にはアレクサンドル＝ネフスカヤ、ヴァシーリエフスカヤ、ヴィボルグの各区から多くの労働者が参加した。ここでは、古い基金を文庫と相互扶助に二分する方針が決められ、後者はレジスタンス基金(касса сопротивления)あるいは抵抗基金(касса противодействия)と命名された。基金の目的は何よりも労働者救済(政治的信条、ストライキ、失業を理由とする失職への対応)にあった。構成員は両基金に賃金の一％ずつを拠出することになった。合計して給料の二％であるから、決してどうでもよい金額ではない。これら新しい基金はペテルブルグ労働者による独自な組織化のためのいわば起点となったであろう。選挙で薬莢工場労働者ヴォールコフと右のスミルノフが選ばれて、それぞれ文庫基金の会計係と図書係になった。相互扶助のほうはセミャンニコフ工場の仕上工ラヴローフ(А. В. Лавров)が会計係になった。(14) 労働者たちのこのようなてきぱきとした動きは自立的で理知的な印象さえ受ける。

翌年三月三日にナールヴスカヤ区のイズマイロフスキー連隊を会場にして、これら基金の運営に関わる労働者集会が開かれた。その場で、ニーゾフキンは学生たちインテリとの関係論一般に話題を広げ、チャイコフスキー団が一揆主義者(ブンタ―リ)的に労働者と対応しようとしていると非難した。彼は、学生、とくにチャイコフスキー団員のクレーメンツと関係が良かった、前掲の金属工バーチンを引き合いに出して攻撃し、(15) そのうえで労働者たちに独自たれといって呼びかけ、その場の共感を得ようとした。ニーゾフキンのほかに、ヴィノグラードフ、ペテルソンが団との関係を終わらせるよう呼びかけ、結局は全会一致でそれは認められることになった。この集会に至るまでにすでに労働者側の意向(独自路線化)は固まっていたと見なせるから、ここでインテリ側(ニーゾフキン)の影響力を過大評価するのは避けなければならない。バーチンにたいする個人攻撃に関していえば、バーチンら一部の熟練工が学生たちとは何かと距離をとって逆にその反発を買うまでに自立的になっていたことにたいする嫌がらせといった側面を否定できず、個人的にはバーチンを深く傷つけることになった(後日の彼の自殺との関連性は今後の検討課題であろう)。そのように見ることで、「労働者＝インテリ」論を本格的に展開しうる環境が整うであろう。[16]

すでに本節に登場したヴィノグラードフ、ヴォルコーフ、スミルノフ、バーチンといった人たちは仮に「ニーゾフキン派」とでも命名しうる労働者群の一部を構成した。この派に共通するのは、さしあたり、つぎのような社会的相貌である。彼らの大半は一八五〇年前後の生まれで、この時期に二〇歳前半と若く、トヴェーリ県やコストロマー県などから出稼ぎのためにペテルブルグ市へ流入した農民身分が多く、上京して工場に入り、そこでチャイコフスキー団による工作を受け、自らも労働者文庫の運営に携わるなど労働者宣伝に従事した人が多い。彼らはひとしくラヴローフに共感を寄せていた。しかも、こうしたことがペテルブルグ市という限られた地域で発生したことも特徴的であり、狭い都市空間にはじめて成立した濃密な社会諸関係が彼らを「労働者＝インテリ」の道を歩ませる方向に作用したと考えられる。

「ヴ・ナロード」運動が挫折すると、社会運動を取り巻く状況は確実に変化し、革命的インテリたちは戦術の見直しを迫られた。村々を飛び回るような宣伝ではなしに、今度は一箇所に腰をすえる「計画された煽動(планомерная агитация)」が持ち出された。[17] クラフチンスキーは、実に遅くそれを一八七八年からと誤っていうのであるが、こう書いている。「運動の性格は一変した。広範囲なプロパガンダ、すなわち、あるいは農民たちを蜂起へ立ち上がらせることができたかもしれない唯一のものは放棄され、一度定めた土地で、多少とも経験的な活動をするためにそこに住み着く小さなコローニヤ、いわゆる「入植(поселения)」がそれに取って代わった」。[18] この一方で、「平和的宣伝」を認めず、政治的自由の達成を否定し、一揆主義の旗を高く掲げて、理想としての「自由労働者共同体連合(федерация вольных рабочих общин)」の実現にこだわり続けるバクーニン主義の根強さも認められたのである。

かくして、都市労働者の間における宣伝活動は後退を始めたが、一八七四、七五、七六年とペテルブルグでそれをめぐりどのようなことが具体的に進展したのか、依然として知られることは少ない。ただ推測されるのは、労働者と学生インテリとの間で生じた緊張関係がさまざまに維持され、あるいは強化されたであろうことである。つまり、両者の関係はますます相互に自立(律)的になる方向を辿ったと思われる。つぎのようなスミルノフとディヤーコフの事例はそうした関係をかろうじて示すものとして注目される。(19)

I・T・スミルノフはトヴェーリ県に農民身分として一八五二年(四八年説あり)に生まれ、ペテルブルグのトロントン工場に少年工として入り、やがて機械組立工になった工場労働歴の長い人である。どのように修得したかは不明であるが、読み書きができたのは周囲の環境のなせる技であったろう。彼はシネグープと近しかったが、一八七三年の段階で、さらに同じチャイコフスキー団のペロフスカヤ(С. Л. Перовская)やロガチョーフと知り合い、同工場の労働者組織に従事することになった。同年末にはイヴァノフスキー、ロジェストヴェンスキー(И. Рожественский)、セルチュコーフら外科医学アカデミー学生たちのサークルに入って、シリッセリブルグ街道で労働者向けの宣伝をした。すでに触れたアレクセーエフとも親交があったといわれるから、この首都において労働運動関係者のなかでかなり知れわたった人物であった。そのこともあって、革命的なインテリたちも彼には厚い信頼を寄せ、イヴァノフスキーはスミルノフを外科医学アカデミー図書館の守衛に推薦したが、この話には裏があって、彼は同時に非合法な学生図書館(室)の保管者(хранитель)になったのである。これは何よりもスミルノフの知的能力の確かさが認定された結果であったが、このような「有望な労働者」を図書係に充当するところに当時の労働者事業(рабочее дело)がいかに文書による情報普及を重視していたか、また文書を通じた運動の進展に期待を寄せられていたかが分かるのである。

さて、スミルノフの歩みにおいて注目されるのはペテルブルグ大学生ディヤーコフとの出会いである。ディヤーコフは一八五四年にヴォゴロド県に生まれ、当地の神学校セミナーを修了して大学に入ったのだが、とくに同郷でセミナーと大学を通じて親交を結んだシリャコーフ(А. И. Сиряков)のほか、労働者のゲラシーモフやアレクサンドロフらと一八七四年一二月からヴィボルグ区のチェシェール工場労働者にたいする宣伝を始めたのである。彼はさらに身銭を切って上京中の農民を故郷に宣伝に向かわせたり、兵営の下級職をもその対象としたりしたのであるが、薬莢工場労働者の宣伝工作を企てていた一八七五年四月に逮捕された。[20] ディヤーコフは農村革命を志向し、それにこだわった人であったが、これにたいしてスミルノフは書物を単に労働者が農民を反乱に焚きつけるために用いる手段にするだけでなく、労働者自身がそれによって感化され主体的に変身することを望む人であったし、さらに彼の宣伝は労使関係の理想像を示すことにあったといわれる。[21] 二人の関係は急進的アナーキズムを志向する部分と都市にあって政治問題にたいする関心を増大させようとする者との間の緊張した関係として読み取ることもできるであろう。

ようやく一八七五年末から翌年にかけてペテルブルグの労働者組織が本格的に立て直されたことは、皮肉なことに、当局がいわゆる「友人協会(Общество друзей)」事件をフレーム・アップして、弾圧に取りかかったことからうかがわれるのである。一八七七年一二月一〇日付けのペテルブルグ控訴院検事の起訴状によれば、この団体は労働住民を発達させようとして、さまざまな書物を通して、その不利かつ不幸な状態を明らかにし、そうすることで現在の政権と諸階級の不平等とを廃絶してより望ましい状態へ移行することを目標としていた。[22] このように、明らかに、当局も宣伝の力に敏感になっていた。のちに検討する「カザン・デモ」に関する手稿なるものもこの事件に関連して行われた、禁書発見のための一連の家宅捜索により見出されたとされるのである。

この「協会」を含め、上述した二つの集会に参加したとされる者二〇人前後の顔触れを検討すると、イヴァナイネン(К. А. Иванайнен)、コンドラチェフ(А. Н. Кондратьев)、スミルノフ、ペテルソン(А. Н. Петерсон)兄はこれらすべてに顔を出している。既出のスミルノフ以外の者について簡単にプロフィールに言及すると、イヴァナイネンは一八五七年生まれのフィン人で薬莢工場の組立工をする「ニーゾフキン派」の有力メンバーであった。コンドラチェフはやはり一八五七年頃の生まれで、海軍工廠で組立工をしている。そして、ペテルソンは当該期ペテルブルグの労働運動で有名なペテルソン三兄弟の長兄であり、一八五一年、下士官の息子として生まれ、生地コルピノ（ペテルブルグ県）の工場学校に学んだあと、仕上工として薬莢工場工具製造所に勤めた。一八七一年末から運動に参加し、翌年末にはニーゾフキンのサークルに出入りするようになった。一八七三年からは、チャイコフスキー団で最も労働者工作に熱心であったシネグープのサークルにも顔を出した。ヴォールコフおよび右のスミルノフと同居し、彼らの部屋は宣伝活動拠点にもなった。すでに触れたように、労働者グループとチャイコフスキー団との決裂提案をニーゾフキンやヴィノグラードフと一緒に行ったのが彼である。「一九三人裁判」のあと、警察の監視下におかれ、自ら関わったとされた「友人協会」事件後は一時、カルーガに逃れ、そこの「土地と自由」結社支部員になり、さらに、後出する「ロシア労働者北部同盟」にも参加した人である。[23] 話がいささか先走ったが、さしあたり、彼ら「労働者＝インテリ」たちがこの時期のペテルブルグ労働者組織再建に中心的な役割を果たした人たちであったと推定することができよう。

一八七六年春に、マクフェリソン工場労働者カールポフ（А. Карпов）の部屋をサークルの溜り場とする一団があった。それにはすでに触れたヴォルコフ、スミルノフ、ペテルソン兄弟、イヴァナイネンのほか、やはりマクフェリソン工場労働者であったオブルチニコフ（Н. С. Обручников）といったペテルブルグ労働者運動の活動家たちのほかに、トヴェーリ県のゼムストヴォ教員セミナーに学び、農村教師の資格をもつウシャコフ（Н. И. Ушаков）などが訪れて文庫基金創設問題を議論し、会計係にオブルチニコフを選出するなどした。ここでの集会はひと夏、続いた。秋から場所を移した集会には、ハーゾフ（Н. Н. Хазов）、ナタンソーンも参加した。ハーゾフについてはのちに少しく詳細に触れるが、彼は地元ペテルブルグのギムナジアに学び、すでにドルグーシン団などいくつかの革命的なサークルを経験したことがあり、「長老（дед）」の渾名で知られた人であった。ナタンソーンのほうは労働者の間で宣伝を行った一揆主義者のなかではおそらく最も知られた人物であろう。彼は外科医学アカデミー学生であったときからの活動家であり、同校を退学になったあと、やはりペテルブルグに所在した農業高等専門学校(Земледельческий Институт)に入り直したが、ベルヴィ＝フレローフスキーの著作普及をはかった廉で一時、首都所払いになり、ようやく一八七六年に戻ってきたのであった。[24]

したがって、彼とハーゾフはここで運動を再開するのに丁度都合のよい組織を労働者たちの間に見出したことになるであろう。チェルニゴフ県出身でそこのギムナジアを卒業して農村教師の資格をもち、カルーポフと同居していたボグダノーヴィチ(А. Г. Богданович)、ポーランド人でキシニョフのギムナジアを卒業して、ペテルブルグの鉱山専門学校に入ったポドレフスキー(А. А. Подлевский[Падлевский])、トムスクでギムナジアを修了してからこの街の外科医学アカデミー生となったクズネツォーフ(Н. Кузнецов)、そして、ベルリンの技術高専に三年近く留学した経験を有するザック(Л. Зак)らインテリたちがナタンソーンと行動をともにしていた。しかし、ナタンソーン(ら)はその夏に顔を出しただけであった。のちに判明することであるが、彼(ら)はこの時、革命諸勢力の統合を模索していたのであり(その結果として登場するのが〔第二次〕「土地と自由」である)、明らかにペテルブルグにとどまらない動きと志向性を備えていたのだから、それらは当時の労働者世界の雰囲気とは微妙にずれていたかもしれない。この集会は翌一八七七年三月まで続き、四月にこの組織とは無関係の者を含む八二人が逮捕される「友人協会」事件として立件され、解体したのである。[25]

この新たなサークル(「友人協会」)に集った労働者はほとんどはヴァシーリエフスキー島の薬莢工場工具製造所(Инструментальная мастерская)に働く人たちであった。[26]この工場は、丁度、一八七三年に再編されて、六部門制を採用するようになったが、この工具製造所はその一部門であった。その労働力配置は特徴的で、他部門ではほとんどがいわば半有資格労働者である工作機械操作工(станочники)であったのにたいして、ここには最も専門的技能をそなえた有資格労働者が集中していた。[27]ここでは普通、宣伝はつぎのようになされていたといわれる。まず、インテリたちとこの工場で働く大砲士官たち(артиллерийские офицеры)がこの部門の「文化的労働者」数百人を対象として工作し、その宣伝を受け入れた「文化的労働者」たちが残りの労働者たちにたいして説得を試みたのである。[28]ここでいう「文化的労働者」部分から一定数が(「友人協会」のような)独自な労働者組織をつくる動きを見せたと考えられるから、彼らの動向は格段に孤立したものと考えることはできないであろう。

このほかに、このサークルにはプチーロフ工場からはゲラシーモフ(А. Герасимов)、シミット(С. Шимидт)、プレスニャコーフ(А. Пресняков)が、ロシア鉄道会社機械工場からはストーリベルグ(К. Стольберг)、クツーゾフ(В. Кутузов)が、マクフェリソン工場からはシカーロフらが、そしてバルト鉄道からは、リーシン(Н. Лисин)がそれぞれ参加した。彼らは首都各地の労働運動の主要な活動家たちであり、こうした動きを見ると、これは単なるサークルの域を越える組織的中心たらんとしていたのかもしれない印象を受ける。(29) 彼ら労働者たちがナタンソーンらの動きと必ずしも調和的であったとは思われない点も今後の検討課題として残るであろう。

「カザン・デモ」の真相

まだ「友人協会」が活動していた、一八七六年一二月六日、ペテルブルグの都心(ツェントル)にあるカザン大聖堂前広場でいわゆる「カザン・デモ」が発生した。これは近代ロシア史において労働者階級がはじめて公然とその姿を誇示したものとして、とくにソヴィエト史学界によって顕彰されたほどに著名な出来事である。例えば、当該分野においてソ連史学界の権威であったコロリチュークは自らが編集したこのデモに関する資料集に「ロシアにおける最初の労働者デモンストレーション」という表題を付けている。(30)

しかし、残念なことに、著者にはそうした規定の仕方は事実関係の認識に始まりその理解に至るまで史的な検証に到底耐えることはできないと思われる。ここでは、当時の首都の社会的雰囲気の一端をうかがうことができる恰好の手がかりとして、この事件を取り上げることにしたい。実の所、コロリチューク編集の資料集は丁寧に読むと大いに役立つ内容をたくさん含んでいるのである(以下、単に資料集という場合はこれをさす)。

カザン大聖堂　19世紀初頭，ペテルブルグ都心部に建設されロシア正教会建築の古典様式をよく伝える。
ユニフォトプレス提供

まず、この事件に関わって裁判にかけられた二一名にたいする検察側の起訴状の要旨を箇条書きすることから始めよう。

①　この日（一二月六日）、月曜日、カザン大聖堂前に集まった一五〇人ほどの若者たちは服装から見てその大半が学生学徒であった。

②　そのなかで背の高い金髪が叫ぶようにして、政府の抑圧的姿勢と不正、チェルヌイシェフスキーなど政治犯の流刑、ロシア人民全般の貧困状態などを非難し、集まった者たちはそれにたいして「ブラボー、ブラボー」と応えた。

③　「土地と自由」と書かれた赤旗が立ち、すぐに警官隊との衝突が生じた。

④　デモはネフスキー大通りとカザン広場の角まで（ごく短距離）行われて、終わった（二五一頁のペテルブルグ都心図を参照されたい）。

⑤　その間につぎの二一名が逮捕され、起訴された。外科医学アカデミー学生一九歳、二三歳、一八歳の三人（氏名も判明するが略す。以下同じ）、鉄道技師高等専門学校

生一人（年齢不詳）、帝室芸術アカデミー生一人（二一歳）、一代名誉市民二四歳、二二歳、二三歳、二一歳の四人（うち一人は高等技術専門学校生）、商人身分の息子たち二人（二四歳と二〇歳）、町人身分三人（二五歳と不詳二人）、農民身分三人は一六歳、二三歳、一八歳、貴族身分の娘一人二二歳、婦人医学校聴講生で官吏の娘一人二一歳、少佐の娘一人二〇歳、そして商人の娘でユダヤ人一人一六歳であった。

⑥　赤旗を持ったとされるポターポフ（Я. С. Потапов）についてであるが、彼はトヴェーリ県の出身、キエフで逮捕され、一旦は故郷へ戻ったが、この年（一八七六年）九月にペテルブルグへ来て、かつて働いたことがあるトロントン工場へ入ったと当初の尋問では供述した。しかし、後日、判明したのは、ペテルブルグでは定職がなく住所不定であり、しばらくは同上工場で働く叔父や兄弟の世話になっていたということである。参考までに紹介すれば、検事補は「一八七六年一二月六日、ペテルブルグ中心部にインテリとならんで労働者が出現したことは説明不能である。パンを求めて働くポターポフとインテリ青年を結びつけるものは何か。彼らに共通する利益は何か。この事態は簡単に見逃すわけにはいかない[31]」と述べている。

⑦　起訴状後半は一般市民たちの多くの証言を繰り返し紹介しているが、それらでは「学生たちが反乱している」という叫び声を聞いたという複数の証言が目立つくらいであり、格段に特記すべきことは見当たらない[32]。これらが起訴状の主内容である。裁判官は正確にそれをなぞったうえで、被告たち全員に反政府的見解をともにしてカザン広場に結集し群衆となって反国家秩序的な演説をし、「土地と自由」の赤旗を掲げて広場を行進し、警官により阻止されたことは刑法第二五二条二項に違反するとして有罪判決を下した。主犯格の扱いを受けたのは一代名誉市民のボソリューボフという人であり、彼は一〇年から一五年の不定期懲役刑を言い渡された[33]。

プレハーノフはこの事件を回想して、少し前の同年春（三月三〇日）、インテリたちが看守に殺害されたとされる学生チェルヌイショーフの葬儀デモを行い、それを見た労働者たちが自分たちでもデモをしたいと思うようになった。その準備には、「土地と自由」派のインテリが協力したというのである。[34] また、この時期の最も信頼するに足る回想記を書いたと評されることが多いアプテークマンは「企みにおいては(по замыслу)、〔それは〕専ら労働者のデモであった」(傍点強調＝引用者)という。[35] 彼は、デモに関してその意図と実行のうち、労働者の関与を意図のみにかろうじて限定しているのである。彼は労働者が実行(つまりスト参加)したか否かには触れないので、これ自体が苦しい言い訳になるのだが、明らかにプレハーノフのほうは、すぐあとに見るように、労働者による両方(意図と実行)への関与を強弁したいのである。コロリチュークはデモ準備は労働者のみによってなされ、そこにインテリの参加はなかったとみている。[36] いずれにせよ、これらすべての議論は的確な裏付けをもたない一方的な主張である。

資料集が紹介する、あるナロードニキの手紙(一二月一一日付け)には「多くの工場で清算解雇された労働者のなかに現状への不満を訴えるためにデモをやろうと考える部分があった。〔そうした雰囲気からか〕インテリのなかにはデモには三〇〇〇人の労働者が参加するであろうと予想する者もいたが、実際には精々五〇人しか出なかった」という記述がある。[37] この時期に首都の労働者の間に漠然とした不満が蓄積されていたのは確かなようで(このことは上に触れたプレハーノフの話にもうかがえる)、それが革命的なインテリたちの希望的観測を誘ったことは否定できないであろう。

また、ある告白によれば、一一月頃にイサーク大聖堂周辺で〔別の〕デモが予定されていた。[38] カザン大聖堂とは近距離にあるそこでのデモについて、ある下士官の娘は死亡した国事犯の追悼ミサのためにそこに出向いたといい、[39] 一二月五日に同所でデモがあるという風聞があったとする断片的な証言や記述も別に残されているが、[40] ここではこの裁判にかけられたペテルブルグ高等技術専門学校生チェルナーフスキー(М. Чернавский)の回想を参照しよう。[41]

彼によれば、一二月六日の二、三週間前に急進的な学生の間にイサーク大聖堂前でデモがあるという噂が広まった。これはいくつかのバリアントをともなって市内に流布されたが、そのひとつが〔折からの露土戦争をめぐり〕セルビアにおけるロシア人義勇犠牲者にたいする追悼ミサから〔デモは〕始まるというものであった。五日に彼はそこへ行ってみると、六日のカザン広場よりも多少多い若者が集まっていたが、ミサもデモもなされなかった。〔それゆえ、そこで〕翌日、カザン大聖堂前でデモをやるといっても人々は信じなかったであろう、と回想している。そうであれば、プレハーノフがいうように、「全体として人々は準備していた」などといった話では到底ありえない。

プレハーノフは、さらに、一二月四日夜の集会で活動家たちがスト決行を決めた。そこで人民の理想と要求を最もよく表すものとして「土地と自由」の赤旗を出す考えが出た。五日に労働者たちの住居を回ってデモの予定を知らせた。ラヴローフ派はそれに反対し、一揆主義派労働者は参加した。さらに、港湾労働者と学生もデモによく参加し、建設労働者は不参加であった、という。[42]

これらのことは、例えば、フィグネルが述べることと基本的に一致しない。彼女は労働者ではなく、「土地と自由」派がデモを企んだことを強調する。同派は労働者をできるだけ多く参加させようとしたが、〔当日が〕「聖ニコライの日」の前日で休みにあたっており、労働者たちは家にいてデモには青年インテリしか出なかったというのである。[43]

旧ソ連史学の場合も、デモを「土地と自由」派の企てとする傾向が強かった。例えば、一九二〇年代に出されたいくつかの回想記には何の論拠もなしにこのスト組織・主導者を、ナタンソーンとするものがある。[44] ストライキは「土地と自由」派の「中央サークル」によって準備されたが、そのメンバー全員は必ずしもそのことを知らなかったなどと苦しまぎれの議論をする人もいる。[45]

当日の現場に居合わせた人数について、いくつかの証言が残されている。ペテルブルグ特別市長官トレーポフがツァーリへ宛てた一二月六日付け報告書は「若い男女約一五〇人」[46]、同日の秘密諜報員報告では「男女学生ら約二〇〇人」[47]、やはり同日付けの現場にいた警官にたいする尋問調書は「広場群集三〇〇から四〇〇人の大半は明らかに学生」とあり[48]、さらに一二月一〇日付けのカザン大聖堂関係者の証言は「集まったのは男女学生約一五〇人」[49]という。先に引用したチェルナーフスキーは一五〇から二〇〇人でそのなかには労働者は大変に少ないとする。[50] 著者が知る最大の数字は在外の

『前進』誌の一〇〇〇人である。[51] すでに見たように、少なくとも逮捕された者を見る限り、参加者は若干の女性を含む二〇歳前後の学生を中心とした青年たちであった。

これらを総合すれば、そのときに集まったのは学生を主体とした一五〇人ほどの若者であったということになる。先に見た起訴状が「服装から見て大半が学生」というのは、当時の学生たちがつぎのような特徴的な恰好をしていたことによるのである。「彼らの大半は〔いまだ〕夏服で、一部は格子縞の長いウールの肩掛けをしていた。また多くが眼鏡をかけ、髪は長く肩まで届くほどで、長い胴をしたロシア風の長靴を履いていた[52]」。

結局、プレハーノフの回想は労働者の主体的なデモ参加を意図的に強調して虚偽の観察を述べるものであり、その真意は事実関係の復元などになかったことはよく分かるのである。しかも、彼の回想には普通彼自身が行ったとされる「演説」にたいする具体的言及がないのも解せない点の一つである。後年、ソヴィエトの革命史料雑誌は「カザン・デモ」三〇周年を記念して、デモ直後になされたプレハーノフにたいする家宅捜査資料を紹介して、彼を「有力なデモ組織者のひとり」、「デモでの「演説者」」であったことを間接的にでも立証しようとした。その編者であるヤーコヴレフ(Н. Яковлев)によれば、当日、彼は「同志の労働者たちの支援を得て」逃げ果たせたが、ネフスキー大通りで彼の妻であるナターリヤ・スミルノーヴァが逮捕されて、一二月一〇日の家宅捜査となったのである。その捜索調書は押収した「さまざまな教科書」三三点などを列挙するのみで、別に彼のデモとの関わりを具体的に立証するものは全くない。[53]

近年、このデモ事件の分析でおそらく最高の達成を見せているマッキンゼイは何よりもそこでのラヴローフ派と一揆主義派の対立に着目している。デモが、プレハーノフのいうように、労働者自身が計画したものであるならば、何ゆえに労働者の参加は少なかったのかと問題を立て、ラヴローフ派はデモを労働者の利益に反するものとみなし、この考えを労働者側が受け入れたことをその理由のひとつにしている。改めていうまでもないが、これはこの時期の首都におけるラヴローフ派の影響力の大きさを正当に評価したうえでの議論である。「ヴ・ナロード」失敗を従来の宣伝が言葉だけのものであったと認めて、「行動による」それを重視する考えが一八七五年頃から首都の革命的インテリを捉え始めたが、ラヴローフ派はその有効性と実行性とを疑い、相変らず下層民相手の文化啓蒙路線を維持しようとした。当時、首都では最有力ともいえたこの派が反対したので、「カザン・デモ」は規模が小さくなり、失敗したのだとマッキンゼイはいうのである。「カザン・デモ」は多数の労働者を引きつけることができず、革命的インテリはいま一度、農民へと向かい、革命的インテリの対立抗争に嫌気がさした労働者の側はますます彼らの影響から自由になろうとした。この意味で、「カザン・デモ」は「決定的な十字路」となり、〔結果的に、皮肉なことに〕真にロシア労働者階級が組織化されるための基礎をおいた(そのための契機となった)と「評価する」のである。こうしたシェーマは一定の説得力もあって、興味深いものであろうが、難点のひとつはラヴローフ派が労働者にたいして有していたという影響力のあり方を何ら具体的に提示していない点にあるであろう。(54)

このデモに関して、著者が知る限り、最もバランスがとれて優れた証言を残したのは、グローヴィチ(Я. Е. Гурович)である。彼はこの裁判で被告とされたひとりで、当時一八歳で外科医学アカデミー学生であった。デモからしばらくあと、一八八二年五月二七日付けの彼の「告白」をつぎに見よう。

一八七六年一一月にペテルブルグ区の労働者(グロモフだったと記憶する)の部屋で、ヴァリペール、コロトフら何人かの労働者たちと会合した。そこでヴァリペールはある国事犯にたいする判決文の読み上げがなされる時にデモをやろうと提案した。コロトフは公開での判決文の読み上げはすでに廃止されているはずだと異を唱えた。他の者も判決の日が分からないなどと述べてその場は終わったが、後日、一二月三日、ヴァリペールがまた国事犯のためのデモをもちかけてきた。彼はデモはさまざまな陣営の人にとり印象的なものになるであろうと語った。ある人たちはデモの目的を何か愛国的なもの、例えば、セルビアで死亡した義勇兵にたいする表敬のようなものと見当違いするかもしれないのである。その日、彼は私のところで〔デモ〕実行準備会を開き、そこにはコルトフ〔コロトフか？〕とプレシチェーエフも出席した。彼は政治犯にたいする追悼ミサをして、そこでロシア史上の政治犯たちに触れて革命的宣伝という「人民の大義(народное дело)」の継続を呼びかけることを提案した。彼はそのための演説候補として、ポリヴァーノフ、プリヴァーノフ、プレハーノフ、プリュガーノフを挙げた〔これら四人の名が類似していることは検討するに値することかもしれない〕。さらに彼は欲張ってできることならば、デモ参加者をカザン広場から冬宮前(Дворцовая)まで導き、そこで政治犯の釈放を要求したいとも語った。結局、私はこの話を受け入れ、〔一二月〕五日に私自身が知人の間を回って六日にデモがあることを知らせたのである。その際、〔相手次第で〕セルビア義勇兵の追悼ミサをやるともいった。全体として、このデモは思いつき的で計画性なしに行われ、統一性の欠けたものであった。つまり、あるサークルは〔赤〕旗を持って出かけ、別のサークルは政治犯釈放をいうだけのデモをし、第三のものたちは短銃と短剣を持って政府に血の復讐を果たそうとし、そして第四のグループは「セルビアで死んだ義勇兵」の追悼ミサのために出かけたのである。実際に、一二月五日にイサーク大聖堂で、翌六日にはカザン大聖堂でそれぞれ追悼ミサが計画されていたのであり、デモが五日にあると思った人も多かったであろう。(55)

残念ながら、ここに出てくるヴァリペールら労働者たちについて特定する手がかりを今の著者はもたない。このような証言を残したグローヴィチはその四カ月ほど前に流刑地ヤクーツクで内相に宛てて自分がエカテリノスラフ市の古典ギムナジア生徒だったとき、首都からやってきた宣伝家の影響を受けたこと、そしてペテルブルグでは一揆主義派(Партия действия)に参加したことを告白するような人である。(56) 彼がいうには、「カザン・デモ」は人民の間の宣伝がうまくいかずに沈滞に陥っていた若者に強烈な印象を与えようとして企画されたものであった。(57)

このように、彼によれば、この「歴史的」デモは労働者ではなく、「ヴ・ナロード」に挫折したナロードニキ側が仕

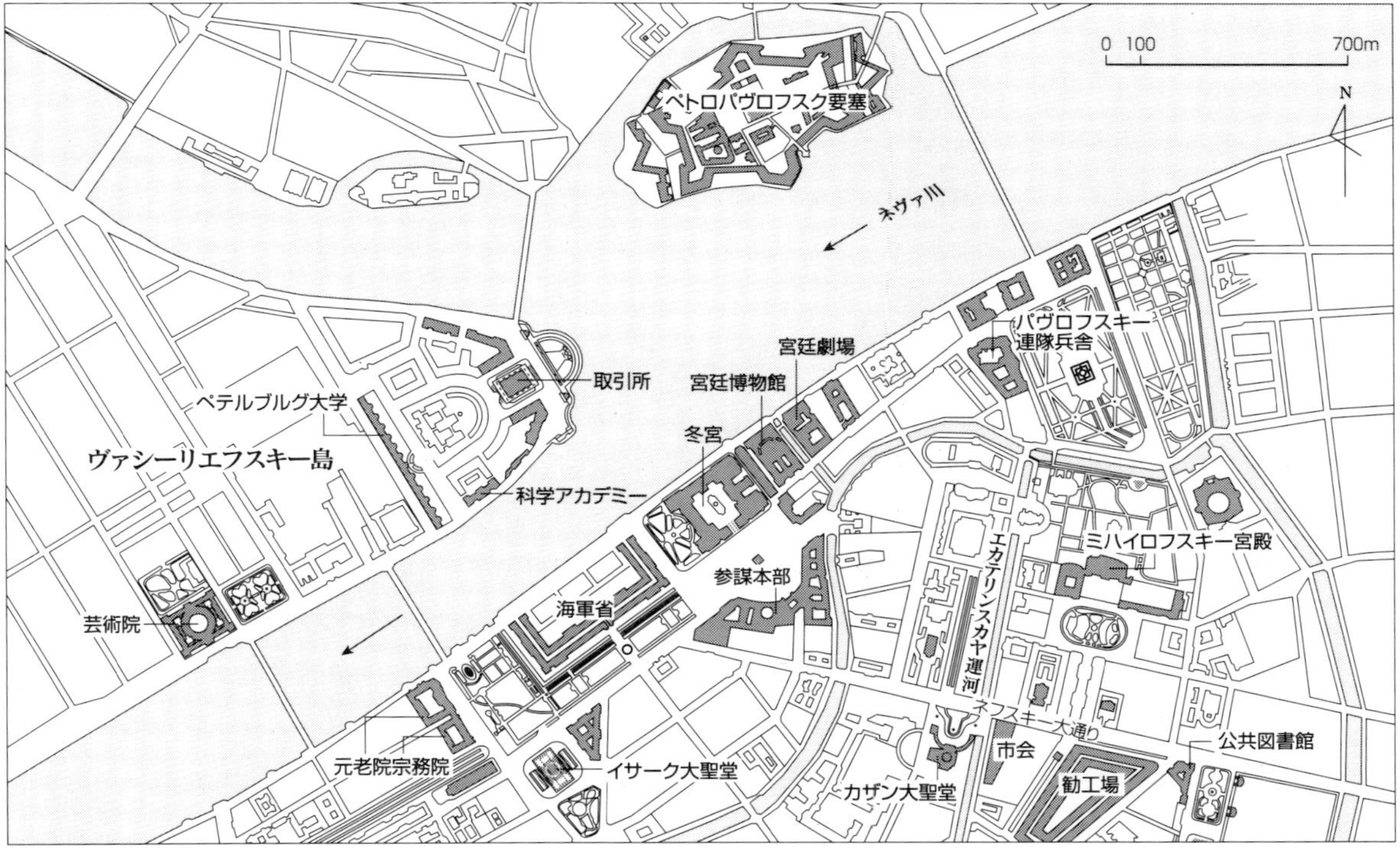

ペテルブルグ都心図

出典：I.A. Gorov, *The Architectural Planning of St. Petersburg*, Ohio University Press, 1969, 85. 少し補正している。図中下側，ネフスキー大通りに面してカザン大聖堂がある。

掛けたのであり(ナタンソーンらの関与の可能性を補強する材料)、プレハーノフは彼らによって考えられた演説候補のひとりであったにすぎない。さらに、このデモは事前に周知徹底されたものでなく、その趣旨も格段に明確に定められたものではなく、折からの露土戦争にたいする愛国的熱狂さえも参加動員に活用しようとするものであった。したがって、この「デモ」は労働者階級の独自な旗揚げ的示威行為といったものからはほど遠く、より全般的に沈滞に陥っている社会的雰囲気を目覚めさせようとして企てられた一種のイベント(興業)であった可能性がむしろ高いのである。こうした「グローヴィチ説」は真剣に検討すべき内容をともない、著者は個人的に共感するところが多いのであるが、従来の歴史学はこの存在をほとんど無視してきたのである。

この「デモ」の舞台とされた「カザン広場」はペテルブルグの都心部に位置し、周囲にはスミルジーン(Смирдин)書店など当時の主要書店が集まっており、現在でも市民たちが代表的な待ち合わせ場所にしているように、この街にとり真に中心であった。遠くナポレオン戦争の前夜に建設されたカザン大聖堂はロシア正教会建築の古典様式をよく伝えるものであり、その周囲には四つの広場が配置されたが、なかでも大聖堂前のこの「カザン広場」は広く、約一万平方サージェンあった。今回の議論に関連してとくに注意すべきは、その「祖国戦争」勝利を記念して民族の軍事的栄光を讃えるために、一八一八年のアレクサンドル一世の命により、クトゥーゾフ(М. И. Кутузов)とバルクライ＝デ＝トーリ(М. Б. Барклай-де-Толли)両将軍の記念碑がこの広場に建立されたことである。[58] いわずとも知られるように、この二人は元帥として ナポレオンとの「祖国戦争」を指導し、勝利に導いた、ロシア民族の英雄である。もはや想像するほかないが、「デモ」にあたり軍事的愛国心の発露に適したこの場所が選択されたのは、何よりも折からの露土戦争熱の存在があってのゆえであろうと思われるのである。

〔補説〕手稿「一八七六年一二月六日ロシア人民党の集会について」に関して

「カザン・デモ」に関して、表題の手稿が存在している。執筆者名はなく、末尾に「一八七七年一月、サンクト・ペテルブルグ」とあるだけである。これはモスクワのハーゾフ宅の捜査で発見されたから、彼が作成に何らかの関与をし、文中に「我が人民党（Наша народная партия）」といった表現が多用されていることから、通例は「土地と自由」結社の中央近くにいて労働者宣伝に従事した者（たち）の手になるであろうと推定されているものである。ハーゾフ個人の作としては特定しえない。(59)

彼についてはすでに少し触れた。ハーゾフは一八四六年頃にペテルブルグで生まれ、市中のギムナジアに学んで教師資格を得たが、一八七三年にカナーノヴァ（O. Кананова）が指導するグルジア人革命サークルおよびドルグーシン団に接近し、翌年、禁書普及の廉で逮捕された。右に見たように、一八七六年秋からはナタンソーンとともにペテルブルグの労働者の間で熱心に宣伝活動し、周囲から「長老（дед あるいは дедушка）」の渾名を貰うほど一目おかれる存在になった。「友人協会」や「土地と自由」に関わり、「カザン・デモ」間際の秋口からはカールポフの部屋で行われた「友人協会」の集会によく顔を出していた。「デモ」のあと、モスクワに移ったが逮捕され、一八七七年四月からの「友人協会」裁判にかけられたのである。(60)彼のほかに、彼と近かったナタンソーンは当然のこととしても、さらにはその仲間であるボグダノヴィチやザークをその作者に挙げる場合もある。(61)つまり、いわゆる「ナタンソーン・グループ」であるが、彼らが何らかの関わりをこの件にもっていたとすれば、この手稿を通して、一揆主義者たちが首都の一八七〇年代労働運動にどのようなスタンスをとろうとしていたかをうかがい知ることができるであろう。

さて、手稿は「カザン・デモ」を引き合いに出して、つぎのように議論をしている。

一二月六日〔「カザン・デモ」〕には教育ある者と労働者階級とに属する数百人のロシアの人々が集った。彼らは政治犯を追憶し、本格的な農村改革を望んで結集したのであり、人民のためによりよい生活条件を実現することが不可避であることを自覚する、より発達した都市労働者たちである。このことは人民解放の事業がいまや人民自身の手に移り、しっかりとしたものになってきたことを示している。ロシアの政治生活における諸運動にロシアの労働階級の自覚的な参加が開始された（傍点強調＝原文）。この重大な歴史的事実は、ロシアにおいてヨーロッパ文明の普及のあとを追う、経済条件の変化、多様な社会現象の影響と作用だけでなく、人民の利益のために兄弟的な鎖で結ばれた活動家たちの少なくともこの一五年間の努力の結果である。ここにインテリと人民が同盟したということである。デモの赤旗「土地と自由」はロシアの（労働者）階級の少数だが最も発達した部分や巨大で無教養な大衆の間で未来のより良き体制をめざすものである。

「一二月六日」は生活の新しい精神と古いそれとの衝突である。すでに何人かのロシアの人たちは自由な言葉で語り始めている。この集会は新しい力の産物であり、新しく生命力に溢れた力が立ち上がったのである。そこでは政治的な自由が表明された。ロシアでは政治的に解放された生活の道を行くのはリベラルではなしに夢想家たちである。一二月六日のデモの表面的な不首尾さよりもその内面性に着目すべきだ。それはロシアで最初の自由な公然たる政治集会であり、都市住民の間で社会主義的宣伝が貫徹した結果でもある。こうした集会は宣伝の有力手段だ。いまや、政治的煽動を企てるべき時だ。さらなる発展のために行動綱領を拡充すべきだ。密集している都市労働者の間で宣伝はうまくいっている。しかも、彼らは農村へと社会主義思想を伝播するから、都市労働者重視にわが綱領を改正しなくてはならない。都市労働者を人民解放事業へと引き込むために、人民党はその行動綱領を拡大すべきだ。労働者の側から、一二月六日にある程度の（известный）参加とイニシアがあったことは疑いないのである。[62]

手稿の要旨は以上のようである。明らかなように、これはこのデモを手がかりとして（正当化の根拠として）、政治的自由を自己主張するまでに成長した労働者階級を社会変革事業に引き込んで、農労同盟路線の追求(目標は本格的な農村改革である)を主張しようとするものである。すでに述べたことに照らして、これは必ずしも実態を正確に反映するものではなく、明らかに手稿作成者(たち)の想像力と構想力の思想的産物である。「カザン・デモ」の実態に係る諸問題とそれを契機にして自己主張しようとする主体の存在(およびその内容)に関する問題系とは自ずから区別されるべきである。ここで特徴的なことは、都市労働者の活動に依拠して(あるいはそれを補助的手段に使って)、農村の社会主義的な改造を展望しようとしていることである。つまり、ロシアにおいて(も)、必ずしも農村農民だけではなしに都市労働者をも巻き込んで社会主義的な変革を志向しようとする勢力が明瞭に登場してきたということである。「カザン・デモ」がこうした見通しと希望的観測をもつ主体の存在を後世に残す契機になったことには注目すべきであろう。これは「カザン・デモ」の社会史的な大きな意味合いのひとつである。

「ロシア労働者北部同盟」の結成

これまで見てきた通り、一八七〇年代後半、ラヴローフ派はペテルブルグ労働者の間で活動的であり、影響力を持つ存在であった。彼らは一八七五年から諸工場で宣伝をしていたが、一八七七年にはギンツブルグとタクシスが中心となったグループがシリッセリブルグ街道、プチーロフ工場、ゴルーベフ(Голубев)工場で宣伝を行った。この年には、外科医学アカデミー学生ブーブノフ(А. Бубнов)、測量士ムラシキンツェフ(А. Мурашкинцев)、外科医学アカデミー自由聴講生ヴィレンツ(Г. Виленц)らがラヴローフ派サークルに参加した。すでに何度も引用している、ルサーノフによれば、ムラシキンツェフが彼をハルトゥーリン(С. Н. Халтурин)に引き合わせ、そのハルトゥーリンがさらにシミット(С. А. Шмит)とペテルソン兄弟といった労働者活動家たちに引き合わせたというのであるから[63]、ハルトゥーリンはラヴローフ派インテリと面識があっただけでなく、彼らを通じて当時の代表的な労働運動家たちと結びついたことになる。これは当時のペテルブルグでラヴローフ派が顕著な役割を労働者の世界で果たした一例である。因みに、ルサーノフはハルトゥーリンに多分に感心した様子で、彼のような「労働者出身の利口な人たち（люди умные из рабочих）」には独自に自分たちの党をつくる計画があったとまで述べているのである。

もっとも、議論を進めるにあたって注意すべきは、労働者側にとりラヴローフ派というような組織的あるいはイデオロギー的な区分は、一般に厳密性に欠けただけでなく、当事者たちは運動にあたってさほどそれを考慮することがなかったであろうことである。つぎに見る「ロシア労働者北部同盟」員のなかにはラブローフ派にも一揆主義派（ブンターリ）にも同時に惹かれる者がいたのである。[64] 大雑把な言い方が許されるとすれば、この時期の基本構図は労働者対革命派インテリなのであって、労働者側にとり、革命的インテリ側の内部事情はさほど関心ある事柄とはなりえなかったのである。これは本書で革命諸派に関する記述を簡略化した理由のひとつでもある。

前に「オブノルスキー・パラドックス」として取り上げたオブノルスキーはペテルブルグを離れたあと、オデッサ経由でロンドン、パリ、ジュネーヴを回った。とくにジュネーヴでは亡命ロシア人革命家たちと親交を結び、ラヴローフと会い、地元労働者たちと知り合い、フランス語を修得して労働者組織関連の文献を読むなどした。彼らは一八七四年八月、ペテルブルグに戻るが、当局の追及を逃れるために、翌年二月から一時、アルハンゲリスク県に身を隠した。その折、同行した男子学生は村娘と結婚するまでして本格的に人民への宣伝に従事しようとしたが、セルビア義勇軍に参加するためすぐに村と妻を見捨てたのである。この小さなエピソードは社会変革を志した者たちを取り巻いていた時代の雰囲気をよく伝えている。[65]

露土戦争の勃発はロシア社会を動揺させ、革命家たちも随分と落ち着かない状態におかれていたのである。[66] 少なくとも、この学生の場合、社会変革事業は愛国的な祖国防衛あるいはスラヴの大義のなかに埋没する傾向にあった。つまり、人は広くナショナルな要因にその志の第一の発露を見出す時代であった。そこでは社会変革もそうした大枠における事柄であったということである。

さて、オブノルスキーは立ち戻ったペテルブルグやモスクワで一八七六年一一月まで労働者を工作し、もう一度、西欧へ出た。したがって、彼は「カザン・デモ」には立ち会ってはいない。このときは、ジュネーヴにできた「ロシアからの政治亡命者救援協会(Общество Пособия Политическим Изгнанникам из России)」に参加している。(67)一八七七年一二月に帰国すると、彼はハルトゥーリンとともに労働者向けの新聞創刊をめざした。彼らは独自な印刷所をもつことを強く望み、さらにジュネーヴ在住のアクセリロートにたいしてはその新聞編集者への就任を依頼するまでした。(68)彼らは自らの印刷所を確保することにこだわった。そうすることが新しい組織を独自なものとするための基礎条件となり、ひいてはその成功を導く有力な手段となると考えたのであろう。彼らも当時、印刷物が有した社会的意義とその波及効果を非常に正確に理解していたと考えられる。この意味で彼らはこの「科学と文化」の時代が生み出した人間であり、周囲の「労働者＝インテリ」たちにとってもそうした志向性は受け入れが可能であったと思われる。

モスクワ支部をつくる話は展望が開けず、(69)彼らはこの印刷所問題に集中し、オブノルスキーは一八七八年八月にザイダー(D. F. Zeider)名義の偽造旅券で外国へ出て、問題の解決をはかろうとして、彼はペテルブルグの諸サークルの連合体である「ロシア労働者北部同盟」(以下、「同盟」と略記する)の「代表者」を自ら名乗ったのである。(70)そうすることが取引に有利に働くと判断したものと思われる。明らかに、この発想と機転は「サークルの時代」であるがゆえに、生み出されたものでもあったろう。したがって、「同盟」の命名自体は多分に思い付きでなされ、その場では組織的構想などをさらに訴える必要もなかったであろうと推測される。したがって、労働者は独自な組織をもたなくてはならない、そのために結成されたのが「同盟」であるとするような議論は取って付けたような主張であり、むしろ後知恵的な印象を免れえない。(71)オブノルスキーは警鐘派(Набатовцы)から印刷所の権利を買い取ることに成功して、ワルシャワ経由で帰国した。(72)

エスエル党が一九〇三年にロンドンで刊行した史料雑誌は、一八七八年にペテルブルグに戻ったオブノルスキーはハルトゥーリンら何人かの「宣伝された」労働者と出会って、彼らとともに「同盟」をつくろうとしたと書いている。[73] 著者はこの記述を積極的に否定する材料をもたない。これは、帰国したオブノルスキーが「同盟」に内実を与えようとする動きをしたことを示している。アクセリロートは一八七八年末までに（何らかの組織に）「同盟」の名が付けられたというが、組織的な成立の時点に関してはそれを支持する文献が多い。[74] これはのちに取り上げる同盟の綱領的文書「ロシアの労働者たちへ」が述べることをそのまま追認する立場である。しかし、その実態的な存在をつぎのようにより早くいう人たちもいる。これらは帰国したばかりのオブノルスキーにとり、組織化のために都合のよい環境があったことを示していると見てよいであろう。極めて少ない「同盟」関係文書のなかで古典的ともいわれる位置を占めたブールツェフの議論では、それは「五〇人裁判」が終わって「一九三人裁判」が始まったばかりの「革命的な雰囲気が非常に活性化した一八七七年末に形成された」[75] としている。プレハーノフなどは、一八七七年一二月九日に薬莢工場信管製作部門で発生した爆発事故の犠牲者（労働者九人死亡）を悼む葬儀がスモレンスク墓地で行われたときに合わせたデモなどを「同盟」形成の契機に見ているから、[76] ブールツェフと同じ時期を考えている。

オブノルスキーで何よりも注目されるのは前後三回にわたる外国旅行である。その間の事情に関してはいまだ不明な部分が圧倒的であるが、これら西欧体験が彼に与えた影響は測り知れないほどに大きかったと思われる。正当にもブールツェフはこの点に着目し、オブノルスキーが海外で、政府との政治闘争の必要性を強調する警鐘派と近づきになり、その『労働者（Работник）』編集部と親交を結んだことが彼に多大な作用を及ぼしたと見ている。[77]

つまり、彼にしたがえば、同派との関係は印刷所の権利売買にとどまらず、「同盟」綱領が政治闘争の必要を認めたのに強く関連したかもしれないということである。デイチはジュネーヴでオブノルスキーに出会った印象を「（彼は）外見上、西欧の先進的労働者と少しも変わりはなかった。とくに彼はドイツの社会民主主義運動がお気に入りであった」

と書いている。[78] ここでデイチがいうことは、明らかにこの時代に近代ロシアが生み出しえた「労働者＝インテリ」の特徴的な相貌のひとつである。ここでひとつというのは、つぎのような評の存在を踏まえてのことである。「彼は「同盟」ではスミルノフやペテルソンなどの〔これら二人についてはすでに言及した〕先進的労働者のように自らの手で労働者サークルを組織し、日常的活動を行うようなタイプの実践家(работник-практик)ではなかった。〔同盟の〕指導的な組織者は〔そうした実践家であった〕ハルトゥーリンであった。〔その一方で〕オブノルスキーは西欧プロレタリアートとロシア労働運動を接触させる役割を果たした」[79]。これら人物像に関してわずかに触れると、前者は同盟の「綱領」が西欧社会民主主義的色彩を帯びたことからいわば逆算して言及する向きがあるかもしれないこと、後者では、それでも西欧とロシアの労働運動レベルでの接触という現象に触れていることである。一八七〇年代末、ペテルブルグの「労働者＝インテリ」の一部には、彼らの西欧旅行などを経由して、西欧労働運動の成果と経験が流入した。いずれにせよ、そうした内実を備えた「労働者＝インテリ」層の存在がオブノルスキーらの企図にとり共鳴箱となったのである。

オブノルスキーとならんでいわれるハルトゥーリン個人についても言及する必要があろう。彼は一八五七年一月(五六年一二月説あり)に富農の家に生まれ、郡学校を経て、故郷のヴャトカ県ゼムストヴォが農芸知識の普及をはかるために一八七二年に創設した学校に入学し、そこで木工指物に関心を抱くとともに生徒サークルで労働問題の所在を知ったといわれる。[80] 一八七五年八月、その学校を出て、当時流行っていた「北米行き」を決心したが(そこの共産コロニーに憧れた)、途中、モスクワで路銀を奪われてあえなくその夢は潰えてしまった。モスクワにとどまらざるをえなくなり、鉄道作業場で働いたあと、ようやく一八七五年九月、ペテルブルグへ移った。[81]

そこで偶然、ヴャトカの学校の元教師に出会い、彼を通じてナロードニキたちと知り合うことになった。まずラヴローフ派との親交を深め、その労働者文庫に関わった。チホミーロフは彼を回想して、その「かなりの教養」と「正確な書き言葉で話した(говорил правильным литературным языком)」ことを印象深く語っている。[82] 一八七六年三月にアレクサンドル機械工場に指物師として入ったが、翌年一〇月に解雇された。すでに労働者の間で彼の名が知れわたっていたことが工場当局を苛立たせたのである。一八七八年五月、追及を逃れてヴォルガ地方へ出たが、翌年には再びペテルブルグへ戻り、地下に潜って全市的な労働者文庫の運営に努めたといわれる。ネフスキーがここでいう「文庫の経営」が、時期的に見て「同盟」における彼の活動内容を示していると考えられる。[83] 彼は一八八〇年二月にはツァーリ暗殺を試みることになるが、本書にとりこれ以上の言及は必要ないであろう。このようであるから、ハルトゥーリンはこの間に首都の労働運動で格段の役割を果たす位置にはいなかったといえるであろう。

さて、ネフスキーは「同盟」の人的系譜を調べたことがあるが、[84] それを著者なりにまとめていえば、「同盟」に参加したとされる中心的な活動家の多くは、すでに言及した一八七三年末、一八七四年三月それぞれの集会、そして「友人協会」に顔を出しており、組織の系譜的連続性ないし継続性は明瞭である。むしろ、オブノルスキーがこの系譜から外れる者として目立つばかりである。「同盟」は組織的な系譜は「由緒正しい」が、この組織者とされた人物は傍系かつ変則的位置にあった。したがって、かくも明瞭な不整合性の所在にもかかわらず、それを当然のようにして、あるいは気に掛けずに、新たな組織的結合へと動いた参加者たちの主体性の存在に着目すべきなのである。このことはもはやオブノフスキーの人間的な個性の局面にばかり還元して説明することはできないであろう。

端的にいって、この組織は運動レベルで格段に顕著な働きをしたわけではない。その有名性の割りにはこの部分で伝えられることは余りに少ない。ほとんど唯一、目立つといってよいのが、一八七九年の「新綿紡績」ストライキにたいする関与についてである。一月一五日の織工四四人の清算解雇がこの争議の発火点になった。労働者の諸要求は「土地と自由」結社の「ペテルブルグ自由印刷所」で秘密裏に刷られた。翌日、シャウ工場の織工代表が共闘を呼びかけにきて、ついに全市的な声明を出すまでに事態は進んだ。二四日に「同盟」が出した檄文「ロシア労働者北部同盟中央委員会から労働者へ」は「同盟」にはスト支援基金があり、できる限り連帯することを表明したのである。[85] また、この争議の過程で明瞭になったのは、従来、ストライキに批判的であったラヴローフ派の活動家たちがそれを支援するようになったことである。(86)

さて、何よりも「同盟」を有名にしてきたのは、綱領的な文書「ロシアの労働者たちへ」の存在であったことには大方の同意があるであろう。それはつぎのような内容である。おおよその仮訳を示そう。

一八七八年一二月二三日と三〇日の集会で、ペテルブルグ労働者たちは「全ロシア労働者同盟(Общерусский Союз Рабочих)」結成の考えに至った。都市と農村の労働住民は力を併せてその利益を追求しなければならない。「北部同盟」組織は厳しく規定された性格をもたなくてはならない。二名以上の構成員から推薦を受けた労働者のみが成員になれる。それは綱領と社会的教養を事前に弁えていることが求められる。成員は完全に団結し、「同盟」の「共同基金(общяя касса)」へ納金しなくてはならない。「同盟」の事業は一〇人からなる「代表者委員会(комитет выборных)」が管理し、基金と文庫を備える。毎月一回は総会を開く。この委員会は「同盟」の綱領を採択している地方の諸サークルなどと関係する。さらに西欧の社会民主主義的諸党派と連携する。

つぎを諸要求として列挙する。

一、現存の政治経済体制を打倒するのが最大限目標であるが、まずは、経済社会的要求としてつぎを求める。

二、「共同体の自由な人民的連合(свободная народная федерация общн)」を創出する。それは労働者の慣習法に立脚して、完全な内部自治と政治的平等性を実現する。

三、土地所有制度を廃絶し、それを共同体的土地所有に交代する。

四、労働者の「あるべき連合的組織(правильная ассоциационная организация)」を実現し、生産労働者の手に生産手段と生産物を確保する。

さらに、政治的要求をその社会問題との連携性に留意しながら、つぎのように列挙する。つまり、政治的自由は各自にその信念と行動の自立性を保障し、それは何よりも社会問題の解決を確かなものにするから、つぎの実現を要求する。

一、言論・出版・集会の自由
二、刑事警察と政治犯の廃止
三、身分的な権利と特権の廃止
四、義務的な普通教育
五、常備軍の削減ないしその人民武装への完全な転換
六、課税規模、土地分与、内部自治などに関する農村共同体の権利
七、旅券制度の廃止と移動の自由
八、間接税の廃止と収入と遺産に相応する直接税の導入
九、労働時間の制限と児童労働の禁止
十、「生産協同組合（производительные ассоциации）」の創設、「労働者協同組合（рабочие ассоциации）」と農民共同体にたいする貸付基金と無償信用の創設

「北部同盟」は煽動を行い、これら要求の正当性を労働者たちに分からせなくてはならない。偉大な社会闘争はすでに始まり、わが西欧の兄弟たちはすでに解放の旗を掲げているのだ。われわれには世界を復旧する（刷新する）義務がある（на нас лежит обязанность обновления мира）。われわれは世界を復旧しよう（刷新しよう）としている。キリストの兄弟と平等に関する偉大な教義を復活させよう[87]。

このようにこの文書は訴えるのであるが、つぎのような特徴をさしあたり指摘できよう。①全国的な労働者組織の考えが、たとえ端緒的であれ、示されたこと、②都市と農村の労働住民双方に言及して、組織対象を都市の工場労働者に必ずしも限定していないこと、③組織構成員にはかなり高度な資質を求めていること、「社会的教養」をいうのはおそらくこの時代のなせるところであろう。④組織が基金や文庫の維持を通して運営されることも同様に時代性を感じさせること、⑤会費の存在を含めて、組織はある程度、閉鎖的なこと、⑥その一方で、西欧労働運動との連帯を模索していること、⑦将来の理想的な体制の基盤に農村共同体を想定していること、⑧労働のあり方も多分に農村共同体的であること、⑨政治的要求を子細に掲げたこと、その基調はブルジョア民主主義的であると同時に人民主義的でもあること、⑩戦術として、宣伝ではなしに、煽動が奨励されていることである。

そして、「世界を復旧する(刷新する)」とした部分に言及すれば、そこで使用されている обновление, обновить には新しくするという意味合いとともに蘇らせるというニュアンスもある。いずれに重点をかけて理解するかが問題であるが、ここでは、西欧との連携を求めつつも共同体的世界の十全な実現を望むのが要求の基調であろうから、彼らにとり後者の面に、つまり、「復旧する」ことが本質的ではなかったのか、とする問題提起的な解釈を示しておく。ルサーノフなどはこれは「マルクス的(ラヴローフ的)見解とナロードニキ的なそれが相互に作用しあったなかなか面白い産物」など と評するのであるが[88]、全体としてはナロードニキ的色彩が勝る内容になっていよう。

冒頭にある「一八七八年一二月二三日と三〇日の集会」に前後するか、それらの場でこの文書は作成されたと見るのが妥当なところであろう。これら「集会」に関しては、よく分からないままである。それは「総会」などと称されることもあり、オブノルスキーは二三日に欠席し、ようやく三〇日に出席したらしい。彼はこの組織でいわれるほどの存在感はないというのが著者の率直な印象である[89]。

この檄文はやはり「土地と自由」結社がペテルブルグにもつ秘密印刷所で印刷され、一八七九年一月二四日に世に出た。(90) ソヴィエト期の叙述家ポレヴォーイは一九七九年に刊行した読み物で、ハルトゥーリンがこの印刷をプレハーノフに依頼したとする一方で、プレハーノフ、シリャーエフ、ムラシキンツェフらにとりその出現は全く予想しなかったなどと矛盾するようなことをいうのであり、この話自体つくり物の感じがする。(91) ただし、「土地と自由」と「同盟」の関係は深かったことは事実である。この場合に限らず、すでに触れたように新綿紡績ストの際、「同盟」から依頼されてその印刷所は檄文「新綿紡績織工から全工場労働者へ」（一八七九年一月一六日付け）、「シャウ工場労働者から全てのペテルブルグ労働者へ」（一八七九年一月一七日付け）などを印刷している。(92)

（1） В. И. Невский, От "Земли и Воли" к группе "Освобождение Труда", М., 1930, 149.
（2） Деятели революционного движения в России, т. 2, вып. 1, стол. 92-93.
（3） В. И. Невский, Указ. соч., 151.
（4） Там же, 152.
（5） Деятели революционного движения в России, т. 2, вып. 3, М., 1931, стол. 1468-1471.
（6） В. И. Невский, Указ. соч., 153 に彼らの名前がある。
（7） Там же, 152.
（8） Р. Зелник, Рабочие и интеллигеция в 1870-х гг., в кн.: Рабочие и интеллигенция России в эпоху реформ и революции 1861–февраль 1917 г., СПб., 1997, 475-476.
（9） Там же, 477-478.
（10） Е. А. Корольчук., Указ. соч., 152.
（11） Ю. З. Полевой, Степан Хартурин, М., 1979, 27.
（12） В. Невский, Виктор Павлович Обнорский, 14.

(13) Р. Е. Зелник, Рабочие и интеллигенция в 1870-х гг., 478.
(14) Там же, 483.
(15) Там же.
(16) К биографии одного из основателей «Северо-Русского Рабочего Союза», И. А. Бачин и его драма, Каторга и Ссылка, 1924, No. 13, 52. マッキンゼイはこの事実関係を議論の展開の核心に据えている。P. S. Mckinsey, From City Workers to Peasantry : The Beginning of the Russian Movement "To the People", *Slavic Review*, v. 38, No. 4 (Dec. 1979), 636–637.
(17) Е. А. Корольчук, Указ. соч., 8.
(18) M. Stepniak, *op. cit.*, 30 ; M. Степняк-Кравчинский, Указ. соч., 15.
(19) F. Venturi, *op. cit.*, 536–538.
(20) Деятели революционного движения в России, т. 2, вып. 3, стол. 1534–1536.
(21) «Вперед!», No. 31, 1876, 226 и сл.
(22) Из истории пропаганды среди рабочих Петербурга во второй половине 70-х годов, в кн.: Историко-революционный Сборник, т. 3, М.-Л., 1926, 63–107.
(23) Деятели революционного движения в России, т. 2, вып. 3, стол. 1530–1532.
(24) Там же, стол. 1002–1004 ; Из истории пропаганды среди рабочих Петербурга во второй половине 70-х годов, 53 и сл.; Первая рабочая демонстрация в России, 8.
(25) Е. А. Корольчук, Указ. соч., 135.
(26) Из истории пропаганды среди рабочих Петербурга во второй половине 70-х годов, 54.
(27) В 70-е и 80-е годы на Трубочном заводе, Красная Летопись, 1928, No. 2, 176–177. 薬莢工場全体平均で一八七〇年代末の識字率は六六・二%という数字がある。История рабочих Ленинграда, т. 1, 145.
(28) Там же, 177–178.
(29) プレハーノフは、労働者自身はこのサークルをあくまで独学サークル(кружоки самообразования)として見ていたという。彼自身はいまだ若く、労働者に影響力を行使しうる立場にはなかった。Г. В. Плеханов, Русский рабочий в револю-

ционном движении (по личным воспоминаниям), 125.

(30) Е. А. Корольчук (ред.), Указ. соч.

(31) Там же, 3.

(32) Там же, 38, 41.

(33) 起訴状全文は、Там же, 32 и сл.

(34) Г. В. Плеханов, Указ. статья, 149.

(35) О. В. Аптекман, Указ. соч., 189.

(36) Е. А. Корольчук (ред.), Указ. соч., 117-118.

(37) Там же., 12.

(38) Г. В. Плеханов, Указ. статья, 149.

(39) Е. А. Корольчук (ред.), Указ. соч., 31.

(40) Там же, 13.

(41) М. Чернавский, Александр Николаевич Бибергаль, Каторга и Ссылка, 1926, № 1, 213-214.

(42) Г. В. Плеханов, Указ. статья, 150-151.

(43) Е. А. Корольчук (ред.), Указ. соч., 11-12.

(44) М. М. Чернавский, Демонстрация 6 декабря 1876 года, Каторга и Ссылка, 1926, № 7/8, 7; Н. Бибергаль, Воспоминания о демонстрации на Казанской площади, Каторга и Ссылка, 1926, № 7/8, 22. さらに、つぎはデモの主たる組織者としてナタンソーン、プレハーノフ、ハーゾフの三人を挙げる。Д. Кузьмин, Казанская демонстрация 1876 г. и Г. В. Плеханов, Каторга и Ссылка, 1928, № 5, 9.

(45) П. С. Ткаченко, Революционная народническая организация "Земля и Воля" (1876-1879 гг.), М., 1961, 158.

(46) Е. А. Корольчук (ред.), Указ. соч., 45.

(47) Там же, 20.

(48) Там же, 21-22.

(49) Там же, 24.

(50) Каторга и Ссылка, 1926, No. 1, 214. しかし、この人は同じ史料雑誌がカザン・デモ五〇周年記念特集を組んだときに、労働者は「大変に目立った(очень заметно)」というのである(Каторга и Ссылка, 1926, No. 7/8, 16)。この間に何があったがは想像するしかないが、これが大変に「微妙な」論点であったことはうかがえるであろう。

(51) «Вперед!», No. 48, 31(19) Декабря, 1876 г., Что делается на Родине? 欄。

(52) Е. А. Корольчук(ред.), Указ. соч., 26. 帝政ロシアの大学生が目立つ恰好をしていたことは、例えば、ゲールツェンの回想にもつぎのように出てくる。「[モスクワ大の]学生たちは登校する時には、猟騎兵もどきの制限のフロックではなく、思い思いの奇抜な風変わりな服を着て、長髪の上に辛うじてのっているきわめて小さな帽子を被っていた。」前掲『過去と思索I』、一三九頁。

(53) Обыск у Г. В. Плеханова 10 декабря 1876 г. и свидетельские показания о демонстрации на Казанской Площади 6 декабря 1876 г. (К 30-летию "Казанской" демонстрации), Красная Летопись, 1926, No. 6, 164-171. 最近、このデモ参加者にたいする裁判における弁護士の弁論内容が公表されたが、そこでは何の証拠物件もないことを弁論の要にしている。《Много шуму из пустяков…》, Речь присяжного поверенного Г. В. Бардовского на процессе по делу о Казанской демонстрации 6 декабря 1876 г., Исторический Архив, 2002, No. 1, 191.

(54) P. S. McKinsey, The Kazan Square Demonstration and the Conflict Between Russian Workers and Intelligenty, *Slavic Review*, 1985, v. 44, No. 1, 83-103.

(55) Е. А. Корольчук(ред.), Указ. соч., 61-63.

(56) Там же, 51.

(57) Там же, 52.

(58) Город С.-Петербург, 84 ; П. Я. Кан, Казанская площадь, Л., 1988, 5, 53. 81 ; П. Н. Столпянский, Указ. соч., 241-242 ; К. Г. Сокол, Монументы империи, М., 1999, 130. 最後の本は二〇〇一年にも再刊された。Его же, Монументы империи, М., 2001, 244-245.

(59) Из истории пропаганды среди рабочих Петербурга во второй половине 70-х годов, 57.

(60) Деятели революционного движения в России, т. 2, вып. 3, стол. 1862–1864.
(61) Е. А. Корольчук, Указ. соч., 9.
(62) 手稿テキスト全文は、Историко-революционный Сборник, т. 3, М.–Л., 1926, 107–117.
(63) Из истории пропаганды среди рабочих Петербурга во второй половине 70-х годов, 56 ; Русанов, Из моих воспоминании, т. 1, 241.
(64) В 70-х и 80-х годы на Трубочном заводе, 207–208.
(65) В. Невский, Виктор Павлович Обнорский, в кн.: Историко-революционный Сборник, т. 3, 20–22.
(66) 高田和夫「露土戦争とロシア・ナショナリズム」『法政研究』(九大)六八巻三号、二〇〇〇年を参照してほしい。
(67) Е. А. Корольчук, Указ. соч., 156.
(68) A. Asher, *op. cit.*, 42.
(69) Вл. Бурцев, Северный Союз Русских Рабочих, Былое, 1906, No. 1, 171.
(70) П. Аксельрод, Указ. соч., 299.
(71) こうした議論はその後、多くなったのだが、その端緒的なひとつはつぎである。Л. Дейч, Виктор Обнорский, Пролетарская Революция, 1921, No. 3, 50.
(72) Там же, 44–61 ; Р. Кантор, К библиографии В. П. Обунорского, Красная Летопись, 1923, No. 5, 348–353 ; В. Невский, В. П. Обнорский, в кн.: Историко-революционный Сборник, т. 3 ; В. Левицкий, Виктор Обнорский, Основатель “Северного Союза Русских Рабочих”, М., 1929.
(73) О северно-русском рабочем союзе, Былое (London edition), 1903, No. 3, 199.
(74) В. И. Невский, В. П. Обнорский, 27 ; В 70-х и 80-х годы на Трубочном заводе, 204 ; С. Мицкевич, Московские революционные кружки 2-й половине 1870-х годов, Каторга и Ссылка, 1924, No. 11, 60.
(75) Вл. Бурцев, Северный Союз Русских, 171.
(76) Г. В. Плеханов, Указ. соч., 156–157.
(77) Вл. Бурцев, Северный Союз Русских, 171–172.
(78) Л. Дейч, Виктор Обнорский, 51.

(79) Е. А. Корольчук (ред.), Указ. соч., 158–159.

(80) Детство и отрочество Степана Хартурина, Пролетарская Революция, 1921, No. 3, 41–42.

(81) В. И. Невский, В. П. Обнорский, 25. ネフスキーはハルトゥーリンのペテルブルグ「登場」が遅かったことから、彼の運動指導性を低く扱う傾向が認められる。むしろ指摘さるべきは、ここにも示されたペテルブルグの「吸引力」である。

(82) Лев Тихомиров, Тени прошлом, Каторга и Ссылка, 1926, No. 4, 84.

(83) Г. А. Куклин, Северный Союз русских рабочих и Степан Хартурин, 1878–1882 г. Женева, 1904, 3, 5, 21 は、「同盟」は一八七八年末に指物師(столяр)ハルトゥーリンと彼の補佐者である組立工オブノルスキーの熱意によって創設された。オブノルスキーが同年にペテルブルグへ帰還したとき、前者はすでに「宣伝された(распропагандированные)労働者のサークル」をつくっていた。さらに「同盟」には労働者約二〇〇人が参加し、そこには「中央委員会」まであったなどと一方的にいう、宣伝文書の類である。

(84) В. И. Невский, От “Земли и Воли” к группе “Освобождение Труда”, 158, 163.

(85) Е. А. Корольчук (ред.), Указ. соч., 186.

(86) 一八七九年「新綿紡績」ストについては、さしあたり、Рабочее движение в России XIX века, т. 2, ч. 2, М., 1950, 307 и сл. を見よ。

(87) テキスト全文は、В. И. Невский, От “Земли и Воли” к группе “Освобождении Труда”, 385–388 ; Вл. Бурцев, Северный Союз Русских, 175–178.

(88) Н. С. Русанов, Из Моих воспоминании, 243.

(89) С. И. Мицкевич, Московские революционные кружки 2-ой половины 1870-х годов, Каторга и Ссылка, 1924, No. 11, 72.

(90) Ю. З. Полевой, Степан Хартурин, М., 1979, 61.

(91) Там же, 64, 76.

(92) Вл. Бурцев, Северный Союз Русских, 179–182.

終章　近代ロシアにおける労働者の社会的位置

結語

近代ロシア社会の再考をめざした本書の出発点に位置した問題関心は、いわゆる「大改革」期がこの国にあっては「科学と文化」を前例にないほどまでに尊重した時期であったであろうとするものであった。それをヴシニッチの用語を借用して、「自主性（самостоятельность）」の時代として捉えることもできるのではないかとも考えたのである。つまり、それは物質的に発展し、社会的に高揚して、新しい知的進歩が模索されようとした時代であった。そこでは、科学と文化は構造的な連携関係におかれ、科学は実用可能な知識の集大成として活用されるべきことがいわれ、さらにそれをあらゆる人が理解する権利があると見なす空気としての文化が社会的に流通したと考えられる。著者はこれらを検討をすることで都市と農村との関係を見直そうとも考えたのである。

そうした文化状況は啓蒙全般を社会的に認知し直すこととほとんど同義であった。この時期に、教育啓蒙こそが労働者に社会的上昇をもたらす力になると考える主体が登場した。学校という言葉が社会に認知され、さまざまな学校が活用され出したのもこの「科学と文化」の時代であった。しかし、その啓蒙の範囲をめぐっては議論があったが、人民一般までそれを普及すべきと考える勢い、つまり人民派（ナロードニキ）が勝った。知識の扱われ方が革命派の立場を分ける重大な指標となったのである。社会変革をめざす者にとり、知識と革命の関係は一時も頭を離れることがない論点となった。政治に頼るべくもない環境で、人民革命をめざすために革命派の多くはそれぞれに「人民研究」に従事した。

それは彼らにとり死活的な意味合いを有した。ここでは啓蒙の問題は人民への負債の返済という形をとったことは特徴的であった。しかしながら、当事者たちの自己犠牲的な革命事業への奉仕にもかかわらず、彼らの間にとくに書物を通じた知識普及事業と体制変換事業との間になかば予定調和的な安易な連結があったことは否定しえない。

農民の蒙を啓く手段として最も期待された手段がリテラシイであり、読み書き、文字の力がこれほどまでに信じられた時代はロシアではじめてであった。印刷出版業は盛んになり、書籍の地方普及は目立って活発になった。そこには明らかに活字信仰とでも命名しうるほどの啓蒙主義があった。活字メディアを通して社会科学的知識を普及すれば、状況を切り開くことができるのではないかとする信仰にも似た期待感が革命派を大きく捉えていたのである。革命諸派は自己の印刷所をもつことに最大級の努力を払った。印刷をめぐり、彼らの間には明瞭な相互依存関係が生まれたのは確かなことである。そうした営為は多分に近代主義的であって、農村農民の価値観と衝突する運命にあった。農村農民は政府や地方自治体、あるいは慈善団体などからだけでなく、革命派からもいわば活字攻勢を受けることになった。それらは同様にそれぞれの「良書」普及をはかろうとして、農村農民たちのルボークを排除しようとしたことでは一致していたのである。

ナロードニキはこうした啓蒙的雰囲気を片方の側から促進する立場にあった。彼らは人民にたいして無知であり、抜き差しならぬ近代主義的な偏見をもっていた。それはこの「科学と文化」偏重の時代気象を背景としたものであった。この意味で、本文で触れたコンフィーノ風にいえば、彼らはロシア社会を西欧化し、近代化する主体であった。彼らは論理的にも倫理的にもその必然性を彼らなりに踏まえることなしには「ヴ・ナロード」を実行しえなかったであろう。「ヴ・ナロード」は宗教的確信さえ帯びた科学的な証明のもとに遂行されたのであり、まさしく、それは「科学と文化」の時代ゆえの産物であった。同時に、人民にたいする啓蒙は広く「ロシア化」をともない、農村農民を「ロシア国民」の方向へと仕向ける客観的なベクトルを有したのであり、この点からもそれは端的にブルジョア民主主義的な性格を帯びることになった。そして、露土戦争の開始はさらにナショナルな側面を刺激し、革命派もそれに強く影響を受けたのであったから、彼らが企てた社会変革事業は自ずからそうしたチャネルに導かれることになった。もっとも、このようにナロードニキたちがおかれた国民国家的な枠組みを指摘したとしても、事態をその外から規定したのは、ロシア国家の帝国性であった。この時期に陸続として登場した科学的諸団体の多くは帝国的に定置されたし、それらの具体的な活動は少なくともスラヴ世界全般をその視野に絶えず入れたものであった。すでに触れたようなトルツのロシアの国民国家化は帝国の安全保障という枠組みが保障される限りに遂行されたとする仮説は尊重されなくてはならないであろう。おそらく、大枠のところで問題になるのは、ロシア人たちのヨーロッパへのこだわりであろう。国際関係的には彼らは西欧にたいして劣等感を抱き、アジアには優越感を誇示する基本姿勢を崩したことはないのであり、そうしたかたくな態度は丁度、本書が扱った時期に本格的な登場を迎えたのであった。

「ヴ・ナロード」という人民啓蒙運動は都市側のインテリ学徒が農村へ出向くものであったが、この時期の経済環境の変化は人々の間にことのほかの移動を強いることになった。農民は都市への出稼ぎを繰り返して、都市と農村の間を往復した。全体として、都市化が進行したが、彼らが農村から運び込む共同体的観念や伝統的価値観はますます近代化する都市文化(そして、革命家たちを含むその担い手たち)とは緊張した関係におかれた。基本的に、前者を駆逐しようとする度合いの強弱によって、近代ロシアの革命家たちは順序づけることが可能となった。それはマルクス派はより強く、バクーニン派はより弱いといったスペクトルを意味した。「大改革」期は都市と農村は文化レベルで絶えず衝突を繰り返したが、それは革命派をも巻き込み、彼らはそれとは無縁ではありえなかった。著者が本書で都市と農村の関係論を「労働者＝インテリ」の現象化に引きつけて理解しようとした背景にあったのはこの論点であった。

ペテルブルグはここでいう「科学と文化」の最先端をいった街であった。本書でスケッチしてきたその関係論はこの首都で最もよく観察されたといってよいであろう。著者はいまだ十分に見通せないままでいるが、本書で確認したペテルブルグで観察された事柄のなかには、それであるがゆえに現象化したものもあったのかもしれない。それほどに、この街の存在はこの時代性をよく反映していたと考えられる。ここでは、確かに地域を限った濃密な人間関係の実現が期待できる「労働者地区」の存在を指摘しうるのである。皮肉なことに、劣悪な住環境に促されて、戸外に「溜り場」が各地に発生し、さらには居酒屋や街の労働者学校などの道具立てが介在することによって、そこに居住し働く労働者間の人間関係はますますその親密性を増したのである。カナトチコフの事例などからも確かめられたように、こうした都市空間が人間類型の変容に大きく作用したと考えられる。

こうした場所をペテルブルグ以外に別に見出すことはかなり骨の折れることである。そこには全国各地から「出来る」農民が集まってきた。工場に入って新しい世界を知る人も出てきた。その一方では、ペテルブルグに集中した高等教育施設はインテリ宣伝家を多数、輩出したのである。ペテルブルグでは、彼らの出会いもそのひとつであるが、文化的に都市と農村がせめぎ合い、両者を隔てていた壁が薄くなる傾向が認められた。本書は全体として、旧来のロシア二重社会論を固定的に受け止めることはせず、それとは意識的に距離をとる立場を採用した。また、「キエフ＝ペテルブルグ枢軸」という言い方をして、それを新しい仮説としてロシア社会史を再考する必要性についても言及した。

都市に居住した革命的インテリたちにとり、この時期のロシアにようやく本格的に出現した工場に働く労働者たちは「人民」範疇に加わった新しい要素であった。その「取り扱い」をめぐり、彼らが議論し知恵を働かそうとした一端は紹介した通りである。そのなかでいくつかの論点に関しては、若干の無理を承知のうえで、新しいことをいおうとして、説明不足に陥っているかもしれない。何度も触れることになった労働者二分論(ファブリーチヌイエとザヴォツキエ)についてはそうした二分論、類型論の拠って立つであろう文化的論拠にまで言及した。それらを文化的な範疇として扱うべきことも主張した。さらに、ファブリーチヌイエのなかからも、アレクセーエフのような「進んだ」人間が出てくる当時の社会的雰囲気に留意すべきであることも指摘した。著者はこの考えを単なる思い付きとしては提示していないつもりである。そうした、分類に立って戦略を構築しようとした、この時代の革命派のおかれた状況の限界性をも提示したかったのである。

組織論的に、サークルがいわば全盛を迎えたのもこの時期であった。工場外の街で活動することが多かった(したがって、工場自体は社会的結合の場としては大きな位置を占めない)工場労働者たちにとりサークルは格別の意味をもった。ツァーリ政府による社会的組織や団体にたいする統制がサークルのような私的結合体の発達を促したことは確かであろう。その結果、各方面にサークルができたのである。労働者はサークルで革命的なインテリと出会うことがあった。インテリと労働者との協同がいくつか観察されたのである。この時期のサークル活動の基本線は啓蒙的生活防衛的な近代化路線が大方のところであった。これが「科学と文化」の時代の社会運動レベルでの表現であった。「ロシア労働者北部同盟」といった組織が諸サークルの連合体としてあったのは、まさしくこの「サークルの時代」がそれを生み出したからであった。

この時期のペテルブルグでは一部の労働者たちが彼らを「指導(啓蒙)しよう」とする学生インテリたちの後見を振りほどいて独自な歩みを見せることになった。こうした「労働者＝インテリ」の出現は注目される。彼らの多くはこの時期に二〇歳前後と若く、出稼ぎでペテルブルグへ出てきた農民身分であり、革命的インテリなどとの出会いを経ることで自己形成した人たちである。彼らは外見からも他とは区別がつくほどに「洒落者」が多く、労働者地区の濃密な人間関係に支えられて、「労働者＝インテリ」集団を形成したのである。そうした社会層の発生があってはじめて人間の入れ替わりにもかかわらず、一定の安定した労働者組織が実現する段階をペテルブルグは一八七〇年代に迎えたのであった。著者は当地の労働運動の人的系譜からすれば、傍系でしかないオブノルスキーが右の「同盟」の代表格として活動しうる環境を得たのはこうしたことを踏まえてのことであろうとする見通しを述べた。

最後に、フランクたちに触れなくてはならない。彼らは文化的に境界領域にあった労働者たちが農民を組織することで本質的な役割を果たし、さらに労働者の世界に新しい思想を持ち込み、階級的アイデンティティの観念の発達に資したというのである。これは抽象度が高い文章であり具体性に欠けるのであるが、これを「同盟」にあてはめて考えるとどうであろうか。それが農民を組織したとは到底いえないが、紹介した綱領的文書「ロシアの労働者たちへ」が「新しい思想」をどれほど持ち込んだかは、やはり論者によって見解が分かれるであろう。また、たとえ観念のレベルであれ、その運動局面は目立つものではなかったから、階級的アイデンティティの発達に資したと断言することはおそらく憚られるであろう。

あとがき

本書は勤め先の紀要に発表した「近代ロシア社会再考――「科学と文化」の時代における労働者をめぐって――」と題した論文(『比較社会文化』［九大］第八巻、二〇〇二年、第九巻、二〇〇三年)がもとになっています。それを読んでくれた知人友人が感想を寄せてくれました。また、なかには単行本として刊行することを勧めてくれる人もいました。それらの意見を参考にしたうえで、著者なりに不足を感じていた箇所を補正した(構成など大筋は変えていない)のが本書です。

一読されればすぐお分かりのように、扱う対象は大きなものです。紀要論文に「再考」という題を選んだのはそれを強く意識してのことです。当然、その気持ちは本書でも変わっていません。近代ロシア史を見直すのに、「科学と文化」といった、一見すると、「後進」「後発」の国にとっては縁遠いようなもの(そう思うのは単なる偏見に過ぎないでしょうが)をいわばキー概念として持ち出したのは、そうすることで従来とは別の世界が見えてくるだろうという見通しがあってのことですが、それが成功しているかどうかは、当然、読者の判断に委ねなくてはなりません。非力を省みずに随分と向こう見ずなことをしたものだという批評や感想をいただくであろうことは半ば覚悟しています。また、何よりも論証がいまだ充分でないだろう箇所が散見されます。これは著者本人がよく知っていることですし、今後の宿題にしたい点です。

かなり昔の話になりますが、和田春樹氏が「近代ロシア社会の発展構造――一八九〇年代のロシア」(『社会科学研究』

［東大］第一七巻二、三号、一九六五年）という論文を出されたことがあります。これはやはり「近代ロシア社会」総体をどのように捉えるかという明解な問題意識に支えられた力作であったと思いますが、今でもそれを初めて読んだ時（一九七〇年）の刺激的な印象をとても鮮明に思い出すことができます。振り返ってみると、このような本を作ることになった背景というか潜在的な要因に、ひとつとして、この論文の存在があったような気がしてなりません。その意味で、論文とそれを生み出した和田氏に改めて心から感謝申し上げる次第です。

来年春から国立大学は独法化されて、国立大学法人なるものに変身することが求められています。たまたま、著者は現在、研究院長という職責にあり、そのために連日、会議に費やす時間が随分と増えました。本書は会議と会議の間に時間を見つけて書き上げたようなものです。本書の不出来を会議などのせいにするつもりは毛頭ありませんが、後のために、このことは書き付けておきたいと思います。

二〇〇三年一一月一七日　福岡・六本松の研究室にて

高田和夫

索　引

●ア

●カ

●サ

●タ

●ナ

●ハ

●マ

●ヤ

●ラ

高田 和夫　たかだ かずお
1946年　東京に生まれる
1977年　東京大学大学院社会学研究科国際関係論博士課程単位取得退学
現　在　九州大学大学院比較社会文化研究院教授
著　書『世紀転換期の世界――帝国主義支配の重層構造』(共著，未来社，1989年)
『ペレストロイカ――ソ連・東欧圏の歴史と現在』(編著，九州大学出版会，1991年)
『世界歴史大系　ロシア史２』(分担執筆，山川出版社，1994年)
『国際関係論とは何か』(編著，法律文化社，1998年)

近代《きんだい》ロシア社会史研究《しゃかいしけんきゅう》
「科学と文化」の時代における労働者

2004年２月10日　１版１刷　印刷
2004年２月20日　１版１刷　発行

著　者　高田和夫《たかだかずお》

発行者　野澤伸平

発行所　株式会社　山川出版社
〒101-0047　東京都千代田区内神田1-13-13
電話　03(3293)8131(営業)　8134(編集)
振替　00120-9-43993
http://www.yamakawa.co.jp/

印刷所　株式会社　シナノ

製本所　山田製本印刷株式会社

装　幀　菊地信義

 ISBN4-634-67410-6